作受四川大学双一流学科群『马克思主义与当代中国』资助

马克思主义
与中国哲学思想
融合创新学术史

傅其林 邵帅 著

四川大学出版社
SICHUAN UNIVERSITY PRESS

图书在版编目（CIP）数据

马克思主义与中国哲学思想融合创新学术史 / 傅其林，邵帅著. -- 成都：四川大学出版社，2025. 1.
ISBN 978-7-5690-7619-6

Ⅰ．B27

中国国家版本馆CIP数据核字第2025H6D323号

书　　名：	马克思主义与中国哲学思想融合创新学术史
	Makesi Zhuyi yu Zhongguo Zhexue Sixiang Ronghe Chuangxin Xueshushi
著　　者：	傅其林　邵　帅

选题策划：王　冰
责任编辑：刘一畅
责任校对：吴近宇
装帧设计：墨创文化
责任印制：李金兰

出版发行：四川大学出版社有限责任公司
　　　　　地址：成都市一环路南一段24号（610065）
　　　　　电话：（028）85408311（发行部）、85400276（总编室）
　　　　　电子邮箱：scupress@vip.163.com
　　　　　网址：https://press.scu.edu.cn
印前制作：四川胜翔数码印务设计有限公司
印刷装订：四川五洲彩印有限责任公司

成品尺寸：170 mm×240 mm
印　　张：12.5
插　　页：1
字　　数：266千字
版　　次：2025年2月 第1版
印　　次：2025年2月 第1次印刷
定　　价：62.00元

扫码获取数字资源

四川大学出版社
微信公众号

本社图书如有印装质量问题，请联系发行部调换

版权所有 ◆ 侵权必究

目 录

导论　马克思主义与中国哲学思想融合创新……………………（ 1 ）

第一章　马克思主义对中国哲学思想的阐释历程………………（ 34 ）
　　第一节　唯物史观与辩证法对中国哲学思想的早期观照………（ 37 ）
　　第二节　围绕哲学基本问题对中国哲学思想史的反思时期……（ 48 ）
　　第三节　聚焦认识的历史挖掘中国哲学思想的演变期…………（ 62 ）
　　第四节　从马克思主义人学出发把握中国哲学思想的新阶段…（ 76 ）

第二章　中国哲学思想对马克思主义阐释发展的历程…………（ 91 ）
　　第一节　以中国哲学思想的语言体系推动　马克思主义本土化的时期
　　　　　　……………………………………………………………（ 93 ）
　　第二节　以中国哲学思想的理论命题活化辩证唯物主义的时期
　　　　　　……………………………………………………………（117）
　　第三节　以中国哲学思想的精神内核深化马克思主义的时期……（127）
　　第四节　以中国哲学思想的问题意识丰富马克思主义的时期……（142）
　　第五节　以中国哲学思想的思维方式推动21世纪马克思主义的新时代
　　　　　　……………………………………………………………（149）

第三章　马克思主义与中国哲学思想融合创新史的方法论与论题域
　　　　　………………………………………………………………（158）
　　第一节　马克思主义与中国哲学思想融合创新史的方法论………（159）
　　第二节　马克思主义与中国哲学思想融合创新史的论题域………（167）

结语　21世纪马克思主义哲学思想的新境界 ……………………（179）

参考文献……………………………………………………………（187）

导论　马克思主义与中国哲学思想融合创新

习近平总书记在《在庆祝中国共产党成立一百周年大会上的讲话》中强调，在新时代，必须"坚持把马克思主义基本原理同中国具体实际相结合、同中华优秀传统文化相结合"[①]。又在《在文化传承发展座谈会上的讲话》中指出："在五千多年中华文明深厚基础上开辟和发展中国特色社会主义，把马克思主义基本原理同中国具体实际、同中华优秀传统文化相结合是必由之路。这是我们在探索中国特色社会主义道路中得出的规律性认识。……如果没有中华五千年文明，哪里有什么中国特色？如果不是中国特色，哪有我们今天这么成功的中国特色社会主义道路？只有立足波澜壮阔的中华五千多年文明史，才能真正理解中国道路的历史必然、文化内涵与独特优势。"[②] 马克思主义与中国哲学思想的融合创新正是"两个结合"的重要内涵，是"第二个结合"的核心维度之一。这也是马克思主义中国化的题中应有之义，如何处理与中国哲学思想的关系也是马克思主义中国化所面对的重要理论问题。自马克思主义传入中国以来，就一直在与中国哲学思想发生交汇、碰撞，二者的融合创新正是在这一思想碰撞过程中发生的。在这个过程中，诞生了丰富的学术思想与成果，对二者的融合创新作出了巨大贡献。当中不仅有众多中国马克思主义者的努力，也有许多中国哲学学者的付出，他们或以马克思主义或以中国哲学为出发点，不断打通二者脉络，建立相互间的联系，为马克思主义中国化注入了丰富的学术力量与内涵。因此，基于学术史对马克思主义与中国哲学思想的考察尤为必要，对于理解马克思主义中国化和"两个结合"具有深刻的理论与现实意义。

[①] 《习近平谈治国理政》（第四卷），北京：外文出版社，2022年，第10页。
[②] 习近平：《在文化传承发展座谈会上的讲话》，《求是》2023年第17期。

一、马克思主义与中国哲学思想融合创新史的理论问题

在庆祝中国共产党成立一百周年大会上，习近平总书记提出了"两个结合"，即"坚持把马克思主义基本原理同中国具体实际相结合、同中华优秀传统文化相结合"①，进一步拓展了马克思主义中国化的内涵。在结合的过程中，中国哲学思想既作为中国具体的思想实际影响着具体的现实实践，又作为中华优秀传统文化的理论内核引领着中国思想文化的发展。与中国哲学思想的融合创新是马克思主义必须面对的课题。

首先需要加以说明的是马克思主义与中国哲学思想的融合创新这一主题，只有明确主题才能更好地理解其历史发展过程及当中内涵。在此应当回答三个问题：一是二者为何融合创新；二是二者如何融合创新；三是应当如何研究这一融合创新。

关于马克思主义与中国哲学思想为何融合创新的问题，答案应从马克思主义与中国哲学思想自身中寻找，即在于马克思主义的内在特性和要求以及中国哲学思想自身发展的需要。

马克思主义最为突出的特性是实践性，实践也是马克思主义的理论旨趣。在《关于费尔巴哈的提纲》中，马克思开篇就批判了旧的唯物主义，认为它们不把"对象、现实、感性""当做感性的人的活动，当做实践去理解"，"不是从主体方面去理解"的；也批判了唯心主义，认为"唯心主义是不知道现实的、感性的活动本身的"②。由此，马克思站在实践性的立场，与唯心主义、旧唯物主义划清了界限，恩格斯将之称为"包含着新世界观的天才萌芽的第一个文献"③。在结尾，马克思更是提出了"哲学家们只是用不同的方式解释世界，问题在于改变世界"④ 这一经典论断。实践性在这短短十一条提纲中体现得淋漓尽致。

而之所以说实践性是马克思主义与中国哲学思想融合创新的原因，是因为在马克思看来，思想的发展、创新同样是离不开实践性的，实践性是思想

---

① 习近平：《在庆祝中国共产党成立100周年大会上的讲话》，北京：人民出版社，2021年，第13页。
② 《马克思恩格斯文集》（第一卷），北京：人民出版社，2009年，第499页。
③ 《马克思恩格斯文集》（第四卷），北京：人民出版社，2009年，第266页。
④ 《马克思恩格斯文集》（第一卷），北京：人民出版社，2009年，第502页。

发展的根本原因。正是在这篇文献中，马克思指出，"人的思维是否具有客观的真理性，这不是一个理论的问题，而是一个实践的问题。人应该在实践中证明自己思维的真理性，即自己思维的现实性和力量，自己思维的此岸性"①。从中可以看到，思想本身就是与实践息息相关的，不仅在于从认识论上讲，实践是其真理性的检验标准，更在于存在论上的意义，即思维从本质上就是现实的，实践是思维的存在论根基。这是因为在马克思的论述中，"思维的真理性"就是"思维的现实性和力量""思想的此岸性"，这意味着真理要回归现实，思想要回归此岸并发挥力量，而这一发挥力量的过程就是实践。思想回到实践当中，并不只是思想对现实的单向作用。这种思想在融入实践的过程中，必然会受到实践的检验，淘汰其中不适宜的成分，检验、确证并强化当中合适的内容，思想凭实践得以发展。因此，马克思主义的实践性不仅作为一种理论建构，更是作为一种理论品质，要求马克思主义回归实践，在实践中检验、丰富、发展自身。而马克思主义来到中国，就要求在中国的具体实践中发展自身，中国哲学思想作为在此实践所面对的思想因素也就为马克思主义的发展提供了思想资源。试想，一种没有实践性的思想，是无法深入实践，面对各种现实的思想与理论的，也就没有融合创新的逻辑前提。由此可见，马克思主义的实践性是其与中国哲学思想融合创新的前提条件之一。

而从中国哲学思想的角度上看，中国哲学思想自身发展的需要是其拥抱马克思主义的必要条件。我国著名哲学史家赵纪彬先生在其写于 1938 年的《中国哲学史纲要》中指出，中国哲学的发展具有停滞性。他认为，"中国哲学，由秦汉以降，即一般地表现着发展的停滞，至六朝时代，更显示着全般的退步"，这即是说，"在中国汉代以后的哲学发展中，几乎看不见积极的哲学体系一贯向上的发展，大体是停滞或退步"②。尽管赵纪彬先生对中国哲学史的认识在当时受到时代的影响和局限，但这一论断的启发作用却是不可忽视的，即中国哲学需要在新的历史时期开启新的发展局面。从历史上看，中国自近代以来，国门被打开，各种国外思想涌入国内，中国哲学思想面临着新的百家争鸣。为回应国外哲学思想所提出的问题与挑战，中国哲学思想中一些传统的理论范式变得陈旧，中国哲学思想需要实现自身新的发展才能

---

① 《马克思恩格斯文集》（第一卷），北京：人民出版社，2009 年，第 500 页。
② 赵纪彬：《中国哲学史纲要》，广州：广东人民出版社，2021 年，第 16 页。

站稳脚跟。赵纪彬先生指出，近代以来，国门大开，"中国哲学成为世界哲学一有机部分"，"以注释学为特征的传统的经学已完全破产"，中国哲学产生了许多新的变化与发展。① 而随着时代进一步发展，马克思主义的真理性在中国得到证明，马克思主义也被中国实践证明为适合于中国国情的，马克思主义在中国扎根、开花、结果，成为我国的主流思想。因此，中国哲学思想要想获得现代化发展，首先就需要回答如何处理与马克思主义的关系问题，这也是必须回答的问题。如此便为拥抱、融合马克思主义提供了先决条件。

总的来说，对于马克思主义与中国哲学思想为何融合创新的问题，应当分别从马克思主义与中国哲学思想两个角度进行回答。从马克思主义的角度来看，是马克思主义实践性的理论内涵与理论品质，要求应对其在中国的实践中所遇到的问题与挑战，要求回应与中国哲学思想的关系；从中国哲学思想的角度来说，则是中国哲学思想自身的现代化发展要求面对马克思主义，处理与马克思主义的关系问题。一方是出于自身的内在特性，另一方是出于自身发展的需要，马克思主义与中国哲学思想都要求回答彼此的关系问题，实现二者的融合创新，既更充分地发挥实践性，又进一步推动理论的现代化发展。对此，王立胜研究员作出了精确的总结，他认为，这一融合创新是"马克思主义哲学和中华优秀传统文化'双向选择'的结果"，即马克思主义中国化，必须"同中华优秀传统文化相结合"，"中华优秀传统文化要实现现代转化，就必须寻找与之相契合的现代理论资源，即马克思主义哲学"②。

第二需要回答马克思主义和中国哲学思想如何融合创新的问题。纵观马克思主义传入后的思想史、学术史，可以发现这一"双向选择""融合创新"主要可以分为两条道路。一是"以马化中"，即中国哲学思想的马克思主义化；二是"以中化马"，即马克思主义的中国哲学化。之所以分为两条道路，是因为在很长一段时期内，马克思主义还被视为中国哲学的"他者"，而非一体。这就带来了以马克思主义为中心吸收中国哲学思想的道路，和以中国哲学思想为中心吸收马克思主义的道路。对此，武汉大学的李维武教授在其2008年的文章《马克思主义哲学与中国哲学传统的结合点》中指出，"马克

---

① 赵纪彬：《中国哲学史纲要》，广州：广东人民出版社，2021年，第53页。
② 王立胜：《中国马克思主义哲学是中国哲学发展的现代形态》，《马克思主义哲学》，2023年第1期，第6—23，167页。

思主义哲学在中国经历了百余年的传播、发展及其中国化后",仍是"在中国的哲学",而非"中国的哲学",当中最关键的原因在于二者不同的理论传统。① 所以,在近百年的学术史探索中,马克思主义与中国哲学思想的融合创新主要表现为"以马化中"和"以中化马"两条线索。

具体而言,在"以马化中"这条道路上,既有如冯友兰、任继愈、张岱年等中国哲学史学者,运用马克思主义的方法、观点,研究、重述中国哲学史;又有如郭沫若、侯外庐、吕振羽等马克思主义理论家站在马克思主义的立场上分析、考察中国哲学,批判当中不符合时代的内容,以马克思主义的观点与原则丰富、发展当中的积极因素②。对此,王立胜研究员认为,早期的新儒家所进行的"以马化中"的工作,"是以中国传统哲学为本位的,试图将马克思主义纳入其建构的新体系、新范畴中",他将之概括为"以儒解马";而中国马克思主义理论家的学术贡献,则首先是"立足于马克思主义的",以马克思主义"反思、批判、阐释"中国哲学思想,他将其概括为"以马解中"③。但无论是"以儒解马"还是"以马解中"④,都是意在改变中国哲学思想,促进中国哲学思想的马克思主义化,即"立足于马克思主义的基本原理进一步发展、创造中国哲学"⑤。尽管在 21 世纪,这条道路本身已经显示出一些问题,但近百年来的学术探索所作出的贡献是不可磨灭的,这些学术积累也为建立有中国特色、中国气派的中国马克思主义哲学奠定基础⑥。

而在"以中化马"这条道路上,则以众多中国马克思主义者为主体,提

---

① 李维武:《马克思主义哲学与中国哲学传统的结合点》,《理论视野》,2008 年第 12 期,第 14—15 页。
② 在此需要注意的是,各个思想家的思想是受时代局限的,并随着时代的发展而发展,对于中国哲学学者和马克思主义理论家的划分不是绝对的,有些思想家可能早期以中国哲学思想为本位,吸收马克思主义,而后期则转向以马克思主义为本位,吸收中国哲学思想,例如冯友兰在晚期转向了马克思主义的唯物主义立场,等等。
③ 王立胜:《中国马克思主义哲学是中国哲学发展的现代形态》,《马克思主义哲学》,2023 年第 1 期,第 6—23,167 页。
④ 对于"以马解中",蔡志栋总结了四种范式,即"社会史还原法""以问题为中心法""文化心理结构法""逻辑发展法"。参见蔡志栋:《逻辑发展法:冯契哲学探索的基本特征——兼论"以马解中"的四种典范》,《现代哲学》,2017 年第 2 期,第 153—160 页。
⑤ 蔡志栋:《逻辑发展法:冯契哲学探索的基本特征——兼论"以马解中"的四种典范》,《现代哲学》,2017 年第 2 期,第 153—160 页。
⑥ 对于"以马化中"这条道路的问题以及中国马克思主义哲学的建构在此不便详细论述,这些内容在本书后面的章节会有所涉及。

出了以毛泽东思想、邓小平理论、"三个代表"重要思想、科学发展观、习近平新时代中国特色社会主义思想为代表的马克思主义中国化成果，并产生了众多马克思主义中国化的学术成果，体现出中国学者对马克思主义的中国式发展①。对此，武汉大学的何萍教授指出，"作为历史进程"的马克思主义中国化在20世纪初就已经开始，然而，"作为一个思想史反思的对象"，"作为21世纪中国哲学社会科学话语体系的建构"，是从20世纪末开始的，因为这时的马克思主义中国化进入了思辨的阶段，是"思想的创造活动"，为创立"中国马克思主义哲学的学术话语体系"②。何萍教授的这一论断点明了"以中化马"对于马克思主义中国化的重大意义。不过，从学术史看，"以中化马"这种思想创造活动，实际上是一直伴随着马克思主义中国化的历史进程的，只是在不同历史时期所强调的理论或实践方面不同。在20世纪，"以中化马"是依附于历史实践进程的，在面对中国一些具体的实践的国情时，学者们大多援引中国哲学思想作为马克思主义的补充，以使马克思主义契合中国实际；而进入21世纪后，"以中化马"作为一种理论活动则被投以众多关注，学者们开始有意识地以中国哲学思想发展马克思主义。正如何萍教授所言，在21世纪，"以中化马"的覆盖面更广，其中一方面就表现为中国的马克思主义理论家与中国哲学思想家展开对话，使"以中化马""获得了马克思主义哲学之外的学术研究群体的认同"，促进了"有中国特色、中国气派的马克思主义哲学"的发展③。

由此可见，在近百年的学术史中，"以马化中"和"以中化马"，作为不同的两条道路，分别以中国哲学思想或马克思主义为本位，吸收、借鉴对方的思想理论资源来发展自身。而更重要的是，它们又通过运用或阐发马克思主义的方式，共同为马克思主义中国化作出了学术贡献，并最终形成理论的

---

① 在此应当说明，本书中的"以中化马"与马克思主义中国化的区别就在于，"以中化马"更强调中国哲学思想对马克思主义及其中国化发展的影响，更强调马克思主义中国化中的理论层面，属于马克思主义中国化的一个方面。这一点在本章第二节中还会详细说明。
② 何萍：《马克思主义哲学中国化研究与中国哲学社会科学话语体系建构》，《山西师大学报（社会科学版）》，2022年第6期，第1—6，125页。
③ 何萍：《马克思主义哲学中国化研究与中国哲学社会科学话语体系建构》，《山西师大学报（社会科学版）》，2022年第6期，第1—6，125页。

合力，汇入中国马克思主义哲学的建构之中①。

第三需要回答的是如何研究马克思主义与中国哲学思想融合创新的问题。要回答这个问题，首先应当回到这一问题所产生的基础上去，即回到学术史中。从近百年的学术史来看，无论是"以马化中"还是"以中化马"的道路，主要产生了以下三种研究范式，即历时性研究、人物研究和问题研究。这些范式对于从学术史出发，考察马克思主义与中国哲学思想的融合创新具有重要的意义，构成了研究这一融合创新的方法。尽管这些学术成果本身大多并非对马克思主义与中国哲学思想的融合创新的有意识的研究，而是作为构成融合创新这一过程的环节和部分，并作为融合创新的结果；但学术史的意义就在于不仅为我们的研究提供对象，更为研究提供方法。基于学术史的考察应当立足学术文本本身，特别是对其方法论的借鉴与运用。所以，从学术史的角度对二者融合创新的研究，在方法论、范式上将仍然沿用这三种模式。并且，这不仅仅是对既有范式的简单延续，更是对近百年来学界成果的发展，将学界探索出的方法与范式运用于这种反思性的研究②。

具体而言，在既有学术史中，历时性研究③最为突出，产出了丰厚的学术成果。赵纪彬先生在《中国哲学史纲要》中，就根据"中国社会史"的阶段，把中国哲学史的研究也按照历史阶段进行划分，界定为四个阶段，即诸子时代的哲学、经学时代的哲学、新儒教哲学、清代哲学。④ 同样是历时性研究的还有如任继愈先生的《中国哲学史》四卷本⑤等研究中国哲学史、思想史的著作。其次是人物研究。李石岑先生在《中国哲学十讲》中，分别讨论了儒家、墨家、道家、名家、禅家等的思想，尽管书中仍按照时间先后顺序对诸子百家和明清思想家进行了排序，但其中各个章节的命名和区别在于

---

① 在此有两个问题需要说明。第一，由于中国马克思主义哲学的真正建构开始较晚，虽涌现了一大批学术成果，但许多问题尚有待讨论。所以，本书主要考察已经过长久历史检验、确证的学术史构成，即"以中化马"和"以马化中"两条线索。第二，中国马克思主义哲学建构的开始并不意味着"以中化马"这条道路的结束，比起"以马化中"，"以中化马"更直接地归属于中国马克思主义哲学与马克思主义中国化的建构，因此下文中对"以中化马"的学术史考察一直延续至今。

② 如果说"以马化中"的道路是从马克思主义的视角对中国哲学思想的反思，"以中化马"的道路是从中国哲学思想出发对马克思主义的反思，那么对此二者融合创新的研究则是对反思的反思，由此显示出更高程度上的发展。

③ 因各种史类研究既包括断代史研究，也包括通史研究与编年史研究等，所以本书以历时性研究概括所有如通史、马克思主义中国化史、发展史等研究著述。

④ 赵纪彬：《中国哲学史纲要》，广州：广东人民出版社，2021年，第50—53页。

⑤ 参见任继愈：《中国哲学史》（第一、二、三、四册），北京：人民出版社，1979年。

思想家或思想家流派群体,如"儒家的伦理观""道家的宇宙观""禅家的哲理"等。① 而肖萐父先生的著作《船山哲学引论》更是直接以王船山为研究对象,以马克思主义的范畴分析了王船山的"辩证法""矛盾观"与"历史哲学"等。② 而在问题研究方面,则以张岱年先生的《中国哲学大纲》为代表。在1937年的自序中,张岱年先生指出,当时,"以问题为纲,叙述中国哲学的书,似乎还没有",而他的这本书则"将中国哲人所讨论的主要哲学问题选出",分别加以论述,"以显出中国哲学之整个条理系统",弥补了学术空白。③ 具体而言,他立足马克思的唯物主义和辩证法立场,分别从"宇宙论""人生论""致知论"三个方面探讨中国哲学,"力求阐明中国历史上的主要的唯物主义思想与辩证观念"。④

总而言之,从近百年的学术史来看,马克思主义与中国哲学思想的融合孕育出三种理论范式,以历时性研究最为显著,人物研究次之,问题研究最为稀缺⑤。对此,李维武教授也指出,"中国马克思主义哲学与中国古代哲学的贯通和结合,主要是通过哲学史与思想史的反思来实现的"⑥。由此可见,历时性研究的成果之丰富,影响之大。而马克思主义与中国哲学思想之融合的学术史过程,也对这种历史过程进行再反思的研究产生了显著的影响,这种影响深刻地表现在当今的研究状况中。

二、马克思主义与中国哲学思想融合创新的研究综述

马克思主义一经传入中国就不断地与中国哲学思想发生交汇、融合,在这一历史过程中,出现了许多有代表性的人物及其思想和著作,如李大钊、毛泽东、张岱年等。具体而言,通过与中国哲学思想的融合创新,不仅诞生了以毛泽东思想、邓小平理论、"三个代表"重要思想、科学发展观、习近平新时代中国特色社会主义思想为代表的马克思主义中国化的理论,更

---

① 李石岑:《中国哲学十讲》,北京:煤炭工业出版社,2019年。
② 肖萐父:《船山哲学引论》,南昌:江西人民出版社,1993年。
③ 张岱年:《中国哲学大纲》,北京:商务印书馆,2015年,第18页。
④ 张岱年:《中国哲学大纲》,北京:商务印书馆,2015年,第6页。
⑤ 需要指出的是,如果说历时性研究与问题研究的区别更侧重方法论,那么历时性研究与人物研究的区别就更偏向对象,前者更为宏大,后者更加聚焦。
⑥ 李维武:《马克思主义哲学中国化与中国哲学的现代转型》,北京:北京师范大学出版社,2021年,第7页。

引发了许多学术争鸣，形成了丰厚的学术史。对此，王立胜研究员将二者总结为"作为政党和国家意识形态的马克思主义哲学中国化与作为学术形态的马克思主义哲学中国化"①。二者相互补充、相互支撑，共同构成了马克思主义中国化的理论成果，学界也对这些理论结晶做了丰富的研究，产出了许多成果。

然而，就目前的情况而言，学界更加关注作为"意识形态的马克思主义哲学中国化"，对毛泽东思想、邓小平理论、"三个代表"重要思想、科学发展观、习近平新时代中国特色社会主义思想的研究更多，对当中马克思主义与中国哲学思想的结合的探寻更为深入，而从学术史出发所进行的考究相对缺乏，对学界为结合马克思主义与中国哲学思想付出的努力关注相对较少。并且，在既有研究中，以历时性研究的范式尤为凸显，这不仅体现在主要按照时间顺序对马克思主义与中国哲学思想的融合历程进行梳理，而且表现为历时性研究对人物研究、问题研究的统摄，即对人物的研究按照时间线索进行整理、总结，以及将各种问题置于时间线索之下②。因此，在历时性研究作为主流范式的情况下，对马克思主义与中国哲学思想的问题研究相对较为缺乏③。这便是对当下研究现状的概述。

具体来看，首先需要加以把握的是占主流位置的历时性研究。

自五四运动到新中国成立，马克思主义的中国化进程是在斗争中进行的，这段历史也是研究马克思主义与中国哲学思想融合交汇首先需要掌握的，对之后的融合创新具有奠基性的意义。吕希晨、王育民在《中国现代哲学史》中，梳理了自1919至1949年中国的思想发展历程，分析了马克思主义与非马克思主义的斗争史，揭示出马克思主义与中国哲学思想的融合创新是在现实斗争中进行的。④ 马克思主义正是在斗争中与中国哲学思想汇合，成为中国思想的一部分。因此，作者指出，"中国无产阶级哲学"代表了中国哲学思想"新的历史时期"，这一"无产阶级的辩证唯物主义"是在古代

---

① 王立胜：《中国马克思主义哲学是中国哲学发展的现代形态》，《马克思主义哲学》，2023年第1期，第6—23，167页。

② 在此已经可以看到，三种范式的关系较之前更为明显。三种范式并非彼此割裂，而是相互作用、相互补充的。本书所做的仅仅是从理论上对之加以区分，以便更好地把握其各种不同的组合方式所带来的实际效果。在现实的学术实践中，三种范式往往是组合起来的，一同运用于研究之中。

③ 人物研究也是如此，但相较而言仍比问题研究更为丰富，并且在许多人物研究中，仍然以历时性研究范式为主流，所以在此仅以历时性研究与问题研究做对比与总结说明。

④ 参见吕希晨、王育民：《中国现代哲学史》，长春：吉林人民出版社，1984年。

"朴素唯物主义""近代资产阶级进化论的唯物主义"之后的新发展。① 由此表明，在与各种思想的斗争之中，马克思主义与中国哲学思想不断进行合流，不断融合创新，马克思主义获得中国身份，中国气派、中国特征逐渐彰显。

在马克思主义中国化的过程中，如何处理与中国文化的关系、如何把握中国文化中的哲学思想内核是其不可回避的问题，厘清二者的相通性是当中的首要任务。张允熠在《中国文化与马克思主义》中，研究了二者在中国的结合历程，强调了中国哲学思想与马克思主义的相通性。当中，作者特别强调了毛泽东思想作为马克思主义与中国哲学思想相结合产物的代表性地位。作者认为，中国哲学思想中的优秀精华是毛泽东思想的重要来源之一，例如儒家的"唯物论、辩证法、实践精神、实事求是和知行统一的认识论"，以及"道家、法家、兵家的学说"，而这些思想在与马克思主义结合之后，在实践中得到了检验，由此"开拓了一条'古为今用'的文化转换大道"。② 可以说，正是马克思主义与中国哲学思想的相通性，使得马克思主义中国化、二者的融合创新得以可能，是其逻辑前提。

儒学长期以来处于中国思想文化的主流位置，是马克思主义在中国各类思想当中首先需要面对的，对马克思主义与儒学的关系、二者相结合的历程的分析十分重要。张腾霄、张宪中在《马克思主义与儒学》一书中梳理了马克思主义与儒学的结合历程，表明了中国哲学思想特别是儒学在马克思主义中国化过程中的重要地位。在书中，作者以历时性为研究范式，从革命时期、社会主义建设时期到改革开放时期依次剖析了马克思主义与儒学的结合，着重论述了毛泽东思想、邓小平理论对马克思主义与中国哲学思想的结合。③ 从中可以看到，以儒学为代表的中国哲学思想对马克思主义中国化的重要性，是马克思主义与中国哲学思想融合创新的过程中，在中国哲学思想方面最为重要的组成部分和一环。

通过与中国文化，特别是与儒学的相交汇，马克思主义中国化的进程得到了进一步推动，马克思主义的中国身份也越发显著，民族性愈发凸显，这种民族性得到了学者们的关注。在丁俊萍、熊启珍主编的《中国化的马克思

---

① 吕希晨、王育民：《中国现代哲学史》，长春：吉林人民出版社，1984年，第4页。
② 张允熠：《中国文化与马克思主义》，太原：山西教育出版社，1999年，第381页。
③ 参见张腾霄、张宪中：《马克思主义与儒学》，北京：中国人民大学出版社，2000年。

主义概论》一书中，作者以历时性研究为范式，依次分析了毛泽东思想、邓小平理论、"三个代表"重要思想。作者认为，实事求是标志着"中国化的马克思主义思想路线的形成"，因为实事求是源于《汉书》，并在中国哲学思想的流变中，从"考据学命题"变成"哲学认识论命题"，而对这一概念的挖掘、阐发正是毛泽东对"中国传统文化遗产"的传承和发展，是将中国哲学思想与马克思主义相结合的产物，"成为马克思主义中国化、民族化的典范"。① 并且，在作者看来，邓小平对文化的民族性的强调，也体现出了马克思主义与中国哲学思想的结合，因为这种民族性显示出"中国特色社会主义文化"最重要的思想渊源之一是"中华民族五千年的文明史""优秀的传统民族文化"和"文化传统"②。因此，民族性是马克思主义中国化的重要特征，这种民族性又对马克思主义与中国哲学思想的进一步融合创新提出了要求，建设有中国风格、中国气派的马克思主义离不开中国哲学思想中所体现的民族性。

马克思主义民族性的获得，不仅需要中国哲学思想中所提供的理论资源，更离不开中国哲学学者的努力。乔清举在写于 21 世纪初的《当代中国哲学史学史》中，考察了新中国成立以来的中国哲学史这一学科随历史变迁的演化发展，辨明了在这一学科的构建中，中国哲学学者们为马克思主义中国化所作的努力。在作者看来，自 1949 年以来，"中国哲学史领域选择马克思主义作为指导理论"，不仅是历史的机缘，更是对"科学的"理论的追求，而在马克思主义的指导下，中国哲学思想的"社会背景"得到更清晰的说明，相关概念得到更准确的辨析，中国哲学思想中的"唯物论传统"得到更深刻的挖掘，相关文献资料变得更加丰富。③ 通过这一考察，作者充分说明了在中国哲学史学科中，马克思主义与中国哲学思想的融合创新历程，辨明了中国哲学史学者们在"以马化中"方面所做的努力。可以说，马克思主义与中国哲学思想的融合创新，离不开在研究中国哲学思想时对马克思主义的运用。

除了"以马化中"，马克思主义与中国哲学思想的融合创新还有"以中

---

① 丁俊萍、熊启珍：《中国化的马克思主义概论》，武汉：武汉大学出版社，2003 年，第 353—354 页。
② 丁俊萍、熊启珍：《中国化的马克思主义概论》，武汉：武汉大学出版社，2003 年，第 353—354 页。
③ 乔清举：《当代中国哲学史学史》（下），上海：上海古籍出版社，2020 年，第 807—808 页。

化马"这一方面,有许多马克思主义者主动吸纳中国哲学思想中的优秀成分,推动了马克思主义的中国化。毕国明、许鲁洲在《中国哲学与马克思主义哲学中国化》中,从唯物论、辩证法、认识论、历史观等四个方面出发,依次分析了毛泽东思想、邓小平理论、"三个代表"重要思想,强调在这四个方面上,它们批判地继承了中国哲学思想,并在这种批判继承的过程中发展了马克思主义,推动了马克思主义中国化进程。[①] 在此可以看到,中国传统的唯物论、辩证法、认识论、历史观为马克思主义中国化提供了中国思想因子,对马克思主义在中国的发展具有系统性的影响。

并且,学者们不仅从理论的角度考察二者的结合,也将理论放在实践的背景中进行研究,将马克思主义与现实实践和思想相结合,在实践的大背景中把握二者的融合创新。在《马克思主义中国化思想通史》中,孙建华以历时性研究的范式,分析了马克思主义与中国实践、中国传统思想结合的历史。书中,作者特别强调了中国哲学思想与"三个代表"重要思想的关系。作者认为,"优秀民族哲学传统"是"三个代表"重要思想的"精神动力",也是其精神和内涵的重要构成,特别是"中国优秀传统哲学中的政治伦理思想"的影响深远、显著。[②] 并且,作者指出,马克思主义与中国哲学思想的融合,表现在"中国传统文化为马克思主义提供了完善的传播路径,而马克思主义为中国传统文化的进一步传播提供了新鲜的时代元素",即马克思主义需要按照"中国人的语言文化习惯"进行转换、再阐发,并同时对中国哲学思想进行内容上的补充。[③] 因此,可以说马克思主义与中国哲学思想的融合创新不仅是思想的结合,具有理论价值,更是具有传播上的意义,有实践价值。

进入21世纪,社会现代化程度加深,历史悠久的中国哲学思想也随着马克思主义中国化的进程而发生现代转型,二者在现代性背景下的结合成为学界新的关注焦点。李维武在《马克思主义哲学中国化与中国哲学的现代转型》中,对20世纪中叶马克思主义与中国哲学思想的融合进行了系统的梳

---

① 参见毕国明、许鲁洲:《中国哲学与马克思主义哲学中国化》,北京:人民出版社,2010年。

② 孙建华:《马克思主义中国化思想通史》(第三卷),北京:人民出版社,2019年,第770—771页。

③ 孙建华:《马克思主义中国化思想通史》(第三卷),北京:人民出版社,2019年,第992—993页。

理，总结出了一系列代表性形态。具体而言，作者以毛泽东、吕振羽、侯外庐、张岱年等为代表，说明了"中国马克思主义者、中国马克思主义哲学家、中国赞成马克思主义哲学的学者"的努力，他们"敏锐地把握了中国哲学的现代转型和传统更新的这一新走向，力求参与到 20 世纪中国哲学开展的大趋势中来，开始建构中国化的马克思主义哲学体系，以此来实现马克思主义哲学与中国的实际情况、革命实践、文化传统和哲学传统的结合，进一步推进马克思主义哲学中国化运动"，并且，正是在这一过程中，中国哲学思想更加得到重视，从而形成了各种相结合的形态，推动了马克思主义从"在中国的哲学"走向"中国的哲学"。[①] 与民族性不同，这种中国身份的取得，既标志着民族性所体现的马克思主义的中国化，又将民族上升为国家，意味着中国哲学思想的现代化。二者在新的"中国的哲学"中相交汇，二者的融合创新达到新的高度，即"中国马克思主义哲学"[②]。

通过对历时性研究现状的梳理，可以看到，学界从各个角度出发，对马克思主义与中国哲学思想的融合创新进行了研究。这些角度可以依次概括为：历史的角度，即关注在历史上发生时间最早的融合；文化氛围的角度，即从中国文化思想整体出发，强调融合创新对整体性文化的依赖；具体思想的角度，即重视中国哲学思想中最具代表性的理论，强调其与马克思主义的融合创新；理论属性的角度，即注重融合创新所带来的民族性特点；"以马化中"的角度，即注重在运用马克思主义阐发中国哲学思想时所发生的融合创新；"以中化马"的角度，即看重马克思主义如何吸收中国哲学思想，探寻在这一吸收过程中所发生的融合创新；实践的角度，即将理论放进现实之中，考察融合创新对理论与现实的意义；现代化的角度，即在现代性的视域下，辨明马克思主义中国化与中国哲学思想的现代化的关系，强调在现代化的过程中马克思主义与中国哲学思想的融合交汇。

经过对历时性研究的梳理，历时性研究的特征已较为明显，即其既可以独立地显现在研究之中，考察历史的变化，又可以与人物研究或问题研究相结合，使历史变迁的特点更为具体。问题研究也是一样，既可以独自支撑其

---

① 李维武：《马克思主义哲学中国化与中国哲学的现代转型》，北京：北京师范大学出版社，2021年，第 325—326 页。

② 李维武：《马克思主义哲学中国化与中国哲学的现代转型》，北京：北京师范大学出版社，2021年，第 650 页。

一部著作,例如张岱年的《中国哲学大纲》①即是如此,又可以与历时性研究或人物研究相结合,体现问题随历史或人物的变化而变化。然而,人物研究却与此二者不同。人物研究离不开与历时性研究或问题研究的结合,无法脱离人物自身的经历或思想论域来谈论其思想的变化。因此,出于这种考虑,加上问题研究数量上的稀缺,本书仅列举部分有代表性的人物研究和问题研究的著作,以说明在这两个方面的普遍研究情况。

在人物研究方面,学界主要关注以毛泽东为代表的中国共产党人在结合马克思主义与中国哲学思想的过程中所作的努力。宋一秀、鲁修文在《毛泽东哲学思想史纲》中指出,研究毛泽东哲学思想史,需要把握毛泽东思想是如何将马克思主义与中国哲学思想结合起来的。在作者看来,"毛泽东哲学思想是怎样继承、吸收马克思主义哲学,批判改造中国哲学史上唯物论和辩证法的优秀遗产,并根据中国革命的新情况、新经验而创新和发展的"是较核心的问题之一②。该著作对毛泽东思想的研究,主要篇幅是以历史时间顺序为脉络的,沿着中国具体实践的历史时间顺序研究毛泽东思想,仅在最后一章从"唯物论""认识论""辩证法""辩证自然观""唯物史观"等五个问题域进行了一些讨论,对毛泽东思想与中国哲学思想的关系还有待具体的论述。由此可见,人物研究的范式是以人物为中心,以时间或问题为参考展开的。

在问题研究方面,学界着重论述马克思主义与中国哲学思想的相似、想通之处,并以马克思主义的范畴理解中国哲学思想,推动中国传统思想、理论的现代化发展。

方克立在《中国哲学与辩证唯物主义》中指出,马克思主义中本身就"包含着中国传统哲学",而将马克思主义与中国哲学思想相结合,在"整个人类智慧的继承发展中"理解马克思主义,并用中国哲学思想证明马克思主义的真理性,则是马克思主义中国化的"组成部分"。③ 书中,作者围绕"哲学基本问题""气一元论与世界物质统一性原理""阴阳大化与世界普遍联系发展原理""知行统一与辩证唯物主义认识论""'通古今之变'与科学的社会历史观""成人之道与人的全面发展"等问题域展开讨论,最终回归

---

① 参见张岱年:《中国哲学大纲》,北京:商务印书馆,2015年。
② 宋一秀、鲁修文:《毛泽东哲学思想史纲》,兰州:甘肃人民出版社,1984年,第4页。
③ 方克立:《中国哲学与辩证唯物主义》,北京:高等教育出版社,1998年,前言第2—3页。

"马克思主义哲学中国化与中国哲学现代化"。① 通过寻找中国哲学思想与马克思主义的相通性，可以发现马克思主义与中国哲学思想虽诞生于不同的地域、不同的时间，但是共同属于人类整体思想的，天然地在同一个整体当中。所以可以说，二者的融合创新是一条必然的道路。

同样，崔锁江在《中国哲学与马克思主义中国化》中，对中国哲学思想与马克思主义的共同点进行了论述和比较，阐述了二者融合创新的可能性。具体而言，作者"把中国哲学放在马克思主义哲学、政治经济学知识结构下进行思考"②，以马克思主义解构中国哲学思想，从唯物史观和价值观两大理论层面以及中国特色社会主义这一实践层面出发，剖析二者的相似之处，为融合创新奠定基础。如此，既将马克思主义用于理解、阐释中国哲学思想，推动了中国传统思想与现代思想的结合，以"以马化中"的方式促进了中国哲学思想的现代化；又让中国哲学思想中与马克思主义相适配的成分得到彰显，为马克思主义中国化提供思想与理论资源。

分别以这三种范式为主的各种研究，都对马克思主义与中国哲学思想的融合创新作出了清晰、透彻的说明，为把握这一融合创新的历史提供了独特的视角，并为新时代继续推进这一融合创新奠定基础。然而，这并不意味着其中没有学术空缺需要填充。

首先需要指出的是，在研究对象方面，如前所述，当前研究主要从"意识形态的马克思主义哲学中国化"出发，基于学术史的考察较少，即对于二者融合创新的学术史研究不足。其次，尽管有三种研究范式，但最得到学术界认可和普遍接受、采用的是历时性范式，缺乏以问题为导向的研究。这也正如同当年张岱年先生对中国哲学研究现状的评价一样，"以问题为纲，叙述中国哲学的书，似乎还没有"③。因为对这三种范式而言，在上述的分析中已经可以看到，虽然人物研究与历时性研究、问题研究并驾齐驱，独自作为一种研究范式，但从逻辑上讲，人物研究却不像另外两种研究一样可以独立自存，尽管也鲜有单独以历时性研究或问题研究为范式的著述。所以，即便在人物研究中，仍然以对人物思想的历时性研究为主，多于对人物思想的问题研究。这更加证明了历时性研究范式的主要地位。

---

① 参见方克立：《中国哲学与辩证唯物主义》，北京：高等教育出版社，1998年。
② 崔锁江：《中国哲学与马克思主义中国化》，长春：东北师范大学出版社，2014年，第2页。
③ 张岱年：《中国哲学大纲》，北京：商务印书馆，2015年，第18页。

并且，虽然对二者融合创新的历时性研究明显多于问题研究，但这是按一部论著所采取的主要范式为依据划分的。在实际的研究当中，历时性研究、问题研究、人物研究三种范式是紧密结合的。这种结合以主次的方式为表现，各有其长短之处。第一，对以历时性研究为主，人物研究为辅的著述而言，虽能以代表性人物更清晰地点明思想史的演变，但其余非关键、非主要人物也并非没有独特的贡献，所以便容易忽略一些细微的思想变化，而这些思想变化可能在今后会产生巨大的效应，有以偏概全的风险。第二，对以历时性研究为主，问题研究为辅的著述而言，虽可以清晰地说明随时间演变一道的问题域的变化，但对同一问题的历史演变追踪不够，考察不够深入，难以掌握对同一问题在不同时期得到的思考和解答。第三，对以问题为主，人物为辅的研究而言，通过对代表性人物之代表性观点的厘清，有助于把握问题的本质，但同时也丧失了对问题的历时性考察。第四，对以问题研究为主，历时性研究为辅的著述而言，尽管能够把握对同一问题随时间变迁而发生的改变、深化，但容易停留于旧有的问题域，容易忽略新提出的问题。

总的来说，通过对当前研究现状的批判性考察，既可以对马克思主义与中国哲学思想的融合创新有进一步的理解，又能吸取当前研究的精华，克服曾经遇到的问题，为研究这一融合创新提供启发。这些成果为本书提供了参考，对本书内容的构思与方法的采用具有重要的价值。

对于前者，主要是在内容上为本书提供线索。可以在众多研究中看到，马克思主义与中国哲学思想的融合创新多体现在以中国哲学思想及其话语民族化、中国化马克思主义，和以马克思主义的立场、方法、观点研究中国哲学史——这主要集中于20世纪，例如冯友兰、张岱年、任继愈等哲学家的著述——而至于中国哲学思想内容的建构，即中国哲学思想的现代转型与对马克思主义的吸收，则开始较晚，成效不够显著，不如新儒家对西方哲学的吸收与融合。因此，本书将着重考察"以中化马"和"以马化中"两条线，且希望从以马克思主义阐释中国哲学史的研究中寻找各学者对中国哲学内容的马克思主义化所付出的努力。

对于后者，更多的是在方法上为本书提供指引。从之前的分析中可以看到，历时性研究和问题研究各有所长，又有缺陷。简单说来，最为根本的原因在于，历时性研究的问题主要集中在对论题域的把握不够清晰，进而有陷入纯粹历史学研究的倾向，对马克思主义与中国哲学思想融合创新所主要针对的概念、范畴的强调不够，容易太过具体，缺乏理论抽象的深度。问题研究的缺陷则相反，主要表现为过于重视对概念的厘清，对范畴的梳理，忽视概念、范畴、理论的演化发展，缺乏历时性的视野，容易陷入抽象的形而上学分析。

所以，结合当前对马克思主义与中国哲学思想融合创新的研究现状，可以得出一些启示，也即本书所应该参照的学术现实与应当遵循的理论路径。一方面，在内容上，本书应从学术史出发，梳理、总结、概括、归纳学界为这一融合创新所作的努力。因为既有研究对这种思想上的结合缺乏专门论述，大多一带而过，主要侧重于研究马克思主义与中国具体实践的结合，在思想理论方面则是重点关注毛泽东思想、邓小平理论、"三个代表"重要思想、科学发展观、习近平新时代中国特色社会主义思想对马克思主义与中国哲学思想的结合状况，而对学术界的各种争鸣关注不够。但这也是符合认识发展规律的。如毛泽东在《实践论》中所言，"从认识过程的秩序说来，感觉经验是第一的东西，我们强调社会实践在认识过程中的意义，就在于只有社会实践才能使人的认识开始发生，开始从客观外界得到感觉经验"[1]。由此表明实践先于认识，决定着认识。研究也是如此，学界先重点研究马克思主义与实践的关联，与中国实践的结合及其所产生的理论，在此基础上，再侧重于马克思主义与中国哲学思想的联系。因此，现在研究学界为马克思主义与中国哲学思想的结合所作出的努力尤为必要，在既有研究的基础上实现理论的突破。相应地，在方法上，本书应既从历时性研究出发，吸取学界研究精华，考察马克思主义与中国哲学思想的融合创新的发展历程，又重视问题研究的方法，弥补当前研究的缺失，不仅研究二者融合创新的过程中论题域的变化，而且在此基础上加以总结，把握其所主要覆盖的论题域和方法论，厘清当中的逻辑关系与线索。这样就能够以历时性研究的方法说明学界总体对融合创新的贡献的历时性演化，提供总体性的历史视域——因为历时性的研究体现了随时间的演变而来的人物思想的变化或者问题域的变迁，对我们透视马克思主义与中国哲学思想的结合历程有重要的价值——并在问题研究当中得到锤炼，为把握当中总体性的逻辑关系提供基础。并且，这种历时性研究与问题研究的结合并非是一种统摄的上下位关系，而是有所侧重的并列关系，即基于对学术史的细致考察，分别讨论融合创新的历史发展与方法论和问题域，以充实当前学术研究，增强对融合创新的总体性理解和把

---

[1] 《毛泽东选集》（第一卷），北京：人民出版社，1991年，第290页。

握，从而为更清晰透彻地理解各类问题奠定基础①。

三、马克思主义与中国哲学思想融合创新史的研究思路

通过对当前研究现状的梳理，已对本书应当着眼之处有所把握。在此学术历史与现实的启发下，可以看到从学术史出发和问题研究的重要性，再结合对马克思主义与中国哲学思想的融合创新这一主题的辨析，则可以为本书的研究提供更加具体的内容与规划。本节将对本书的研究内容，即出发点、方法论、主要内容、关键概念等加以说明和辨析。简言之，对这一融合创新，本书将以学术史为出发点，以厘清学术界为融合创新所作的贡献的历时性发展为先，以学术界在推动马克思主义与中国哲学思想的融合创新过程中所关注的问题域为后，对历时性研究进行提炼、总结，并在当中分别考察学术史上"以马化中"和"以中化马"两条思想路线，从而达到对主题的清晰把握。如果说通过对当前研究现状的梳理、总结所得出的是对本书写作的启示，那么本节所做的工作则是对本书写作框架、内容、构思的具体说明。

1. 以学术史为出发点

首先需要加以说明的是本书的出发点，即为何从学术史出发，考察马克思主义与中国哲学思想的融合创新。

对于当前研究现状，韩庆祥与张健两位教授从总体性的高度作出了总结。他们认为，目前的研究有两种趋向或类型，即"纯粹学理性研究"和"应用性研究"，前者主要研究"人类未知领域"，具有"前沿性""开拓性"，后者主要研究"社会紧要需求"，具有"对策性""时效性"。② 相较而言，前者更注重对思想本身的研究，探寻理论深处的逻辑，挖掘思想之间的关系，影响更加深远持久，这也正是本书意欲探索的方向和实现的效果。正如恩格斯在《自然辩证法》中所指出的那样，"一个民族要想站在科学的最高

---

① 两种方法有所轻重的结合在赵纪彬先生的《中国哲学史纲要》中也可以看到。他在探讨中国哲学思想的历时性演化发展过程之前，先就论述了"一般的哲学发展法则与中国哲学的特质"等核心问题。参见赵纪彬：《中国哲学史纲要》，广州：广东人民出版社，2021年，第3—18页。

② 韩庆祥，张健：《当代中国马克思主义哲学研究的三维语境及其方式创新》，《马克思主义与现实》，2018年第2期，第152—159页。

峰，就一刻也不能没有理论思维"①。"纯粹学理性研究"可以说正是最具有代表性的理论思维的展现。

这一理论思维的追求落实到马克思主义与中国哲学思想的融合创新这一主题上来，就意味着关注这两种不同思想的结合过程，考察不同时期各种具体而微的思想、观点中所蕴含着的当时代最具"前沿性""开拓性"的内容，并抓住二者之间的思想理论关联。具体而言，这一融合创新的思想成果主要由两大部分构成。王立胜研究员对此有如下表述，即"作为政党和国家意识形态的马克思主义哲学中国化与作为学术形态的马克思主义哲学中国化"②。借用这两个概念，可以指出，在这一融合创新的过程中，主要产出了两种不同类型的思想：一种是以毛泽东思想、邓小平理论、"三个代表"重要思想、科学发展观、习近平新时代中国特色社会主义思想为代表的马克思主义中国化理论；另一种则是立足于马克思主义的指导，以各种学术著作、论文呈现的学者们的思想，即各种学术思想。

在此需要对这二者的关系加以辨析，通过把握学术思想和意识形态理论的关系，以更明确本书所确立的出发点。首先，二者在本质上是一致的，因为无论是前者还是后者都是马克思主义与中国的历史实际、思想实际相结合的产物，都是马克思主义性的。其次，二者在指向上是一致的，即最终都是为了马克思主义中国化，都归属于马克思主义中国化这个最大的范畴。

而不同点首先在于二者的侧重点有所区别，即后者主要更偏向于马克思主义与中国哲学思想的结合，前者则更多地强调实践的因素，在强调马克思主义与中国哲学思想相结合的同时，更加重视中国具体实践，实践的因素在其中的影响较大。这是因为学术思想主要停留于思维的博弈、探讨之中，探寻理论的内在逻辑，而意识形态理论更多是要回到实践当中，指导实践过程的，所以前者对实践因素的考虑远远大于后者。其次，二者在影响上也有所差别，即后者的影响范围大多限于学术界，对实践的影响效果也有限，而前者的影响范围广，不仅对学术理论有指导作用，引领思想界的发展，为之树立标杆和方向，更对生产建设等实践活动有着积极的影响和显著的效果。

然而，这并不意味着马克思主义与中国哲学思想融合创新的学术成果是

---

① 《马克思恩格斯文集》（第九卷），北京：人民出版社，2009年，第437页。
② 王立胜：《中国马克思主义哲学是中国哲学发展的现代形态》，《马克思主义哲学》，2023年第1期，第6—23，167页。

抽象的、空洞的、可有可无的。相反，在结果上审视二者的关系，可以看到这些学术成果中的精华、优秀的结晶对党的理论有重要的构成作用，不仅为前者提供学理性支撑，而且为前者的建构提供思想参考与理论资源。正如孙建华教授在《马克思主义中国化思想通史》中所言，"毛泽东正是在吸收了很多人的正确思想基础上，加以进一步提炼才提出了'马克思主义中国化'这一科学命题，并且对这个命题的含义进行了初步的科学阐释"[①]。由此可见学术思想的重要性。并且，从思想主体上看，后者是作为学者身份的个体，前者则是以党的领导人为代表的集体，这意味着后者的思想理论建构因人而异，个体的思想个性体现得较为鲜明，且各个学者的思想大多散见于各个不同的方面，有些具有非常创见性的思想容易被忽略。由此可见，以学术思想为出发点，研究马克思主义与中国哲学思想的融合创新具有自身独特的理论价值。

  从学术思想出发，又有共时性研究和历时性研究两条道路。对于后者而言，主要是针对同一时期不同学者、学术流派等方面进行的研究，但马克思主义与中国哲学思想的融合创新是一个历史过程，只有放置于历史的视域下才能清晰地洞察其发展脉络、思想变化情况，因此这条道路与本书的主题不够契合。而历时性研究则恰恰相反，强调对整个学术历史过程的梳理，把握当中的内在逻辑。这样一来不仅对思想的历史变迁有所理解和掌握，而且拓宽了所参考的文献资料，在更加丰富的文献、史料的基础上，能够对马克思主义与中国哲学思想的融合创新有更为清晰、准确、深刻的把握。因此，以历时性的眼光研究这一融合创新有着重要的价值和意义。

  这种历时性的研究眼光就要求重视学术思想史，也即本书的出发点。这不仅是逻辑分析的要求，即学术史所展现的理论视野更加宏大，覆盖的学术思想更加全面，对思想的演变表现得更加透彻，也是根据当前的学术现实作出的决断。当前研究主要围绕毛泽东思想、邓小平理论、"三个代表"重要思想、科学发展观、习近平新时代中国特色社会主义思想展开，在结合中国社会近代以来的历史变化实际的背景下，探究各种思想、理论当中对马克思主义与中国哲学思想的结合状况。如孙建华教授的《马克思主义中国化思想通史》就是以中国社会的不同阶段来划分马克思主义中国化的思想阶段的。

[①] 孙建华：《马克思主义中国化思想通史》（第一卷），北京：人民出版社，2019年，第39页。

立足历史实际,他将马克思主义中国化思想的历史过程大致分成了"萌发期、攀升期、形成期、巩固期、推进期、奋越期、曲折期、挫折期、徘徊期、开拓期、丰富期、深化期、拓展期十三个阶段",这主要是"随着时代变迁和实践转换演绎了一个波浪式前进、螺旋式上升的思想发展大轨迹"①,并重点关注马克思主义中国化过程中中国共产党的理论成果,围绕其展开。这样依据社会历史发展的情况来为思想分段固然有其必要性和唯物史观基础,但思想本身的发展仍有相对独立性,一些思想的绵延可能越过当前社会发展阶段,影响深远,而一些思想的诞生也可能提前发生。且显而易见的是,此类研究对百年来各位学者的努力有所忽视。所以,从学术史出发的历时性研究还应当回到学术史本身,以现实社会发展情况为参照,考察学术思想本身的发展历程,以厘清学界为此所作的努力和提出的有中国特色、中国风格、中国气派的思想,并弥补当前学术研究的缺失。

因此,本书这种基于学术史对马克思主义与中国哲学思想融合创新的考察十分必要。这既能在横向丰富当前研究,拓宽研究视野,又能在纵向深化对这一融合创新的把握,在各种学术思想的争鸣、交流中挖掘更多思想细节,充实对马克思主义与中国哲学思想的融合创新的理解。

2. 以范畴、命题为侧重的叙事

在厘清本书的出发点后,应当对本书所主要依照的方法论原则进行说明。尽管在对研究现状的批判性分析与总结中已经得到启示,即在历时性研究的基础上进行问题研究,既充分说明马克思主义与中国哲学思想融合创新的发展历程,又为这一融合创新的总体性的思想历史演变提供宏观的方法论和论题域总结,但在此仍有必要进行更为详细的演绎说明。

首先,本书的叙事方式重点落脚于范畴和命题,主要在于马克思主义与中国哲学思想之融合创新的思想性。因为无论是马克思主义还是中国哲学思想,都是一种思想体系,而构成思想体系最为基础的就是概念,基于一系列基本概念,就形成了各范畴和命题,这些范畴和命题最直接地构成了思想体系。对于马克思主义与中国哲学思想的融合创新而言,可以说就是两种思想体系的交汇,是两种不同的范畴与命题的碰撞、争鸣、融通。所以,对于这

---

① 孙建华:《马克思主义中国化思想通史》(第三卷),北京:人民出版社,2019年,第967页。

种思想上的融会贯通，首先就应当采用以范畴、命题为重点的叙事。这一点也体现在本书的逻辑建构中，在本书的第一、二章中，对这一融合创新的历时性考察并不停留于对时间顺序的梳理上，而是对每个时期的理论特点都加以概括和总结，从而呈现出各个时期的核心范畴和命题，以把握在融合创新的发展过程中论题域的演变，从而为理解马克思主义与中国哲学思想的融合创新提供总体性的历史把握，为更好地理解各种范畴和命题提供历史的视域。在第三章中，在历时性考察的基础上对这些范畴和命题进行了提炼、归纳和概括，分别从方法论和论题域两个方面出发对之加以总结，以呈现出当中的逻辑架构。由此可见，就马克思主义与中国哲学思想融合创新的思想性而言，这种以范畴、命题为侧重的叙事或研究方式尤为必要，能够从历时和共时两方面呈现出理论的内容和特点。

其次，以范畴和命题为研究范式，对马克思主义与中国哲学思想的融合创新进行考察，在于这一融合创新的系统性。这种系统性表现为各个范畴和命题之间的相互联系、相互支撑、相互转化，共同构成了一个动态的思想系统。而对这种思想系统的考察，最能够厘清各范畴、命题、论题域之间关系的，一方面是按照历时性研究的模式对各范畴和命题的历史转化的研究，另一方面就是直接围绕这些理论因子而展开的研究，二者相辅相成。就马克思主义与中国哲学思想而言，二者自身就有极强的系统性，遑论两个体系相结合的产物。

马克思主义系统性的范畴、命题所围绕的核心就是彻底的唯物主义。在面对自然世界时，马克思、恩格斯坚持物质的第一性，物质决定意识。这一点早在马克思于1843年写的《〈黑格尔法哲学批判〉导言》中就已经有所体现。马克思指出，"宗教里的苦难既是现实的苦难的表现，又是对这种现实的苦难的抗议。宗教是被压迫生灵的叹息，是无情世界的情感，正像它是无精神活力的制度的精神一样。"[①] 马克思认为，"宗教"及其"苦难""叹息""情感"，作为人的意识的表现形态的一部分，从根本上说是源自"现实"及其"苦难"、活生生被压迫的"生灵"和"世界"的，即源出于物质性的存在。正是在这种唯物论的基础上，马克思、恩格斯构建起了他们的理论大厦，建立起系统的存在论、认识论等理论体系。而在思考社会历史时，马克思、恩格斯仍然坚持这种唯物主义，强调社会存在的第一性。在《德意志意

[①] 《马克思恩格斯文集》（第一卷），北京：人民出版社，2009年，第4页。

识形态》中,马克思和恩格斯强调,唯物史观"与唯心主义历史观不同,它不是在每个时代中寻找某种范畴,而是始终站在现实历史的基础上,不是从观念出发来解释实践,而是从物质实践出发来解释各种观念形态"①。马克思和恩格斯的唯物主义是彻底的唯物主义,唯物主义历史观与其存在论、认识论等思想相互交织、共同构成了马克思主义这一严密的理论系统。对马克思主义的系统性,列宁也有高度的评价:"马克思的观点极其彻底而严整,这是马克思的对手也承认的,这些观点总起来就构成作为世界各文明国家工人运动的理论和纲领的现代唯物主义和现代科学社会主义。"②

中国哲学思想也具有同样严密的系统性。中国哲学思想家们,分别通过对自然世界、人类世界、生活世界等多方面的讨论,逐渐形成了中国哲学思想各种各样的组成部分,尽管这并不像马克思主义一样有一根明确的唯物主义的主线穿插其中③,但仍然以一种"家族相似"的方式共同构成了一个严密的思想系统。正如张岱年先生在《中国哲学大纲》中对中国哲学思想所作的区分,他按照论题域共将其分为五大部分,即"宇宙论或天道论、人生论或人道论、致知论或方法论、修养论、政治论",而又将前三者确立为中国哲学思想系统的主干内容。④ 从中可以印证这一系统性。并且,他通过以范畴、命题为标准进行研究,为中国哲学思想划分其构成,清晰地呈现出思想本身的系统性,使得思想的表达更加清晰。虽然这部著作写作时间较早,作者的认知、思想在后续的历史进程中还有所深化、发展,但这清晰地证明了一种具有系统性的思想只有在这种研究方法下才能完整地呈现其系统性,还原思想的本来面貌。相较而言,冯友兰先生的《中国哲学史新编》三卷本⑤对中国哲学思想的系统性的呈现较为乏力。

总之,正是因为马克思主义、中国哲学思想以及二者融合创新的理论成果中各种范畴、命题和各种理论成分构成了严密的系统,才需要围绕范畴和命题而展开研究,并在对范畴和命题的历时性梳理的基础上加以提炼和总结,以便使这一系统清晰化。因为假如只对理论系统采取历时性研究的方

---

① 《马克思恩格斯文集》(第一卷),北京:人民出版社,2009年,第544页。
② 《列宁专题文集:论马克思主义》,北京:人民出版社,2009年,第7页。
③ 实际上,在后面的考察中可以看到,也有学者主张中国哲学思想的发展历程就是唯物主义的发展历程,参见张岱年:《中国唯物主义思想简史 宋元明清哲学史提纲(外一种)》,北京:中华书局,2018年,第13页。
④ 张岱年:《中国哲学大纲》,北京:商务印书馆,2015年,第23—24页。
⑤ 参见冯友兰:《中国哲学史新编》(上中下卷),北京:人民出版社,2007年。

法，那么就容易模糊理论内部的建构与关系，对马克思主义与中国哲学思想的融合创新的把握便不够清晰，只能说明论题域随时间的变化而变化，考察目光局限于时间与问题的关系，而非问题与问题、范畴与范畴、命题与命题之间的系统性关系，也就难以深入、完整地辨明系统性的思想体系。

再者，从范畴和命题入手，对马克思主义与中国哲学思想的融合创新进行考察，是在于这一融合创新的实践性，即对实践的指导作用。这是因为，要在现实实践中解决问题，就离不开理论的指导，而要解决中国社会发展中所遇到的问题，则离不开马克思主义中国化理论的指导，这当中最为显著的理论除了毛泽东思想与中国特色社会主义理论体系，还有众多将马克思主义与中国哲学思想相融合，以学术著述的形式呈现的思想理论。无论是党的指导思想还是学术史上各位思想家在融合二者的过程中所产生的思想，最终都需要回到现实中去，不然缺乏这些理论的指导，对现实问题的解决方法就是混乱和随机的，并且难以抓关键、找本质、寻源头。马克思在《关于费尔巴哈的提纲》中强调，"哲学家们只是用不同的方式解释世界，问题在于改变世界"[①]，就说明了马克思主义的实践性，而这种实践性也自然而然地延续到马克思主义中国化的过程中，传承到马克思主义与中国哲学思想之融合创新的理论成果当中。因此，通过问题研究的方式，能够从逻辑上厘清这些思想理论，既体现命题的发展、演化，又呈现思想理论框架，表达这一融合创新成果的系统性与总体性，由此也就为指导中国的社会实践提供了清晰的理论指引。

总而言之，基于马克思主义与中国哲学思想的融合创新的思想性、系统性、实践性，本书采取以范畴、命题为侧重的叙事，以求充分厘清概念、范畴、命题、理论的历时性转化与内在的逻辑关系，挖掘这一融合创新的理论总体性，实现对思想理论的充分理解。需要在此强调的是，这个融合创新毕竟是一个过程，本书所采用的问题研究并非是单一的，而是与历时性研究相结合的，以呈现问题的演化；同时也是与人物研究相结合的，在对具体的人物著作的论述中表现这一融合创新。同时，本书并非意图撰写学术通史，而是以学术史为出发点，重点考察理论体系的内在建构与变化，这对马克思主义与中国哲学思想的融合创新的历时性考察既是必要的，是对思想发展的现实历程的回应，同时也是重要的，是以历史性的眼光对这一融合创新的思想

[①] 《马克思恩格斯文集》（第一卷），北京：人民出版社，2009年，第502页。

历程的审视。

3. "以马化中""以中化马"与马克思主义中国化

在论述本书所主要遵从的两条线索，即"以马化中"和"以中化马"之前，有必要先对这两个概念进行界定和说明①。

本书所谓的"以马化中"，是指在马克思主义指导下阐释中国哲学思想；而"以中化马"，是指在中国哲学思想话语中阐发马克思主义。

"以马化中"，顾名思义，一般地是指以马克思主义化中国，或中国的马克思主义化，既可以指思想、理论、文化的马克思主义化，也可以指社会实践的马克思主义化。而在本书的主题中，"以马化中"指前者，即以马克思主义化中国哲学思想，或中国哲学思想的马克思主义化。这即是说，本书所用的"以马化中"这一概念，专指以中国哲学思想为主体，吸收马克思主义，从而实现中国哲学思想自身的发展，推动拥有悠久历史的中国哲学思想的现代转型。对此，李维武教授在《马克思主义哲学中国化与中国哲学的现代转型》中指出，"在对中国古代文化的总结和承继方面，中国马克思主义者、中国马克思主义哲学家、中国赞成马克思主义哲学的学者在这一时期已经取得了一批重要成果"，这"表明中国马克思主义哲学指导下的革命文化和社会主义先进文化，已经成功地开展了中国文化的由'今'融'古'的工作，由此构成了中国近现代文化的重要内容"。② 中国哲学思想的这种从古代传统到现代的发展是离不开马克思主义的，由此可见"以马化中"这一概念的内涵与重要性。

相较而言，"以中化马"这一概念更加复杂，因其看似与马克思主义中国化无异，容易产生概念的混淆。所以，首先需要辨明马克思主义中国化与本书所使用的"以中化马"这两个概念的区别。马克思主义中国化，"就是要将马克思主义的普遍真理同中国的实际相结合，这就要求中国马克思主义者用马克思主义来指导中国革命、建设和改革的实际问题，同时又使马克思

---

① 对于这两条路径，何萍教授的论述能够帮助读者进一步加深理解。她指出，"马克思主义哲学中国化的研究是在两种不同的话语系统中展开的：一种是马克思主义哲学史的话语系统，一种是中国哲学史的话语系统"。可以说，前者对应了"以中化马"的道路，而后者则对应了"以马化中"的道路。参见何萍：《冯契哲学的双重身份及其对马克思主义哲学中国化的贡献》，《华东师范大学学报（哲学社会科学版）》，2016年第3期，第35—44，181页。

② 李维武：《马克思主义哲学中国化与中国哲学的现代转型》，北京：北京师范大学出版社，2021年，第632—633页。

主义同中国的历史传统、中国的优秀文化相结合,以形成具有中国特性、中国作风和中国气派的中国化的马克思主义理论。从这里可以看到,马克思主义中国化实际上包含着马克思主义'化'中国和中国'化'马克思主义两个辩证的互动过程"①。由此可见,马克思主义中国化的内涵极广,既包含马克思主义"化"中国,又包含中国"化"马克思主义,前者在上段已经有所辨明,而后者又分别包含与中国的实践实际相结合,以及与中国的思想实际相结合。因此,为加以区分,本书用"以中化马"这一概念,专指马克思主义与中国的思想实际相结合,即与中国哲学思想的结合。这即是说,本书所用的"以中化马"这一概念,指以马克思主义为主体,吸收中国哲学思想,从思想层面推动马克思主义中国化,进而推动马克思主义与中国实际的结合。

并且,从理论成果的角度来看,马克思主义中国化以毛泽东思想、邓小平理论、"三个代表"重要思想、科学发展观、习近平新时代中国特色社会主义思想为代表,既是马克思主义与中国现实实际,又是与中国思想实际相结合的产物。而本书所说的"以中化马",更多是从学术的角度出发,考察马克思主义与中国思想实际的结合,研究百年来为结合中国哲学思想和马克思主义而努力的各位学者们的思想,更侧重于专门的哲学思想的理论领域,研究理论与理论之间的情况②。

4. 围绕"以马化中"与"以中化马"两条线索展开

在厘清"以马化中"与"以中化马"两个概念后,便可以对本书所围绕的这两条线索进行更具体的说明。

首先可以看到的是,这两条线索是辩证统一的。因为马克思主义与中国哲学思想的融合创新是双向的过程,既在宏观上指马克思主义"化"中国和中国"化"马克思主义,又在微观上,也是在本书所采用的意义上,指"以马化中"和"以中化马"。"以马化中",即以马克思主义的视角、立场、观

---

① 孙建华:《马克思主义中国化思想通史》(第一卷),北京:人民出版社,2019年,第152页。

② 这并不意味着学术思想是完全脱离现实的形而上的理论建构,而只是为了强调理论的侧重点,突出二者理论建构的路径和方法的区别。并且,在实际的考察过程中,也无法完全忽视现实因素而只考虑纯粹思想理论的建构。相反,在本书写作的具体内容中,仍对现实实际有所强调,现实实际在部分内容中甚至比思想理论的方面更被强调。

点研究并发展中国哲学思想，推动中国哲学思想的现代化发展，为中国哲学思想赋上马克思主义的新特征；"以中化马"，即要求以中国哲学思想中的视域、原则、范畴、话语探讨并延展、传播马克思主义，推动马克思主义的中国化。可以说，"以马化中"和"以中化马"是同一过程的两个方面，对待这一融合创新，必须坚持辩证的眼光，以从总体上实现对其的科学把握。正如李维武教授在《马克思主义哲学中国化与中国哲学的现代转型》中所做的那样，"把马克思主义哲学中国化研究，由以往的马克思主义哲学史的研究视域和研究框架，转换为中国哲学现代转型的研究视域和研究框架，以此来回答和解决中国马克思主义哲学的民族文化身份认同问题"①，这就说明了二者的相通性，是同属一个过程的。但需要明白的是，在本书的研究当中对这两条线索进行区分，是为了更好地关照各自的特点和内涵，只是在理论上对这两条路径所做的区分，在现实过程中，无论哪条线索，都既推动了马克思主义化中国，又推动了中国化马克思主义、中国马克思主义的建构，进而加速了马克思主义中国化这一过程。

具体而言，本书将这两条路线分别总结为"'以马化中'：在马克思主义指导下阐释中国哲学"，以及"'以中化马'：在中国哲学话语中阐发马克思主义"。

前者用"阐释"，意在强调"以马化中"之"化"是用马克思主义对中国哲学思想的新阐释，即对中国哲学思想的马克思主义解释和理解，在一个新的视域下，通过不断的阐释活动，赋予其时代内涵与意义。早在2008年，李维武教授就指出了这一阐释的路径。他强调，马克思主义哲学与中国古代哲学的结合，"主要是通过哲学史与思想史的反思来实现的，并不是中国马克思主义哲学直接接着中国古代哲学来讲的"。② 这即是用马克思主义来反思、理解，进而阐释中国哲学思想及其历史，对其进行新理解。而后者用"阐发"，则意在突出"以中化马"之"化"是用中国哲学思想发展马克思主义，即用中国哲学思想的话语体系、理论内容、思想内核、思维方式等因素推动马克思主义与中国的思想实际相结合，促进马克思主义的中国化。这当中的一大前提就是马克思主义与中国哲学思想的统一性，即"前者是符合历

---

① 李维武：《马克思主义哲学中国化与中国哲学的现代转型》，北京：北京师范大学出版社，2021年，第655页。

② 李维武：《马克思主义哲学与中国哲学传统的结合点》，《理论视野》，2008年第12期，第14—15页。

史规律的进步发展，后者是前者的历史前提和文化积淀"①。

在此可以借用李维武教授的"史"与"论"来对这两条道路加以进一步的说明。"以马化中"，即"史"的道路，"通过历史研究、特别是通过哲学史和思想史研究，从对'本来的历史'和'本来的哲学史'的反思中，形成'写的历史'和'写的哲学史'来阐明马克思主义哲学"②，从而实现马克思主义与中国哲学思想的融合创新。"以马化中"便是"史"的道路，即"把中国哲学纳入以往马克思主义哲学的范式中"③。"以中化马"，即"论"的道路，是"对马克思主义哲学从理论上作出阐发，这种阐发多以运用逻辑方法建构理论体系来进行表达，并在这种阐发和表达中，吸取中国传统哲学的思想资源"④，以推动二者的融合创新，从而实现马克思主义的中国化。因此，本书从学术史出发，对马克思主义与中国哲学思想的融合创新的研究，正是基于学术史上的"史"与"论"，沿着这两条线索展开的。

在本书的逻辑构思与框架搭建中，无论是作为历时性研究还是以此为基础的问题研究，都严格遵照了这两条道路。一方面，在对马克思主义与中国哲学思想的融合创新的历时性研究中，本书分别按照这两条线索，梳理出了对应的两条时间线，分别呈现出在两条线索上，马克思主义与中国哲学思想是如何在学术界实现融合创新的，并凸显不同时间段的主要论题域及这一融合创新论题域的演化发展。另一方面，在对二者融合创新的问题研究中，本书从方法论和论题域两个方面加以探讨。本书在历时性研究的基础上，对"以马化中"和"以中化马"两条道路进行提炼和总结，不仅考察学术史上融合二者所采用的方法论⑤，而且探究当中论题域的构成及其间的关系，如唯物论、认识论、辩证法、历史观等，探究在学术史上是如何并且在何种方面将马克思主义与中国哲学思想融合创新，以推动马克思主义中国化的。

在此需要强调的是，许多哲学家、思想家如冯契先生一样，具有中国哲

---

① 毕国明、许鲁洲：《中国哲学与马克思主义哲学中国化》，北京：人民出版社，2010年，第35页。
② 李维武：《马克思主义哲学中国化与中国哲学的现代转型》，北京：北京师范大学出版社，2021年，第332—333页。
③ 张祥浩：《马克思主义哲学与中国哲学》，《江苏社会科学》，2006年第5期，第6—12页。
④ 李维武：《马克思主义哲学中国化与中国哲学的现代转型》，北京：北京师范大学出版社，2021年，第331页。
⑤ 因为"以马化中"这条道路更主要地表现为"史"的方式，即以马克思主义观照中国哲学思想史，所以显然，采取何种方法去观照是首先需要加以厘清的问题。

学与马克思主义哲学的双重学科背景与身份，往往在不同的历史时期，分别从"以马化中"与"以中化马"两个方面对马克思主义与中国哲学思想的融合创新作出了贡献。从这两条线索出发，对学术史上这些思想家的思想进行考察，并不意味着将之割裂开来。正如"以马化中"和"以中化马"这两条线索是辩证统一的，同一思想家的思想在不同历史时期也是辩证统一的，都是马克思主义中国化的一部分。这样进行考察，反而是借助这种区分与界定，以问题、主题、命题为导向，更清晰地辨明当中的思想成分，以便厘清其间的价值，以史观今，为新时代中国马克思主义哲学的发展提供参考与思路。

总的来说，"以马化中"和"以中化马"这两条道路，既是马克思主义中国化的题中之义，又是现实的学术史过程的实际内涵。孙建华教授在《马克思主义中国化思想通史》中指出，"中国传统文化为马克思主义提供了完善的传播路径，而马克思主义为中国传统文化的进一步传播提供了新鲜的时代元素"，而"马克思主义给中国传统文化带来了新鲜的血液，中国文化为马克思主义奠定了厚实的文化基础"。[1] 由此可见，对马克思主义与中国哲学思想的融合创新而言，这两条线索是这两种思想相互作用的结果，对这一融合创新的考察必然应当围绕这两条线索展开，以求对其进行总体的、全面的理论观照。

5. 中国马克思主义哲学

最后需要加以说明的是中国马克思主义哲学这一概念。马克思主义与中国哲学思想的融合创新，作为一个历史过程，是不断沿着两条线索进行着的，而这两条线索在 21 世纪又汇聚成一条，即"以马化中"的线索汇入"以中化马"之中，并以中国马克思主义哲学为最新形态[2]。为厘清中国马克思主义哲学这一概念，需要接着从上一部分所阐述的"以马化中"和"以中化马"两条线索开始。

---

[1] 孙建华：《马克思主义中国化思想通史》（第三卷），北京：人民出版社，2019 年，第 992—993 页。

[2] 由于本书是从学术史出发进行的考察，强调这一历史过程，"以马化中"和"以中化马"两条线索占据着主要的位置，所以仍然遵照学术史，将主要内容分为两条线索，而对中国马克思主义哲学的论述不是本书的重点。尽管中国马克思主义哲学这一概念在本书出现不多，但出于其重要性，且为避免概念之间的混淆，故在此有必要对之单独加以说明。

"以马化中"的道路，如上所述，是一条用马克思主义阐释中国哲学思想的道路，在这条道路中，诞生了许多以马克思主义为指导，重释中国哲学思想史的作品，赋予中国哲学思想以现代内涵。其中，范寿康先生所著的《中国哲学史通论》，是"第一部在西方无产阶级哲学，即马克思主义哲学指导下写出的中国哲学史著作"[1]，从现代的马克思主义的角度重新阐释中国哲学思想史，透视当中所蕴藏的现代内涵，赋予中国传统思想以现代意蕴。

然而，这条道路在20世纪末逐渐式微，学界开始对这条道路进行反思。张祥浩教授在2006年的文章《马克思主义哲学与中国哲学》中指出："如何实现马克思主义哲学和中国哲学的融合贯通，而不是像过去那样将中国哲学纳入马克思主义哲学的范式，或者用马克思主义哲学批判中国传统哲学，这既是马克思主义哲学的中国化问题，又是中国哲学现代化的问题。"[2] 这表明，21世纪以来，学术界逐渐开始对"以马化中"的道路进行反思，认为应当对以马克思主义阐释中国哲学思想史或中国哲学思想的道路加以改变，从批判、重释走向新的建构，赋予中国哲学思想现代内涵，推动其现代化转型。之所以对这条道路加以反思，是因为中国哲学思想在20世纪发生了断裂。张祥浩教授指出，在学界的共识中，中国哲学大都"止于清代"或李大钊，在五四运动后，除了如熊十力、牟宗三、徐复观等新儒家"还被列为中国传统哲学外，就没有什么中国传统哲学了"，这一现实状况表明，"中国传统哲学在当代消亡了"，而五四运动以后，"中国的哲学是马克思主义哲学"，这意味着"中国哲学就发生了断裂"。[3] 由此可见，"以马化中"这条道路，在历经数十年的理论积累后，所要求发生的从批判、阐释向建构、创新不仅是一条理论道路自身发展的要求，更是由于中国哲学思想发展的停滞，中国哲学思想亟待在现代化背景下取得新发展的要求。

中国哲学思想的这种现代化转型、现代化发展又必然遵循马克思主义的指导。这是因为，马克思主义是现代的科学的理论，中国哲学思想的现代化新发展必然需要遵循马克思主义，在马克思主义的指导下进行新的理论建构。王立胜研究员指出："中华优秀传统文化要实现现代转化，就必须寻找

---

[1] 徐素华：《马克思主义哲学在中国——传播、应用、形态、前景》，北京：北京出版社，2002年，第329页。
[2] 张祥浩：《马克思主义哲学与中国哲学》，《江苏社会科学》，2006年第5期，第6—12页。
[3] 张祥浩：《马克思主义哲学与中国哲学》，《江苏社会科学》，2006年第5期，第6—12页。

与之相契合的现代理论资源,即马克思主义哲学。"① 如此一来,便要求进一步打通马克思主义与中国哲学思想的联系,而非仅止步于"以马化中"式的对中国哲学思想的批判与阐释。

在这一打通二者联系的辩证的、双向作用的过程中,"以马化中"的路线必然遇到"以中化马"的路线,并与之融合。因为在"以马化中"内部是以中国哲学思想为主体的,而坚持马克思主义的指导就要求转换思想主体,这一点正是"以中化马"的理论要求。因此,如果说就两条路线各自的内部而言,是马克思主义与中国哲学思想何为主体的问题,那么对于两条路线之间的关系而言,则是"以中化马"还是"以马化中"何为主体的问题,而这一问题在中国哲学思想欲实现现代化发展的背景下则是毋庸置疑的。可以说,在中国哲学思想于21世纪所要求实现的现代化新发展这一目标的指引下,即从批判、阐释走向建构、创新,"以马化中"这条道路便汇入"以中化马"这条道路之中,成为一体,共同形成了新的"以中化马"的道路,将马克思主义中国化推上了新的台阶。

其实,早在2006年,张祥浩教授就指出了这一理论的诉求,即让马克思主义"变成中国的马克思主义哲学而不是在中国的马克思主义哲学",并"使中国传统哲学现代化,融合在中国的马克思主义哲学,化两种异质的哲学为一体化的哲学"。② 这一诉求,一方面在于"以中化马"这条道路本身,就是为马克思主义赋上中国特色、中国风格、中国气派,使其从"在中国的马克思主义"变成"中国的马克思主义",而这就离不开中国哲学思想,无论是古代的、近代的还是现代的,但中国哲学思想的现代部分显然是有所缺失的;另一方面则在于"以马化中"这条道路的转型,即在马克思主义的指导下,推动中国哲学思想的现代化转型、现代化发展,这样有助于赋予马克思主义以中国品格,使马克思主义成为中国的马克思主义。而孙建华教授更是在《马克思主义中国化思想通史》中指出,"马克思主义中国化是中国传统文化现代化转型的代表","为中国文化由传统走向现代指明了正确的方向"③。这显示出两条道路相交汇的必然性,成为新的"以中化马"的道路。

---

① 王立胜:《中国马克思主义哲学是中国哲学发展的现代形态》,《马克思主义哲学》,2023年第1期,第6—23,167页。
② 张祥浩:《马克思主义哲学与中国哲学》,《江苏社会科学》,2006年第5期,第6—12页。
③ 孙建华:《马克思主义中国化思想通史》(第三卷),北京:人民出版社,2019年,第994—995页。

这一新的"以中化马"的道路，从其自身的完整性和总体性出发①，便与马克思主义中国化这一伟大命题的关系更具有同一性，关系更为直接和密切。马克思主义中国化，就是"中国共产党立足中国国情，不断对马克思主义进行理论创新和实践发展的过程"②。而马克思主义中国化这一概念，在最新的学界研究成果中，又被称为中国马克思主义哲学的发展过程，即本部分意在说明的概念。王立胜研究员在2023年的文章《中国马克思主义哲学是中国哲学发展的现代形态》中指出："马克思主义中国化的过程或者中国马克思主义哲学的发展过程就是马克思主义基本原理同中国具体实际相结合、同中华优秀传统文化相结合的过程，就是运用马克思主义解决不同时代中国面临的不同问题的过程。"③从中可以看出，虽然马克思主义中国化是一个过程，与中国马克思主义哲学的发展过程画等号，但这同时也显示出中国马克思主义哲学就是马克思主义中国化的成果，并且这个成果是在中国化这个过程中逐渐建构、发展、成型的④。

经过一番梳理，从"以马化中"和"以中化马"两条线索到新的"以中化马"，再到马克思主义中国化，最后落脚于中国马克思主义哲学，可以看到这一概念之确立的历史过程与理论逻辑渊源。可以说，中国马克思主义哲学这一概念的提出，是对以往两条线索的总结和发展，是其集大成。对此，王立胜研究员指出，中国马克思主义哲学，既是"马克思主义基本原理同中华优秀传统文化相结合的产物"，又是"中华优秀传统文化的创造性转化和创新性发展，是中国哲学发展的现代形态"。⑤由此也便印证了新的"以中化马"的道路是以往两条线索在更高维度上的融合，是马克思主义中国化的

---

① 如果说"以马化中"和"以中化马"分别是辩证法中肯定和否定的环节，那么这一新的"以中化马"便是否定之否定的环节，虽然名字相似，但本质和内涵完全不同。这条新的道路不仅是涵盖了以往两条道路之优秀成果和经验，而且在新的维度上继续为马克思主义中国化助力，因为这将不再作为分开的两条线索、两种逻辑，而是融合成了一个整体，以一种总体性的逻辑进行，这种总体性正是马克思主义中国化所具有的特征。所以说这一新的道路与马克思主义中国化更具同一性，关系更为直接和密切。

② 刘同舫：《马克思主义中国化百年进程的实践理路与趋势展望》，《浙江社会科学》，2021年第6期，第4—13，156页。

③ 王立胜：《中国马克思主义哲学是中国哲学发展的现代形态》，《马克思主义哲学》，2023年第1期，第6—23，167页。

④ 显而易见，这一成果在毛泽东思想、中国特色社会主义理论体系、习近平新时代中国特色社会主义思想中得到印证。

⑤ 王立胜：《中国马克思主义哲学是中国哲学发展的现代形态》，《马克思主义哲学》，2023年第1期，第6—23，167页。

新成果。可见这一概念的重要性不仅是对于"以中化马"和"以中化马"而言的，更是对于马克思主义与中国哲学思想的融合创新而言的。

最后，对于中国马克思主义哲学这一概念，需要做一点简短的补充。在20世纪，这一概念多指在中国的马克思主义哲学，而非中国的马克思主义哲学，尽管已经有了毛泽东思想等理论成果，但学界对其的认识还未到今天这种深度，对中国马克思主义哲学的中国风格、中国气派的明确的意识还有所欠缺[1]。马克思主义从"在中国的马克思主义"变成"中国的马克思主义"这一历史过程一直在持续地开展，只是对于这一问题的回答往往不尽如人意，导致对中国马克思主义哲学这一概念鲜有专门的论述。李维武教授指出："中国马克思主义哲学的民族文化身份认同问题，已经在过去百年间的马克思主义哲学中国化的历史进程中得到了解决。"[2] 并且，学界越来越涌现出对这一概念进行专门分析、考察的作品。相信通过从学术史出发，考察马克思主义与中国哲学思想的融合创新，能够为今后中国马克思主义哲学的建构提供学术史参考和理论经验。

---

[1] 关于学术界对中国马克思主义哲学的认识概要，可以参见李维武：《马克思主义哲学中国化与中国哲学的现代转型》，北京：北京师范大学出版社，2021年，第28—29，111页。

[2] 李维武：《马克思主义哲学中国化与中国哲学的现代转型》，北京：北京师范大学出版社，2021年，第30页。

第一章　马克思主义对中国哲学思想的阐释历程

对于马克思主义与中国哲学思想的融合创新的历时性研究是兼具必要性和重要性的，这是理解和分析这一融合创新的各种范畴、命题的逻辑前提。首先，因为二者的融合创新从现实上来说是一个历时性的过程，无论从何种角度进行理解和切入，都需要在把握现实状况及其变化的基础上进行，而这种对现实的分析也是马克思主义的内在要求。分析这一历时性的现实过程，才能够达到对马克思主义与中国哲学思想融合创新的一种总体性的历史的认识，无论是为进一步深挖当中的历史演化还是进入问题研究都具有理论的必要性。其次，从概念上来说，本书的出发点是学术史，这一"史"的概念从理论上再次表明了马克思主义与中国哲学思想的融合创新是一个历史的过程，并且，在此更为重要的是，这一融合创新是概念、范畴、问题的演化史，是学术研究的发展史，具有丰富、深刻的内涵，显示出理论的重要性。再次，在对马克思主义与中国哲学思想的融合创新的研究现状中可以看到，历时性研究占据着主流位置，尽管从方法论或者范式的角度考虑，应当出现专门以问题研究为主的著作来对其加以补充，但一方面本书是将问题研究与历时性研究相结合来展开的，能够对问题研究的缺乏起到一定的补充作用，另一方面这也传达出历时性研究在现实的学术活动中的必要性和积极意义。因此，本书所做的历时性研究既是对历史与逻辑的回应，也是对现实的批判性借鉴，以求实现历史与逻辑的统一以及对现实的积极作用。

这项历时性研究，共分为两章，分别围绕"以马化中"和"以中化马"两条线索，梳理在马克思主义指导下对中国哲学的阐释，以及在中国哲学话语中对马克思主义的阐发，从整体的角度对两条线索分别加以概括和总结，将当中各个历史阶段的特征呈现出来，以窥学术思想、研究方法、研究范畴、研究主题的演化，从而凸显不同时间段的主流范畴、命题、论题域及这一融合创新的演化发展，进而说明马克思主义与中国哲学思想是如何在学术

第一章 马克思主义对中国哲学思想的阐释历程

界实现融合创新的。

在此需要对这两章历时性研究当中的时间划分作一下说明。在此项研究当中,马克思主义与中国哲学思想融合创新的各时间阶段划分不是绝对的,并不意味着跨过一定的时间界限就不再有上一阶段的思想内容,也不意味着在一定时间界限之前就不存在这一时期的思想内容,即历史时间与思想时间并非绝对地一一对应。这种难以绝对清晰划分阶段的特征并不代表此项工作没有任何理论意义,恰恰相反,这种划分能够将各不同阶段的思想主题、学术研究在不同阶段的演化清晰地呈现出来。并且,这种相对性也是与思想本身的特点有关的。因为思想理论的出场与退场是一个过程,前一阶段的思想可能在下一阶段仍有所体现,尽管不是作为主要的部分,所以同一时间段就会出现前后、新旧两种思想的重叠,但仍有主次之分。这就会出现如下这一状况,即某些80年代的思想可能会在90年代有所呈现,而90年代的主题又有别于80年代。所以,此项历时性研究工作所划分的时间节点仅为表明一定时间阶段内占主要地位的学术思想,突出各段时期的主题,以较为直观地把握主题、主要范畴的流变,从而既为马克思主义与中国哲学思想的融合创新提供一个总体性的历时性研究与整体的历史视野,又为对其范畴和命题的分析奠定基础,提供历史的视域。

在马克思主义指导下阐释中国哲学思想,"以马化中",即以中国哲学思想为主体,吸收马克思主义,从而实现中国哲学思想自身的发展,推动拥有悠久历史的中国哲学思想的现代转型。在这一逻辑原则的指引下,从马克思主义与中国哲学思想之融合创新的学术史中可以看到,"以马化中"的这一要求之学术实践主要以反思、批判、阐释的形式为体现,即在马克思主义指导下来阐释[1]中国哲学思想。李维武教授在《马克思主义哲学中国化与中国哲学的两种传统》中,以鸦片战争为界,将中国哲学分为古代传统和现代传统,而欲建立马克思主义与中国哲学古代传统的联系,是需要对"中国哲学史或中国思想史"进行反思与再阐释的,这不同于建立与中国哲学现代传统的联系,后者是一种潜移默化"自然而然的联系"。[2] 这里所说的马克思主义与古代传统的联系,正是百年来多数学者所进行的事,即各种以马克思主

---

[1] 阐释活动必然要求首先对事物加以反思和批判性的思考,以辨明当中的阐释对象,所以在此以"阐释"一词加以概括。

[2] 李维武:《马克思主义哲学中国化与中国哲学的两种传统》,《江汉论坛》,2008年第11期,第95—100页。

义为指导，反思、批判并阐释中国哲学思想史的著述。这是在融合创新的学术史上占据主要位置的内容，是学术史的历史事实，因而是本章的主题与考察的重点。

在此应当明确，在马克思主义指导下阐释中国哲学思想及其历史的著述占据如此之大的比重，是与我国社会历史的发展有关的。中国哲学思想虽然有其积极的内涵与意义，关注人性，强调道德，在中国古代社会发展中起到了重要的作用，但一些内容仍旧受制于古代社会状况的局限，有一定的落后性和保守性，不符合当代我国社会发展状况。因此，"以马化中"这项事业首先就需要对中国哲学思想进行理论上的清理，以马克思主义反思中国哲学思想，以马克思主义批判中国哲学思想，"去"[①]其糟粕、取其精华，并在马克思主义重新阐释中国哲学思想的过程中，推动中国哲学思想的现代化转型、现代化发展。对此，杨谦教授在2008年的《马克思主义哲学的中国化与中国哲学的现代追寻》一文中也作出了分析。他认为，中国哲学思想在"肯定、培育、张扬人的尊严和价值方面，在理解人的道德人格和人生的意义方面"，有着积极的作用，然而，这"毕竟属于旧的时代"，更适应古代，更利于封建制度，更多地"压抑人的个性和独立性"，与现代社会的民主和解放不相符，所以必须用"马克思主义哲学理论对之进行批判的总结"，当中的"文化遗产才能重新焕发出新的活力和智慧的光芒"。[②] 正是出于这一点，在学术史中，才存在这种对中国哲学思想的马克思主义反思的主要地位，这由此也成为本章写作的主要内容。而这种反思与批判同时也是阐释与建构的过程，为我们重新认识中国哲学思想及其历史提供了一条马克思主义的道路。通过这种马克思主义阐释，能够发现蕴藏在中国哲学思想当中的积极因素，为当代二者的融合创新提供理论资源与逻辑思路。正如梁隽华所言，20世纪的"马克思主义学者既推进了中国哲学史学科的建立发展，同时也推进了马克思主义哲学中国化的过程"[③]，即这种"以马化中"的学术探索的意义不仅在于中国哲学思想的现代化转型、现代化发展，也在于马

[①] "去"打引号，表示这并不意味着一刀切，完全不理会当中不符合时代发展的内容，而是对这些内容进行批判和反思，为阐释中国哲学思想提供借鉴与指引。

[②] 杨谦：《马克思主义哲学的中国化与中国哲学的现代追寻》，《天津社会科学》，2008年第4期，第4—9页。

[③] 梁隽华：《中国哲学史中"以马释中"的理论贡献——对20世纪30～40年代马克思主义学者中国哲学史研究的探讨》，《广州大学学报（社会科学版）》，2012年第11卷第2期，第26—32页。

思主义中国化这一总体性过程的推进。

总的来说,从学术史出发,本章将"以马化中"这条道路分为四个阶段,分别是1920至1940年,以唯物史观与辩证法反思中国哲学思想,对中国哲学思想进行唯物史观与辩证法的阐释;1940至1978年,围绕哲学基本问题反思中国哲学思想史,阐释当中的唯物主义与唯心主义问题;1978至1990年,聚焦认识的历史挖掘中国哲学思想的演变,阐释作为认识的中国哲学思想的发展;1990至2000年,从马克思主义人学出发把握中国哲学思想,阐释中国哲学思想中对人的理解以及人学问题。[①]

第一节 唯物史观与辩证法对中国哲学思想的早期观照

"以马化中"的第一个阶段为1920至1940年。"这一时期马克思主义哲学研究模式主要表现为将初传唯物史观和辩证法自觉地与传统义理之学相结合"[②]。这表明,在这一时期,开始有学者运用马克思主义,从唯物史观和辩证法出发,反思并阐释中国哲学思想,从"以马化中"的路线推动马克思主义与中国哲学思想的融合创新——尽管这一推动并非一开始就是有意识的,但各种"以马化中"的研究客观上推动了这一融合创新。这一时期的学术探索,既是马克思主义传入中国以后与中国哲学思想的初步交汇,亦是中国马克思主义者与中国哲学学者对马克思主义的理论运用。在这种思想理论的观照中,中国哲学思想及其演变历程得到马克思主义式的分析,进而从马克思主义的角度得到新的阐释。

将本阶段的起点定于1920年,是由历史现实决定的。早在19世纪70年代左右,马克思和恩格斯的思想就已经为外国人或出国的留学生有所引入[③]。而马克思的名字首次被提到则是在1899年。"1899年2月到4月,上

[①] 之所以终止于2000年,已在第一章对"中国马克思主义哲学"这一概念的分析中指出缘由,即不仅是一条理论道路自身发展的要求,更是由于中国哲学思想发展的现状,以及中国哲学思想亟待在现代化背景下取得新发展的要求。

[②] 张涛:《马克思主义哲学向中国哲学史的介入与启思》,《池州学院学报》,2015年第29卷第1期,第23—26页。

[③] 参见孙建华:《马克思主义中国化思想通史》(第一卷),北京:人民出版社,2019年,第102—104页。

海广学会主办的《万国公报》连续刊载了一篇在当时很有影响的文章叫'大同学'","文章在中国的刊物中首次提到'马克思'、'安民新学'（即社会主义）及《共产党宣言》的一段文字。"① 但马克思主义并非就此正式、大规模地传入中国，为大众所接受。在此后一段时间内，马克思和恩格斯的思想、著述的引入是零星的、散见的，只是作为众多外国思想中的一支传入中国，并无特别之处，且只是作为一种思想文化的交流，在效果上也只是对拓宽眼界有所作用，未能取得实际的理论影响，也未产生实践效果。但这种零散的引入对于之后马克思主义在中国落地、生根仍然有着基础性作用。孙建华教授指出，"以梁启超为代表的资产阶级改良派对马克思及其学说以及社会主义的译介，客观上已经构成了近代以来先进的中国人探索和研究马克思主义思想的一个前奏和基础"②。这一状况一直持续到1917年俄国十月革命。"十月革命一声炮响，给我们送来了马克思列宁主义。"③ 在俄国十月革命的影响下，中国许多先进分子看到了马克思主义的影响力，许多有志之士开始理解、接受和传播马克思主义。并且，根据李大钊在《我的马克思主义观》中所言，"自一九一八年马克思诞生百年纪念以来，各国学者研究他的兴味复活，批评介绍他的很多"④。这表明，不仅俄国十月革命证实了马克思主义的真理性，从而扩大了马克思主义的影响，而且全世界范围内兴起的对马克思主义的研究也同样对中国的先进分子产生了影响。李大钊正是"中国历史上第一个真正接受和传播马克思主义的中国人"⑤。李大钊在《我的马克思主义观》中，对马克思主义作了较为系统的分析，并强调马克思的理论是"完全自成一个有机的有系统的组织，都有不能分离不容割裂的关系"⑥。这一论述表现出他对马克思主义的总体性的理解，这种总体性的理解将他对马克思主义的认识提升到更高的维度，有助于强化对马克思主义的把握、运用和传播。在这种现实实际与思想实际的影响下，越来越多的中国

---

① 杨金海：《〈共产党宣言〉与中华民族的百年命运》，《光明日报》2008年7月3日，第11版。

② 孙建华：《马克思主义中国化思想通史》（第一卷），北京：人民出版社，2019年，第109页。

③ 《毛泽东选集》（第四卷），北京：人民出版社，1991年，第1471页。

④ 李大钊：《李大钊全集》（第三卷），北京：人民出版社，2013年，第1—2页。

⑤ 孙建华：《马克思主义中国化思想通史》（第一卷），北京：人民出版社，2019年，第123页。

⑥ 李大钊：《李大钊全集》（第三卷），北京：人民出版社，2013年，第5页。

人开始了解、接受、传播马克思主义。需要加以说明的是,《我的马克思主义观》是发表于《新青年》第6卷第5、6号的,但由于五四运动,"致使该期《新青年》的出版推迟",所以本应于5月出版的第5号就被推迟到9月中旬。①

因此,考虑这一历史实际的影响,本书把此阶段的起始点定位于1920年。而且,这一划分也体现出历史与逻辑的统一。因为从逻辑上看,一个理论从引入到接受再到传播是有一个过程的,即有一个接收理论、内化理论,最后再外化的过程。所以不能将时间定在1899年,而应在之后的一个时间节点,即1920年,这一时间节点主要是为历史所决定的。并且,对中国哲学史这一学科而言,以马克思主义阐释中国哲学思想的研究模式也是1920年之后才出现的。"在上世纪二三十年代中国哲学史的形成初始,马克思主义哲学研究模式就不是缺席的。"② 由此可见,中国哲学史这一学科形成于马克思主义传入中国之后,并且一开始就已经隐约透露出马克思主义的视角。正如孙建华教授所言,"以李大钊为代表的具有初步共产主义思想觉悟的知识分子的诞生是我国政治思想界一大幸事",正是因为他们的"新思想""最初觉醒""先知先觉",才有了新文化运动之发展,才有了"新的思想武器","从这一刻起,中国人从思想到生活才出现了一个崭新的历史时期"。③这个"崭新的历史时期"就是以马克思主义为指导的时期。尽管一开始马克思主义尚未被确立为指导思想,"马克思主义哲学是作为诸思潮中一种渐被接受"④ 的,但马克思主义凭借自身的科学性、革命性、实践性、批判性进行了自我证明,在国内先进分子中产生了巨大的影响。

一、郭沫若:基于"社会史还原法"对中国哲学思想的考察

郭沫若出版于1930年的《中国古代社会研究》,是"用科学的历史观研

---

① 参见李大钊:《李大钊全集》(第三卷),北京:人民出版社,2013年,第40—41页。
② 张涛:《马克思主义哲学向中国哲学史的介入与启思》,《池州学院学报》,2015年第29卷第1期,第23—26页。
③ 孙建华:《马克思主义中国化思想通史》(第一卷),北京:人民出版社,2019年,第150页。
④ 张涛:《马克思主义哲学向中国哲学史的介入与启思》,《池州学院学报》,2015年第1期,第23—26页。

究和解释历史"①的著作,即用马克思主义研究和解释中国古代社会,并考察中国哲学思想的历史境况与历史变迁。书中,郭沫若从马克思主义出发,不仅考察了古代的社会生活,如《周易》时代,还研究了《易传》中的思想及其与社会现实的关系。他指出:"大凡在一个社会变革时代,随着社会制度的改变总要起一番理论上的斗争,即是方兴的文化与旧有的文化相对抗。"②郭沫若以马克思唯物史观为准则,强调了思想理论的变化是随社会制度,即社会现实的变化而进行的,思想的变化离不开社会现实的变化,社会现实及其变化决定着思想及其变化。对此,他有进一步的论述。他认为:"《易经》是由原始公社制变为奴隶制时的产物,《易传》是由奴隶制变成封建制时的产物。"③这更加显示出他对马克思唯物史观的中国运用,即从历史事实理解中国哲学思想的演化发展,并基于社会存在的决定性地位,考察中国哲学思想之变化的原因及其所反映的社会现实。郭沫若的这种对唯物史观的运用在《中国古代社会研究》这部著作中有多处体现,可以说贯穿了这部著作的全部内容。例如,在该著作第三篇"卜辞中的古代社会"的第一章,他对"生产状况"这一概念的运用,他认为"物质的生产力是一切社会现象的基础"④,强调生产力对社会现象,包括思想文化的决定性地位。因此,他在"自序"中也将这部著作的性质定义为"恩格斯的《家庭、私有制和国家的起源》的续篇"⑤。这再次表明,"科学的历史观"即马克思主义的唯物史观,这部著作是在唯物史观的指导下对中国古代社会及其思想的研究,在"以马化中",以马克思主义阐释中国哲学思想方面有着重要的意义。

对于郭沫若在"以马化中"方面的贡献,朱光甫先生指出,他"以唯物史观的科学锋芒,找出了思想产生的社会根源和阶级根源,批判了非历史主义的臆说,为中国哲学史走向科学化开辟了道路"⑥。这里的"科学化"即马克思主义化,也就是说,郭沫若对中国古代社会的马克思主义分析,挖掘出思想之所以产生的历史原因和时代背景,为在新的时代背景下理解中国哲学思想奠定基础,起到示范作用,使中国哲学史研究在马克思主义的指导下

---

① 郭沫若:《郭沫若全集》(历史编第一卷),北京:人民出版社,1982年,第3页。
② 郭沫若:《郭沫若全集》(历史编第一卷),北京:人民出版社,1982年,第69页。
③ 郭沫若:《郭沫若全集》(历史编第一卷),北京:人民出版社,1982年,第90页。
④ 郭沫若:《郭沫若全集》(历史编第一卷),北京:人民出版社,1982年,第196页。
⑤ 郭沫若:《郭沫若全集》(历史编第一卷),北京:人民出版社,1982年,第9页。
⑥ 朱光甫:《马克思主义与中国哲学史》,《湘潭大学社会科学学报》,1983年第2期,第81—86、80页。

前进，推动以马克思主义对中国哲学思想的阐释。

并且，对"以马化中"而言，郭沫若所采用的方法被归于"社会史还原法"这一范式，是四大"以马化中"范式之一，后者还包括"以问题为中心法""文化心理结构法""逻辑发展法"等另外三种[①]。蔡志栋认为，"郭沫若首次运用马克思主义的基本原理来研究中国古代哲学史、思想史，创造了社会历史还原法"，并辅以马克思主义的"辩证唯物论"和人民主体立场。[②]这表明郭沫若对马克思主义的运用并非单调的、简单的、不自觉的，而是以唯物史观对社会存在的强调为基点的综合运用，具有系统性和自觉性。在20世纪30年代，这种运用对于学术界之后在"以马化中"这条道路上的进展有着重要的意义。

二、李石岑：挖掘中国哲学思想的内在逻辑

由李石岑于1932年的讲稿组成的《中国哲学十讲》出版于1935年，这同样是以马克思主义为指导，对中国哲学思想及其历史所进行的考察。李石岑首先对当时的社会情况进行了分析，指出封建制度的影响，以及各种封建剥削，并看到商业的发展对封建主及其小农经济的冲击，而整个封建制度并未因此撼动，在冲击之下还得到进一步强化。他对这一历史事实的分析并非只是一种历史学的研究，而是在唯物史观的指导下，以历史事实的分析为基础，探究中国哲学思想的状况与特点。在这种历史现实分析的基础上，他将中国哲学思想分为三个时期，即"成长期""嬗变期""发展期"，而这三个时期的中国哲学思想则分别与当时的历史实际相对应，当时的哲学思想特点与社会特点相符合。他指出："在秦代以前，既为封建制度的完整时期，又经过商业资本的发达，因此反映在哲学思想中，遂有维护封建和反封建的两种思想，是为中国哲学成长期的大概情势。"[③] 由此可见，在中国哲学思想的"成长期"，社会上存在商业与以农业为代表的封建制度的矛盾，因此在中国哲学思想中也就存在两种相对立的思想。在他看来，一种思想便是

[①] 蔡志栋：《逻辑发展法：冯契哲学探索的基本特征——兼论"以马解中"的四种典范》，《现代哲学》，2017年第2期，第153—160页。

[②] 蔡志栋：《逻辑发展法：冯契哲学探索的基本特征——兼论"以马解中"的四种典范》，《现代哲学》，2017年第2期，第153—160页。

[③] 李石岑：《中国哲学十讲》，北京：煤炭工业出版社，2019年，第2页。

作为维护封建统治的儒家哲学思想。"孔子为了要维护这特殊组织的封建制度，遂提出了一个'正名'"，而这个思想，不仅被用来引导"社会一般生活"，更是成了统治阶级的"精神武器"，变成"最有效的支配工具"。① 从他的论述中可以看出，儒家的哲学思想，作为一种社会意识，不仅在内容上被封建制度这一社会存在所决定，而且在目的上也是被封建制度决定的。这就是说，这一哲学思想是为了维护封建统治而诞生的。而且，李石岑还运用了马克思主义的阶级分析法，指出了儒家哲学思想自身所带有的阶级性，即属于统治阶级，是统治阶级的工具。正如马克思和恩格斯在《德意志意识形态》中所言："统治阶级的思想在每一时代都是占统治地位的思想。这就是说，一个阶级是社会上占统治地位的物质力量，同时也就是社会上占统治地位的精神力量。"② 这种统治阶级的思想，作为统治的工具，也就对社会存在展现着"精神力量"，即对封建制度、社会生活等方方面面都有着反作用，既被用于指导人们的生活，又被用来实行对人们的统治。

李石岑基于唯物史观的分析并不局限于儒家，他对道家的哲学思想也有同样透彻的分析。他指出，"道家思想重自然，重自由，重自我，大概是当时自由小农社会的反映"，当中带有"反封建的情绪"。③ 从这一论述中可知，道家思想正是与儒家相对的被统治阶级的思想表达，其被统治、被剥削、被压迫的生活导致了他们对自由、自我的向往，这不仅是他们情绪的表达，更是其现实需求。道家思想与儒家思想一样，都是对社会存在的反映，体现了当时的社会现实、社会生活，道家对"自由""自我""自然"的主张与儒家对礼、法、名的强调相对，是被统治阶级现实诉求在思想上的映射。正如马克思所言，"意识［das Bewußtsein］在任何时候都只能是被意识到了的存在［das bewußte Sein］，而人们的存在就是他们的现实生活过程"④。无论是道家还是儒家的这些"意识"，都是对其自身所代表的阶级的生活，即被统治阶级或统治阶级的"现实生活过程"的意识。可见，李石岑从唯物史观出发，清晰地掌握历史状况与时代环境，辨明了中国哲学思想中各流派的特点及其所反映的现实状况。

---

① 李石岑：《中国哲学十讲》，北京：煤炭工业出版社，2019 年，第 3 页。
② 《马克思恩格斯文集》（第一卷），北京：人民出版社，2009 年，第 550 页。
③ 李石岑：《中国哲学十讲》，北京：煤炭工业出版社，2019 年，第 12 页。
④ 《马克思恩格斯文集》（第一卷），北京：人民出版社，2009 年，第 525 页。

第一章　马克思主义对中国哲学思想的阐释历程◆

李石岑对道家的分析不止于唯物史观分析，他还从辩证法的视角出发，强调了道家的辩证法精神，指出了当中朴素的辩证法思想。他认为：“《庄子》《老子》书中所表现的思想，都是辩证法的自然观。"① 在他的分析中可以看到，除了继承恩格斯的《自然辩证法》，他同样强调《庄子》《老子》当中的自然辩证法思想，指出道家的宇宙观是一种自然辩证法的观点，强调自然界的运动以及人与自然的辩证统一。他指出，"道家的思想，那是在中国哲学中所含辩证法的要素最多的"，这在《庄子》中表现为《齐物论》的内容，而在《老子》中则表现为其写作方法，即"整部著作都是用辩证的方法写成的"。② 在以马克思主义辩证法阐释道家哲学思想的过程中，李石岑发现了道家优于其他中国哲学思想流派之处，即对辩证法的运用。道家以辩证法理解、考察、把握自然界与人类社会，是其鲜明的特征。

并且，从这种辩证法的视角出发，李石岑对中国哲学思想及其历史有了新的认识。对于清代以来中国哲学思想的"发展期"，他认为，尽管这一时期有双重剥削，即既存在封建制度的剥削，又存在外国资本主义的剥削，但这并非当时的全貌，当中仍然有一些因素在起积极的作用。李石岑指出，由于外国入侵，封建制度的基础受到冲击，"城市工商业"逐渐发展，尽管是一种受到限制的发展，既为国外势力所限，也受到一些封建统治者的抵触，但仍然使社会经济状况发生了变化，而这种变化"反映到哲学思想上便是解放运动，也可说是一种文艺复兴"，即"一种复古运动"。③ 由此可见，李石岑以辩证的态度对待中国历史以及中国哲学思想史，并从唯物史观出发，即从消极的现实状况中挖掘蕴藏在其中的积极因素，并研究这一积极因素对中国哲学思想的影响，从而发现了当时思想上的"解放运动"，厘清了当时中国哲学思想的特征。不仅如此，在辩证法的视野下，李石岑对儒家也有新的见解。他认为，孔子以"仁"为核心的伦理学同样是辩证法的，因为为实现"仁"，孔子强调"己欲立而立人，己欲达而达人"（《论语·雍也》），"这便是拿辩证法去讲'仁'的一个例"④。在他看来，通过将自己与他人相统一而实现"仁"的这条路径，体现出孔子以辩证的眼光看待自己与他人，二者在孔子那里是辩证统一的，而非割裂、对立、作为他者的关系。并且，李石

---

① 李石岑：《中国哲学十讲》，北京：煤炭工业出版社，2019年，第10页。
② 李石岑：《中国哲学十讲》，北京：煤炭工业出版社，2019年，第105页。
③ 李石岑：《中国哲学十讲》，北京：煤炭工业出版社，2019年，第16—17页。
④ 李石岑：《中国哲学十讲》，北京：煤炭工业出版社，2019年，第20页。

岑还对名家、墨家也有类似的评价，发掘出当中的辩证法思想。他指出，"中国的思想家大部分是知道运用辩证法的"，尽管不是有意识地将辩证法当作方法论的。① 但即便如此，他通过对马克思主义辩证法的运用，还是发现了当中的各种辩证法思想和因素，实现了对中国哲学思想的新阐释，推动了"以马化中"的进程。

正如张涛所言，正是由于以马克思主义为指导，李石岑"发掘出了为当时胡适、冯友兰等所忽视的一些哲学家"，"为马克思主义哲学与中国传统思想的结合作了更进一步的努力"。② 这表明了李石岑所进行的尝试对马克思主义与中国哲学思想的融合创新的意义。在以辩证法和唯物史观对中国哲学思想的观照下，不仅进一步厘清中国哲学思想背后的原因及其理论逻辑，而且拓宽了"以马化中"的路径，为之后在马克思主义指导下对中国哲学思想的进一步阐释奠定了基础，作出了示范。

三、范寿康：考察中国哲学思想的辩证发展过程

在这一时期的学术史上，同样可以说是"以马化中"方面代表作的还有范寿康出版于1936年的《中国哲学史通论》。书中，范寿康主要从马克思主义辩证法的角度，对中国哲学思想的历史进行了阐述，考察了中国哲学思想的辩证发展历程。他在序言中指出，"查本书内容平平，但却与当时各家不同，主以唯物辩证法阐述我国历代各家之思想"③。由此可见唯物辩证法在当中的分量，是当时作为"以马化中"之成果，并区别于以西化中等流派的代表成果之一。在书中，他不仅考察了各个阶段中国哲学思想的演变、发展，揭示了发展的辩证过程，而且对各种思想的评价也显示出辩证的态度。对于考据学思想，范寿康指出："此种治学的精神与治学的方法却具莫大的价值，后世清代学者在经学方面有莫大的贡献，实由于此。不过戴氏一派只把这种精神与方法应用于故纸堆中不把其应用于自然界上，虽说时代所限，不能强求，却始终是一件最可惋惜的事。"④ 在这一论述中，他以辩证的态

---

① 李石岑：《中国哲学十讲》，北京：煤炭工业出版社，2019年，第21页。
② 张涛：《马克思主义哲学向中国哲学史的介入与启思》，《池州学院学报》，2015年第29卷第1期，第23—26页。
③ 范寿康：《中国哲学史通论》，北京：生活·读书·新知三联书店，1983年，序言第1页。
④ 范寿康：《中国哲学史通论》，生活·读书·新知北京：三联书店，1983年，第435页。

度看待戴震所代表的考据学思想理论，既看到其历史贡献，也指出当中的历史局限。在范寿康看来，考据学在理论上确实具有一定的价值，对于以经学为代表的中国传统思想的发展有突出贡献，但尽管考据学有诸多优点和价值，戴震等学者仍将其只是运用于理论形而上的推演和建构，并没有对自然界加以研究，也就是说，既没有将考据学运用到自然科学的领域，更没有将其运用于实践当中，仍停留于书本之上，这就是历史的局限性。由此体现出范寿康辩证法的态度①，即以辩证的态度，对中国哲学思想进行评价，以实现对当中各种理论因素的充分认识，不偏不倚。

对于范寿康的《中国哲学史通论》，学界有着很高的评价。徐素华认为，在胡适的《中国哲学史大纲》、冯友兰的《中国哲学史》之后，范寿康的这本书是"中国人写出的第三部中国哲学史"，其中，前两部主要以"西方资产阶级"的思想为指导，而范寿康的这本书"则是第一部在西方无产阶级哲学，即马克思主义哲学指导下写出的中国哲学史著作"。② 这就表明，范寿康的《中国哲学史通论》并不仅仅是对马克思主义的简单运用，而是带有鲜明的阶级性与先进性的，即是站在无产阶级的立场对中国哲学思想史的阐释，是站在更先进的位置对中国哲学思想史的理解。李维武教授更是指出，这是"中国第一部在马克思主义哲学指导下写成的中国哲学通史教科书"③。"教科书"一词更加肯定了范寿康先生这部著作在以马克思主义为指导阐释中国哲学思想方面的代表性，因为此书作为教材，是要广为学生学习的，而且学生在学习的过程中要接受此书的指导思想，即马克思主义。所以，范寿康这部著作的意义并不仅仅停留于理论的层面，即以马克思主义阐释中国哲学思想，更重要的是其在实践层面的意义，即对马克思主义思想、原则、立场的应用与传播。其重要性与代表性可见一斑。

---

① 也有学者指出范寿康著作对唯物史观的运用，参见张涛：《马克思主义哲学向中国哲学史的介入与启思》，《池州学院学报》，2015年第29卷第1期，第23—26页。在此仅以其辩证法的视角论述他对"以马化中"的贡献及其代表性。

② 徐素华：《马克思主义哲学在中国——传播、应用、形态、前景》，北京：北京出版社，2002年，第329页。

③ 李维武：《马克思主义哲学中国化与中国哲学的现代转型》，北京：北京师范大学出版社，2021年，第631页。

四、张岱年：对中国哲学思想概念和范畴的系统性建构

在这一阶段末，还需要加以说明的是张岱年写于1937年的《中国哲学大纲》。在写于1957年的新序中，张岱年指出，此书"在叙述中国哲学各方面的思想时，也曾经力求阐明中国历史上的主要的唯物主义思想与辩证观念"，对中国哲学思想中的各种"唯物主义学说"和"辩证观念"，"都曾经加以解说"，意图"阐发中国固有的唯物主义传统与辩证思想传统"。[①] 由此可见，张岱年在撰写《中国哲学大纲》时，已经具有马克思主义的意识，即带着马克思主义，特别是唯物主义和辩证法的视角去审视中国哲学思想。他在这部著作中所进行的工作不是简单的对哲学思想史的梳理、归纳、总结，而是有着更高的学术追求和写作目的，也就是寻找中国哲学思想的两种传统，即唯物主义与辩证法传统，探寻马克思主义与中国哲学思想的相通性、共同点，进而为二者的融合创新奠基。

关于《中国哲学大纲》中对辩证法的运用，张岱年在写于1937年的"自序"中有特别的强调。在其自述的四种方法中，除"审其基本倾向""析其辞命意谓""察其条理系统"外，还有一种就是"辨其发展源流"。[②] 这一方法体现出张岱年先生是以运动、发展的眼光看待中国哲学思想的，表明即使这部著作以大纲的形式而非哲学思想史的形式呈现，但这种呈现形式并非对史的抛弃，而是将中国哲学思想的形成史、发展史融入其中，说明中国哲学思想的整体理论架构。他指出："发展或历史的观点，是永远有用的；想深切了解一个学说，必须了解其发展历程，考察其原始与流变。而在发展历程之考察中，尤应注意对立者之互转，概念意谓之变迁与转移，分解与融合；问题之发生与发展，起伏及消长；学说之发展与演变，在发展中，相反学说之对转，即学说由演变而转入其相反：这都是应注意审勘的。"[③] 从这一论述可以看出他对中国哲学思想的发展历程的重视，这显示出理解一种思想辩证发展的历程不仅是了解其思想内容的基础和前提，更是把握当中内在逻辑的基础。在他对发展的观点的强调中，可以看到他并非单纯将目光聚焦

---

① 张岱年：《中国哲学大纲》，北京：商务印书馆，2015年，第6页。
② 张岱年：《中国哲学大纲》，北京：商务印书馆，2015年，第19—20页。
③ 张岱年：《中国哲学大纲》，北京：商务印书馆，2015年，第20页。

于一种思想的发展,而是将其融入整体思想的发展历程当中,在与其他思想的关系中考察其发展和演变,特别强调"对立者之互转",即强调对思想之间的相互影响、相互作用、相互转化这一辩证过程的考察。并且,从辩证法出发,他强调问题的"起伏及消长",认为问题、思想、理论的发展不仅是此消彼长的,相互对立的思想会相互作用、相互转化,更是一种波浪式前进的过程,即一种思想的发展尽管有其高峰和低谷,仍是在曲折当中不断自我更新、自我完善、自我发展的。张岱年先生的这种对各种思想的辩证作用、辩证发展的关注和强调正是对马克思主义辩证法的中国运用。正如他自己所言:"考察概念学说之发展与其对立互转,这可以说是辩证法(Dialectical Method)在中国哲学上之应用。"①

之所以将张岱年的《中国哲学大纲》作为本阶段最后一本代表作列于此,并不仅仅因为其写作时间是1937年,相对同一阶段其他著作较晚。最为主要的原因是这部著作已经开始带有下一阶段的特点,能够体现出两个阶段的过渡。在他写于1957年的新序中可以看到,其第一点就提到了哲学基本问题。他指出:"本书虽然也叙述了唯物主义思想与唯心主义思想,也讲到两者互相排斥互相影响的情况,然而基本上却没有达到承认'哲学史是唯物主义与唯心主义斗争的历史'的科学水平。"②从这里可以看出《中国哲学大纲》之承上启下的作用。在这部著作中,张岱年对中国哲学思想的梳理与概括,不仅如前所述,体现出这一时期对辩证法的运用的特点,而且开始关注唯物主义与唯心主义的斗争,基于对哲学基本问题的不同回答来研究、论述中国哲学思想的特点,将其分为唯物主义与唯心主义两大阵营。尽管如他所言,这本书在此方面的论述并非具有强烈的意识,并未达到"科学水平",但这一论述在此时期仍是十分关键的,因为这显示出他对这一问题的关注,代表着历史上这个时期先进分子的思想转向与学术史的发展趋势。

可以说,对于张岱年而言,在《中国哲学大纲》中,他还只是零星地注意到马克思主义对于理解、阐释中国哲学思想的意义,开始着手运用马克思主义研究中国哲学思想,但效果并不显著,理解也还有待深入,他对于马克思主义与中国哲学思想的融合创新在后来的思考中才有明显的体现。

由此可见,《中国哲学大纲》以及前面所述几本代表作都是从马克思主

---

① 张岱年:《中国哲学大纲》,北京:商务印书馆,2015年,第20页。
② 张岱年:《中国哲学大纲》,北京:商务印书馆,2015年,第7页。

义唯物史观、辩证法出发对中国哲学思想的初观照，是学界开始对马克思主义初步运用的代表作。而在这一阶段的末尾则开始出现对哲学基本问题的关注，蕴含着下一时期的思想理论特征，为后一阶段围绕哲学基本问题对中国哲学思想史的反思奠定基础。所以，本书将这一阶段截止到1940年，1940年以后，"以马化中"这条道路显示出了新特点。

第二节 围绕哲学基本问题对中国哲学思想史的反思时期

从20世纪40年代开始，"以马化中"这条道路进入了一个新的历史时期。"至四十年代左右，马克思主义哲学经过数十年代的实践和理论洗礼较初传时期已有质的推进，鲜明的中国性格已经显现。"① 在这一时期，学术界以马克思主义为指导对中国哲学思想的阐释相比前一个时期而言，问题意识更加凸显，理论关注更加集中，对中国哲学思想的研究更具系统性和理论深度。在这个时期涌现出了一大批"以马化中"的学术成果。

这一时期，"以马化中"这条道路的特点可以归纳为围绕哲学基本问题②对中国哲学思想史的反思，"以马化中"有了核心关注的问题。对这一时期的特点，张祥浩教授指出，"上世纪四十年代原苏联政治局委员日丹诺夫关于哲学史就是唯物主义与唯心主义斗争史的定义，成为我国哲学界研究中国哲学史的准绳"，"唯物主义与唯心主义的斗争成为贯穿中国哲学史的主线"，这尤其表现在20世纪五六十年代。③ 这一论述表明，这一时期我国学术界对马克思主义的运用主要围绕哲学基本问题而展开。而哲学基本问题，正如恩格斯在《路德维希·费尔巴哈和德国古典哲学的终结》中所言："全部哲学，特别是近代哲学的重大的基本问题，是思维和存在的关系问题。"④ 并且，对这一基本问题的重视在我国的这一时期尤为显著，在中国哲学思想

---

① 张涛：《马克思主义哲学向中国哲学史的介入与启思》，《池州学院学报》，2015年第1期，第23—26页。
② 本书中用"哲学基本问题"指恩格斯所说的"全部哲学，特别是近代哲学的重大的基本问题，是思维和存在的关系问题"。参见《马克思恩格斯文集》（第四卷），北京：人民出版社，2009年，第277页。
③ 张祥浩：《马克思主义哲学与中国哲学》，《江苏社会科学》，2006年第5期，第6—12页。
④ 《马克思恩格斯文集》（第四卷），北京：人民出版社，2009年，第277页。

史研究领域表现为唯物主义与唯心主义的斗争史，在对这种斗争的考察中实现对中国哲学思想及其历史的理解、反思与阐释。

一、郭沫若：基于唯物史观考察中国哲学思想中哲学基本问题的表现

郭沫若在 1945 年出版的《十批判书》中，以马克思主义的视角对儒家、道家、名家、法家等进行了批判。朱光甫先生指出："《十批判书》，是他在一九四三年到一九四五年抗战胜利以前，用马克思主义观点对春秋战国诸子学说进行研究的重要成果。"① 由此可见这部著作在"以马化中"这条道路上的代表性地位。在这部著作中，郭沫若延续了前一时期的特征，注重对唯物史观的运用。他认为，"现代的封建社会是由奴隶社会蜕化出来的阶段"，且"生产者已经不再是奴隶，而是被解放了的农工"，并对"生产工具"、私有制、工商业以及"生产状况"进行了分析。② 在他看来，对历史事实的分析是进行思想批判的前提，要对诸子学说进行批判，首先就要了解春秋战国时期的社会历史状况，特别是生产状况。因此，他首先对各个封建社会的生产状况、阶级状况等进行了分析，不仅为了解之后的社会状况做铺垫，梳理社会历史发展的源流，更是为了对诸子思想的批判奠基。与此同时，在运用唯物史观的基础上，郭沫若的关注点也开始逐渐从历史观走向更为基础的存在论，开始关注马克思主义在存在论③上的观点，即对物质第一性的强调。在对惠施的批判中，郭沫若指出了他的唯物主义思想。惠施所谓的"小一"，和"希腊的原子"类似，"万物便成于各种一定量的'小一'的集合"，从而说明"宇宙万物之生成"。④ 在郭沫若看来，惠施认为"小一"构成了宇宙万物，是一切的基本元素，这体现出了惠施对哲学基本问题的回答，即存在先于思维，物质先于意识。在马克思唯物主义的指导下，郭沫若对中国哲学思想有了较唯物史观和辩证法而言的进一步阐释，发现了中国哲学思想家在

---

① 朱光甫：《马克思主义与中国哲学史》，《湘潭大学社会科学学报》，1983 年第 2 期，第 81—86，80 页。
② 郭沫若：《郭沫若全集》（历史编第二卷），北京：人民出版社，1982 年，第 16 页。
③ 英文 ontology，按照其词源学含义，onto 义为 being，学界将 ontology 通常译为本体论、存在论、是论、是态学等，本书将 being 译作存在，所以采用存在论这一翻译。
④ 郭沫若：《郭沫若全集》（历史编第二卷），北京：人民出版社，1982 年，第 268—269 页。

对哲学基本问题的回答上与马克思主义的共同点，为进一步理解、阐释中国哲学思想提供了思路。

二、吕振羽：从阶级性出发说明唯物主义与唯心主义的对立

于同一时期出版的还有吕振羽的《中国政治思想史》。这部著作虽然是以唯物史观为原则对思想史的梳理、分析、总结，但当中的核心内容则表现为对哲学基本问题的回答。在该书中，从哲学基本问题出发，作者将中国哲学思想分为两大相对立的成分，即唯物主义和唯心主义。中国哲学思想，"一方面有代表当时统治集团各阶层的老聃、孔丘、庄周、孟轲"等人的"唯心主义哲学——不论属于主观主义、客观主义或二元论，但都是唯心主义的"；"一方面有反映农民要求的墨翟、王充、吕才、王艮、李卓吾等人的唯物主义哲学"以及"在明清之际和鸦片战争前夜，随同资本主义生产方式的萌芽"一道产生的王船山、戴震等人的"唯物主义哲学"。[1] 从吕振羽先生的分析中可以看出，他首先运用唯物史观对中国哲学思想进行分析，发现了中国传统社会中存在的两大对立的阶级，即封建统治阶级与农民这一被统治阶级。他在这一发现的基础上，发现了两个阶级各自在哲学基本问题上的区别，即前者强调意识的第一性，而后者则强调物质的第一性。由此说明了中国哲学思想的两大构成部分，围绕哲学基本问题将中国哲学思想体系化。正如张涛所言，在这部著作中可以明显地看到统治阶级和被统治阶级的思想划分，"前者主要体现为唯心论，后者主要体现为唯物论"。[2] 这样一来，中国哲学思想的两大成分及其历史演化就变得一目了然。因此，可以说，这部著作不仅延续了上一时期的特点，即以唯物史观为指导阐释中国哲学思想，而且体现出这一时期的思想特征，即围绕哲学基本问题对中国哲学思想进行历时性的考察，对中国哲学思想史进行反思。

---

[1] 吕振羽：《中国政治思想史》（上卷），北京：人民出版社，2008年，第11页。
[2] 张涛：《马克思主义哲学向中国哲学史的介入与启思》，《池州学院学报》，2015年第1期，第23—26页。

三、杨荣国：从社会斗争出发分析中国哲学思想中的斗争

杨荣国先生在出版于1954年，再版于1973年的《中国古代思想史》中，也在反思中国哲学思想及其历史的过程中透露出对哲学基本问题的关注，显示出这一问题对于反思中国哲学思想及其历史的重要性。在论述这一问题意识之前，首先需要表明的是他在书中透露出的马克思主义立场，即唯物史观的立场，这不仅是对上一阶段理论成果的继承和发展，更是他对待哲学基本问题的态度。在这部著作的序言中，他就已经表明了马克思主义唯物史观的立场。"殷周社会是种族奴隶制社会，是由一种族来统治的奴隶制国家"，为了实现这一统治，就产生了"统治思想"，并代代相传，加以巩固，而在西周末年，奴隶制开始向封建制过渡，这种社会的转型也就决定了思想的变化。① 在正式分析中国古代思想史之前，他对古代社会的制度状况进行了考察，并强调了这种制度与思想之间的关系，透露出他对社会存在第一性的认同，显示出他的马克思主义唯物史观立场。

他从唯物史观的角度切入，发现了古代社会中不同阶级、种族相互斗争的事实，进而关注到对哲学基本问题的不同回答在历史上的演变，即这种阶级斗争所带来的思想斗争与对立，即唯物主义与唯心主义的斗争史。在分析殷周社会交替时期的历史状况时，他指出了周人用天意等唯心论思想维护其新的统治时，殷人则以朴素的唯物论思想破除他们对天意的辩护。"殷人就从对抗周人所加于他们的压迫中，提出了这一真理，这一朴素的唯物论"，即强调组成世界的并非上天、天意，而是一些基本的物质元素。② 因此，他就借社会阶级的关系，表明了唯物论与唯心论相斗争的特点，这一论述也就反映出他对哲学基本问题的关注。在此基础上，他论述了抽象的唯心论的"天""德"等思想的动摇，分析了唯物论与唯心论相斗争的现实原因，厘清了中国哲学思想对哲学基本问题之不同回答的根据。所以，杨荣国的这一作品乍看之下带有强烈的上一阶段的色彩，即对唯物史观的运用，但与上一阶段不同的是，唯物史观是用来说明中国哲学思想对哲学基本问题的回答之分殊的原因的，唯物史观的方法论性质更强，而具体的内容则取决于他对哲学

---

① 杨荣国：《中国古代思想史》，北京：人民出版社，1973年，序言第1页。
② 杨荣国：《中国古代思想史》，北京：人民出版社，1973年，第32页。

基本问题的问题意识。

四、侯外庐：考察唯物论与唯心论之间的转换过程与内在逻辑

侯外庐在出版于1956年的《中国思想通史》中同样强调，对马克思主义的运用，是理解中国哲学思想必须遵循的原则。他在自序中指出："中国丰富的哲学遗产必须依据马克思主义的观点方法，作出科学的总结。"① 在马克思主义的指导下，他从物质与意识的关系这一哲学基本问题出发，梳理中国哲学思想的历史，指出了当中重要的构成部分，即唯物论的传统。侯外庐先生在第五卷中对我国17世纪、18世纪与19世纪早期的启蒙思想进行了考察，发现在当时的中国哲学思想中，唯物论占据了重要的地位。他认为，"启蒙学者在自然哲学方面大多具有唯物论的思想"，尽管"当时的自然科学是幼稚的"，这些思想者们难以了解客观的自然界，但"他们的眼界相当开扩，一般地具有天才的洞察，而且常会推察到有关唯物论的真理的粒子"。② 通过对这些启蒙学者的一一分析，他发现了这些学者在对待自然、宇宙方面的唯物论态度，并且这种态度是具有超越性、先进性的。因为如他所言，当时的自然科学水平是不发达的，而自然科学又是生产力的代表，由此可见，唯物论出现于其所需要的经济基础还未完全具备的时候。所以说这种唯物论的思想传统是超越历史现实的，具有超越性、先进性，这是在马克思主义指导下围绕哲学基本问题对中国哲学思想的新阐释。

与此同时，由于时代原因，这些唯物论思想也有自身的局限性。侯外庐先生运用马克思主义对其进行批判，发现了中国哲学思想中唯物论与唯心论的转化与内在逻辑。侯外庐将他们称为"形而上学的旧唯物论者"③。这是因为他们的唯物论既不是辩证的唯物论，大多属于循环论，缺乏发展的观点，而且在历史观上也是空洞的、抽象的，陷入唯心主义历史观。如恩格斯所言，旧唯物主义"不能把世界理解为一种过程，理解为一种处在不断的历

---

① 侯外庐：《中国思想通史》（第五卷），北京：人民出版社，1956年，自序第1页。
② 侯外庐：《中国思想通史》（第五卷），北京：人民出版社，1956年，第32—33页。
③ 侯外庐：《中国思想通史》（第五卷），北京：人民出版社，1956年，第33页。

史发展中的物质"①。这种循环论的唯物主义正是旧唯物论的代表。并且，侯外庐指出，在王夫之等人的思想中，"实践概念的结论也归结到所谓'人性存在'的君子或圣人的观点方面"，所以，在他们的理论中，"参加社会实践的人不是生产关系的综合，而是伦理标准之下的形式的归纳"，"这就走入唯心论"。② 所以说，对于哲学基本问题，即便他们在关于自然问题上的回答是物质决定意识，强调唯物论的态度，但一旦回到实践问题、历史问题上，便暴露出其唯心主义，强调抽象的"人性"与伦理准则。这正如费尔巴哈一样，只看到了现实中的一个方面，即"道德"③。因此可以说，侯外庐通过马克思主义的方法、原则、立场，围绕哲学基本问题，不仅揭示了中国哲学思想中的唯物主义与唯心主义两条线索，更厘清了中国哲学思想在唯物论与唯心论之间的转换过程与内在逻辑，显露出当中动态的思想变化特点，使中国哲学思想得到新的阐释，也为马克思主义与中国哲学思想的结合找到了共同点。"《中国思想通史》的主旨是发掘中国思想史里唯物主义和反正统的异端思想的优良传统，论证马克思主义哲学与这些传统是可以结合的。"④ 这一论述也证明了侯外庐围绕哲学基本问题对中国哲学思想史的反思工作的意义。

五、赵纪彬：将中国哲学思想划分为唯物论与唯心论

在《中国哲学史纲要》中，赵纪彬强调了哲学基本问题的重要性，对这一问题的回答是划分唯物论和唯心论的重要标准。他认为：历史上的哲学，外表上尽管有五光十色的名目，而实质上只有唯物论与唯心论。因为哲学的根本问题，就是决定思维与存在的真实关系或客观存在的本质。是思维决定存在呢？还是存在决定思维呢？客观存在的本质是精神呢？还是物质呢？一种哲学，对于这个问题，只能作一个答案。肯定了前者，便是唯心论；肯定了后者，便是唯物论。⑤ 通过对哲学基本问题的强调，他指出了中国哲学思

---

① 《马克思恩格斯文集》（第四卷），北京：人民出版社，2009年，第282页。
② 侯外庐：《中国思想通史》（第五卷），北京：人民出版社，1956年，第33页。
③ 《马克思恩格斯文集》（第四卷），北京：人民出版社，2009年，第290页。
④ 张涛：《马克思主义哲学向中国哲学史的介入与启思》，《池州学院学报》，2015年第1期，第23—26页。
⑤ 赵纪彬：《中国哲学史纲要》，广州：广东人民出版社，2021年，第4—5页。

想尽管流派众多，但从根本上来说，只有唯物主义和唯心主义两大派系，这是因为对这一基本问题的回答只能选择其中之一，由此便决定了一种思想是唯物论还是唯心论。所以，在这部著作中，他围绕唯物主义与唯心主义两大阵营的斗争，反思并阐释中国哲学思想及其历史。

在《中国哲学史纲要》序论中，赵纪彬就指出哲学的发展法则就是唯物主义与唯心主义的斗争。"我们根据唯物论为变革阶级的哲学与唯心论为保守阶级的哲学这种历史的事实，便可以指导唯物论与唯心论的斗争，就是哲学的发展法则。"① 赵纪彬先生从马克思主义唯物史观出发，看到了社会的阶级斗争，并且把握了思想的阶级属性，指出唯物论代表"变革阶级"，而唯心论代表"保守阶级"，由此指出了唯物论与唯心论的斗争这一特点，并将之确立为"哲学的发展法则"。从《中国哲学史纲要》对诸子学说、经学等学说的分析中可以看到，赵纪彬对中国哲学思想中唯物论传统的强调。在他看来，相比唯心论，即使是旧的唯物论也是先进思想的代表，而整个中国哲学思想的历史就是唯物论不断与唯心论斗争、与自身中落后思想斗争的历史。而即便唯心论在斗争中战胜了唯物论，那也是"唯心论内部所包含的辩证法、唯物论要素的胜利"，而非"唯心论本身的胜利"，所以说二者的斗争史"又表现为唯物论的自己完成史"，尽管这一过程不是"和平的直线过程，而是在不断与自己的对立物斗争中的一个矛盾的螺旋的过程"。② 由此可见，通过对马克思主义的运用，赵纪彬对中国哲学思想史的阐释将对其的理解推上了一个新的高度。他对唯物论与唯心论的对立、斗争的强调并未仅仅停留于一种斗争的混乱历史中，而是通过对各种唯物论、唯心论思想的辨析，说明了这一斗争的历史是一个发展的历史，即唯物论自身发展的历史。这就通过"以马化中"的方式实现了对中国哲学思想及其历史的新反思、新阐释。

---

① 赵纪彬：《中国哲学史纲要》，广州：广东人民出版社，2021年，第7页。
② 赵纪彬：《中国哲学史纲要》，广州：广东人民出版社，2021年，第9页。

六、张岱年：考察伦理思想与唯物论和唯心论关系以及唯物论的发展

张岱年先生写于1956年，出版于1957年的《中国伦理思想发展规律的初步研究》同样是在马克思主义的指导下，围绕哲学基本问题展开的对中国哲学思想及其历史，特别是对当中伦理思想的研究著作。尽管他认为，在中国传统思想中，伦理观上的思想斗争并不主要是"唯物主义与唯心主义的斗争"[①]，但这并不意味着伦理思想是外在于哲学基本问题的，这一问题在伦理观领域仍然是必须要谈论的问题。

首先，对中国伦理思想的考察离不开对哲学基本问题的回答。张岱年指出，在考察各种伦理思想前，"需要以唯物主义观点"对道德进行说明，以便厘清其阶级本质。[②] 这就表明，在研究这一主题时，首先需要坚持唯物主义的立场，以历史唯物主义来对道德本身进行考察，树立对道德的唯物主义的正确认识，而后再对中国历史上各种伦理思想加以辨析，明辨当中的唯物主义道德和与之相对的唯心主义道德。

通过对中国伦理思想的初步研究，他将其分成了五种类型，即代表封建地主阶级的伦理思想、代表小生产者的伦理思想、对封建地主阶级进行批评的伦理思想、反对封建地主阶级的伦理思想、"反道德主义的腐朽的伦理思想"。[③] 从中可以看出，在历史事实的角度上，中国传统伦理思想主要是围绕封建和反封建这个二元现实展开的。具体而言，这种封建与反封建的社会现实状况的二元关系，在伦理思想这一社会意识领域中，也就表现为封建思想和反封建思想的斗争，也即唯物主义与唯心主义的斗争，前者代表反封建的进步思想，后者代表封建的保守思想。正如张岱年在结论之一中所指出的，"在伦理思想中保守与进步的对立，和在宇宙观中的唯心主义与唯物主义的对立，基本上是相应的"，"宇宙观方面的唯物主义者在伦理学说方面宣

---

① 张岱年：《中国伦理思想发展规律的初步研究 中国伦理思想研究》，北京：中华书局，2018年，第8页。
② 张岱年：《中国伦理思想发展规律的初步研究 中国伦理思想研究》，北京：中华书局，2018年，第10页。
③ 张岱年：《中国伦理思想发展规律的初步研究 中国伦理思想研究》，北京：中华书局，2018年，第26页。

扬进步的观念；而多数的在宇宙观方面的唯心主义者在伦理学说方面宣扬了保守的观念"。① 这就表明，通过对中国传统社会与中国哲学思想，特别是对当中伦理思想的分析，他看到了哲学基本问题在伦理思想中与在宇宙论、认识论中具有同样重要的地位。在伦理学说上，唯物主义者凭其对唯物论的坚持而得以成为进步的，唯心主义者因其对唯心论的坚持而成为保守的，即便有些唯物主义者在伦理思想上的主张同宇宙观、认识论上的唯心主义者相似，站到对立阵营，又或者情况反过来，但从整体上看，这两种思想的二元斗争仍然是主线。所以，伦理学说上的进步或保守从根本上讲仍然归结为哲学基本问题，即对哲学基本问题的不同回答所产生的不同流派，以进步的伦理思想或保守的伦理思想为表现形态，进行着思想斗争。这也再次证明了这一问题是反思中国哲学思想时所不能回避的问题。如他所言，这部著作意在研究伦理思想中的"进步思想与保守或反动思想"，以及二者的斗争和"唯物主义与唯心主义斗争的联系"。② 他对中国伦理思想的考察是围绕哲学基本问题展开的，这丰富了"以马化中"这条道路所涉及的主题，并使之聚焦到伦理思想上，问题意识更加突出。

而张岱年先生在其1956年所著、1981年修订再版的《中国唯物主义思想简史》，写于20世纪50年代的《宋元明清哲学史提纲》，出版于1956年的《张载——十一世纪中国唯物主义哲学家》中，对哲学基本问题的重视更加突出，围绕哲学基本问题对中国哲学思想史的反思的特征更加明确，是"以马化中"在这一时期重要的代表性著作。

首先，在《中国唯物主义思想简史》的引言中，张岱年先生明确地定义了中国哲学思想的历史是围绕哲学基本问题而展开的。他强调，"中国哲学的历史和别的国家的哲学一样，是唯物主义的发生发展的历史，也就是唯物主义和唯心主义相互斗争相互影响的历史"。③ 这在开篇就表明了他的理论态度与路径，即围绕哲学基本问题对中国哲学思想史进行反思。在这一定义中，还可以看到他的马克思主义立场，即认为中国哲学思想史是唯物主义发

---

① 张岱年：《中国伦理思想发展规律的初步研究 中国伦理思想研究》，北京：中华书局，2018年，第53页。
② 张岱年：《中国伦理思想发展规律的初步研究 中国伦理思想研究》，北京：中华书局，2018年，第9页。
③ 张岱年：《中国唯物主义思想简史 宋元明清哲学史提纲（外一种）》，北京：中华书局，2018年，第13页。

展的历史，强调唯物主义是在与唯心主义的斗争当中不断发展的，历史并非两种思想的不相上下，而是唯物主义在斗争当中不断证明其真理性，不断实现自身的发展、完善的①。如他所言，唯物主义之所以是正确的，是由于它符合实际情况②，而且，对唯物主义的研究的意义不仅在于了解其本身的历史演化，更在于"了解马克思主义辩证唯物主义与历史唯物主义的理论"③。这不仅肯定了中国哲学思想当中唯物主义思想的历史意义与时代价值，而且说明了为何要贯彻马克思主义对哲学基本问题的重视，围绕这一问题对中国哲学思想及其历史进行反思的原因，即在这种反思当中不仅能够厘清中国哲学思想及其历史，更能为理解马克思主义、运用马克思主义奠定基础。

其次，《宋元明清哲学史提纲》这部著作与前著不同，不仅剖析思想的内涵及其演化发展的历史，而且结合了唯物史观的方法。因此，在对唯物主义与唯心主义之斗争的考察上，既有对理论演化的逻辑分析，又有对理论得以形成、发展的历史社会背景的剖析，更加显示出马克思主义在这一研究中的指导地位。通过运用唯物史观的方法，他分别指出了北宋、南宋、明代、清代的社会特点，即从中央集权制度、民族矛盾、封建制度没落等方面入手，厘清中国哲学思想在这些时期的现实基础，并以这种现实当中阶级斗争、矛盾的情况为基础，阐明唯物主义与唯心主义在这些时期相互斗争的特点。对于这种对斗争性的强调，张岱年在写于1984年的后记中指出，这是这部著作的缺点之一④，即强调斗争性，而忽略二者的联系、转化。尽管这是他站在下一阶段的视角对自己这部著作的反思，认为唯物主义与唯心主义的斗争被过多地强调，但这同时也是时代的痕迹，反映出这一时期"以马化中"这条道路的更为具体的特征，即不仅仅是围绕哲学基本问题对中国哲学思想史的反思，更是在这种反思中强调唯物主义与唯心主义的斗争史的特点。他的这种尝试既是围绕哲学基本问题对思想的理论探究，也是对思想之

---

① 从书的各章节的论述中也可以看出唯物主义的主流地位，即在各章节标题中，不仅"唯物主义"在数量上占大多数，而且也从"反对宗教唯心主义的斗争""反对佛教唯心主义的斗争""反对唯心主义的斗争"等论述中可见其主导位置。参见张岱年：《中国唯物主义思想简史 宋元明清哲学史提纲（外一种）》，北京：中华书局，2018年，第3—4页。
② 张岱年：《中国唯物主义思想简史 宋元明清哲学史提纲（外一种）》，北京：中华书局，2018年，第15页。
③ 张岱年：《中国唯物主义思想简史 宋元明清哲学史提纲（外一种）》，北京：中华书局，2018年，第17页。
④ 张岱年：《中国唯物主义思想简史 宋元明清哲学史提纲（外一种）》，北京：中华书局，2018年，第306页。

所以如此的实践考察，为"以马化中"这条道路作出了示范。

最后，在《张载——十一世纪中国唯物主义哲学家》中，尽管题目看似是研究张载的思想，研究他的唯物主义，但这同样是围绕哲学基本问题而展开的①。对于张载本人的思想发展路程，张岱年认为，这是在"唯物论的思想与唯心论的思想"之间挣扎、左右的道路，且最终唯物论战胜唯心论的道路。② 这就反映出张岱年在这部著作当中所围绕的核心问题，即哲学基本问题。并且，这种反思不仅体现在对微观的个体经历、个体思想的演化历程当中，而且体现在更为宏大的张载的理论体系建构当中。张岱年指出，"张载的唯物论哲学体系是在与佛教唯心论进行斗争中建立起来的"③。从这一论述当中同样可以看出，他是从哲学基本问题出发，围绕唯物论与唯心论的二元关系，对张载的思想进行反思、研究的。在对张载的这些分析的基础上，他进一步强调，张载"直接从哲学的基本问题方面来展开反对佛教的斗争"④。这就不仅仅将哲学基本问题作为外在于历史的一种视域来对中国哲学思想进行研究，即简单地评判何者为唯物论者、何者为唯心论者，更是将这一问题融入中国哲学思想家，挖掘并强调他们对这一问题的态度与自觉的意识——虽然在当时这一问题的提法不同，如对气、理、心关系的看法，但究其本质而言，仍然是哲学基本问题。由此体现了张岱年围绕哲学基本问题对中国哲学思想史的反思。

七、任继愈：围绕唯物论与唯心论的斗争阐释中国哲学思想及其历史

任继愈先生的《中国哲学史》的前三册写于1961至1964年，第四册写于1973年，在1979年又得以再版。在这部著作中，他高度重视哲学基本问题，围绕唯物主义与唯心主义的斗争阐释中国哲学思想及其历史。在书中，

---

① 并且他对张载的评价，也体现出马克思主义的批判性，指出了其思想仍然受到历史社会的局限，尽管这并非本节阐释的重点，但他从另一方面表明这部著作在"以马化中"方面的代表性。
② 张岱年：《中国唯物主义思想简史 宋元明清哲学史提纲（外一种）》，北京：中华书局，2018年，第314页。
③ 张岱年：《中国唯物主义思想简史 宋元明清哲学史提纲（外一种）》，北京：中华书局，2018年，第323页。
④ 张岱年：《中国唯物主义思想简史 宋元明清哲学史提纲（外一种）》，北京：中华书局，2018年，第360页。

他不仅考察了商周时期唯物主义的萌芽，指出《易经》当中朴素的唯物主义思想，而且分别对老子、墨子、后期墨家、荀子、韩非等人的唯物主义思想以及孔子、孟子、庄子、惠施、公孙龙等人的唯心主义思想都有直接的、系统的论述。这种论述体现出他按照哲学基本问题对中国哲学思想的划分，体现了其问题意识，贯彻了恩格斯对这一问题的强调。任继愈在"绪论"中就已经指出，"哲学史的任务是通过对唯物主义和唯心主义对立同一的研究，揭示人类认识日益深化的辩证发展过程，总结理论思维的经验教训，阐明马克思主义哲学基本原理的无比正确"，"坚持以唯物主义与唯心主义的斗争作为哲学史的对象，有重要的理论意义"。[①] 这一论述不仅表明了他对哲学基本问题的重视，他对中国哲学思想史的研究是围绕这一问题展开的，而且体现出他这一研究是在"马克思主义哲学基本原理"的指导下进行的，是"以马化中"路线的代表性著作。

八、冯友兰：坚持历史唯物主义的方法论阐释中国哲学思想中的两大派

冯友兰先生的《中国哲学史新编》三卷共七册，尽管出版于 20 世纪 80 年代，且在 80 年代对已经写成的一、二、三册进行了修订，并接着写了四到七册，但由于这部著作的思想积淀主要在于 20 世纪六七十年代，所以本书仍将其归入这一阶段。如蔡仲德在"新版校勘后记"中所言，"《中国哲学史新编》的写作与出版，前后经历了整整 30 年"[②]，即从 1960 年一直到 1990 年第七册写成。在冯友兰写于 1980 年的"自序"中，他就明确了这部著作是以马克思主义为指导，对中国哲学思想史的反思。"我所希望的，就是用马克思主义的立场、观点和方法重写一部《中国哲学史》。"[③] 并且，这种运用并非对马克思主义教条式的运用，而是在他自身对马克思主义的理解的基础上进行的，是根据所分析的中国哲学思想及其历史加以灵活运用的。如他所言，在写《中国哲学史新编》时，他只写"在现有的马克思主义水平上所能见到的东西"，直接写他"在现有的马克思主义水平上对于中国哲学

---

① 任继愈：《中国哲学史》（第一册），北京：人民出版社，1979 年，绪论第 4 页。
② 冯友兰：《中国哲学史新编》（下卷），北京：人民出版社，2007 年，第 478 页。
③ 冯友兰：《中国哲学史新编》（上卷），北京：人民出版社，2007 年，自序第 1 页。

和文化的理解和体会"。① 这不仅说明了他自身对马克思主义的理解在写作过程中的重要性，与教条主义划清界限，而且也在此表明了作者之前的论断，即尽管《中国哲学史新编》的大部分内容都开始于、修订于1980年，但这些内容仍是基于他此前积累的对马克思主义的理解，即使这些理解在80年代有所变化，但从本质上看变化是不大的，而且考虑到现实情况②，他晚年的主要精力都集中在思想的对象化之上，在对思想的学习与吸收方面体现较少。对于他对马克思主义的灵活运用，他在"自序"中有进一步的论述。他强调："用马克思主义的立场、观点和方法，并不等于依傍马克思主义，更不是抄写马克思主义。"③ 这一论断更加突出了他对马克思主义的灵活运用，是在自己对马克思主义的理解之基础上的运用。这一理解反映在书中，最为突出的就是他对哲学基本问题的理解与重视。

在《中国哲学史新编》中，首先在方法论原则上，冯友兰就坚持历史唯物主义原则。通过区分"本来的历史"和"写的历史"，冯友兰指出了二者的关系，即前者是客观的，而后者是主观的，是对前者的刻画。"其间关系是原本和摹本的关系"，前者是"客观存在"，而后者则是"主观的认识"。④因此，在研究中国哲学思想史的过程中，他强调本来的历史，即客观存在的历史，坚持马克思主义唯物主义的原则，追求中国哲学思想史的客观内容，而非人云亦云。他指出："为了纠正历史研究中的主观唯心主义，必须强调指出本来历史的客观存在。"⑤ 这就显示出他对马克思主义唯物主义的理解，强调唯物主义的重要性。在这一理解的基础上，他在反思中国哲学思想史的过程中，围绕哲学基本问题，指出了当中唯物主义与唯心主义两大派系。他认为，如何认识主观与客观，如何回答二者的第一性问题，对于把握这两大派别十分重要。"对于这个问题的回答的不同，就成为哲学两大派：唯物主义和唯心主义。"⑥

对于这一哲学基本问题的理解贯穿了《中国哲学史新编》的始终。他在第一章对商、周的分析中，就已经看到了古代的朴素唯物主义。他指出，

---

① 冯友兰：《中国哲学史新编》（上卷），北京：人民出版社，2007年，自序第2页。
② 这一现实情况主要是冯友兰先生的身体状况，如蔡仲德先生在"新版校勘后记"中所言。参见冯友兰：《中国哲学史新编》（下卷），北京：人民出版社，2007年，第479页。
③ 冯友兰：《中国哲学史新编》（上卷），北京：人民出版社，2007年，自序第2页。
④ 冯友兰：《中国哲学史新编》（上卷），北京：人民出版社，2007年，全书绪论第2页。
⑤ 冯友兰：《中国哲学史新编》（上卷），北京：人民出版社，2007年，全书绪论第2页。
⑥ 冯友兰：《中国哲学史新编》（上卷），北京：人民出版社，2007年，全书绪论第27页。

"阴阳""五行"等在商周时期已经出现的概念，后来就成了唯物主义的基本概念，特别是在自然观领域。[①] 在此基础上，他又对春秋战国时期的唯物主义思想，如孙武等的思想进行了分析，并且指出了唯心主义的代表，例如道家。他认为，"《老子》所建立的道家哲学体系是客观唯心主义的体系，这似乎是无可争辩的了"[②]。并且，在反思中国哲学思想史的过程中对哲学基本问题的重视，不仅体现在他对各位思想家的评判之上，更体现在他对唯物主义与唯心主义的关系的认识之上。在他看来，二者是斗争性的关系。"告子与孟轲关于人性的辩论，也是当时唯物主义与唯心主义的斗争的一部分。"[③]这一论述更加表明了冯友兰是围绕哲学基本问题对中国哲学思想史进行反思的。在他对马克思主义的理解之上，他对马克思主义的运用使得中国哲学思想史中的两大派系、两条线索及其之间的关系更加清晰，是从"以马化中"的角度对马克思主义与中国哲学思想融合创新的重要尝试。并且，他的这种学术尝试旨在"从过去的哲学家们的没有形式上的系统的资料中，找出其实质的系统，找出他的思想体系，用所能看见的一鳞半爪，恢复一条龙出来"[④]，进而使写的哲学史充分接近本来的哲学史，从而在马克思主义的指导下，建立中国哲学思想及其历史的系统性，以此实现二者的融合创新。

总的来说，这一时期"以马化中"这条道路有了新的发展与特点。在方法上，继承了前一时期对唯物史观和辩证法的特点，更加突出其方法论地位；在内容上，较前一时期更加聚焦，关注哲学基本问题。并且，在这种方法论的指导下，各位学者对于中国哲学思想中的唯物主义与唯心主义的斗争史的挖掘更加深入，不仅研究其在思想上的相互斗争、相互作用、相互影响，也研究在这一斗争、对立背后的现实社会背景，从而更加清晰地说明了中国哲学思想及其历史的发展特点。可以说，这一时期，在马克思主义指导下对中国哲学思想的阐释是以"唯物—唯心"二元对立为范式的，强调这两种对哲学基本问题的不同回答的二元对立。而在改革开放之后，学界思想随之而发生变化，逐渐开始对这种二元对立的范式开始反思[⑤]。

[①] 冯友兰：《中国哲学史新编》（上卷），北京：人民出版社，2007年，第29页。
[②] 冯友兰：《中国哲学史新编》（上卷），北京：人民出版社，2007年，第244页。
[③] 冯友兰：《中国哲学史新编》（上卷），北京：人民出版社，2007年，第270页。
[④] 冯友兰：《中国哲学史新编》（上卷），北京：人民出版社，2007年，全书绪论第35页。
[⑤] 正如张岱年先生在《宋元明清哲学史提纲》1984年的后记中所说的那样，对于这种对斗争性的强调，是这部著作的缺点之一。参见张岱年：《中国唯物主义思想简史 宋元明清哲学史提纲（外一种）》，北京：中华书局，2018年，第306页。

第三节　聚焦认识的历史挖掘中国哲学思想的演变期

随着改革开放的进行，社会经济取得了新的发展，在"以马化中"这条道路上的马克思主义与中国哲学思想的融合创新也取得了新的成就，实现了新的发展，表现出新的特点。这一时期在马克思主义指导下对中国哲学思想的阐释，从上一时期强调"二唯"的斗争，过渡到对认识的历史、思想的历史的强调[①]。正如列宁所言，"哲学的历史"，作为"认识论和辩证法"的知识源泉之一，"简单地说，就是整个认识的历史"。[②] 这就表明，哲学思想史并非只是单一地强调唯物主义与唯心主义的斗争，而是应当将其置于认识的发展史这一更高的维度，考察作为认识的哲学思想的发展与深化。这正如王东所指出的，列宁这一论述意味着哲学史是认识史的一部分，反映认识的"一般进程、一般规律"，且在这一更高的维度上看待哲学思想史，就应当不只是看到唯物主义和唯心主义的斗争史，而且应看待二者的"相互渗透""相互转化"，将各种不同的哲学思想家及其思想当作人类认识的一环。[③] 因此，在列宁这一论述的启发下[④]，"以马化中"在此时期出现了新的特点，产生了新的作品，将中国哲学思想及其历史作为一种认识及其历史来进行考察，研究重心从唯物主义与唯心主义的斗争，转移到作为一种认识的中国哲学思想是如何实现自身发展的，考察中国哲学思想的演变，并强调认识论与辩证法的因素。

---

① 乔清举教授对当时的状况有详细的说明，参见乔清举：《当代中国哲学史学史》（下），上海：上海古籍出版社，2020年，第468-475页。
② 《列宁专题文集：论辩证唯物主义和历史唯物主义》，北京：人民出版社，2009年，第146页。
③ 王东：《试论哲学史和认识史——评"哲学史即认识史"的所谓"列宁定义"》，《北京大学学报（哲学社会科学版）》，1985年第1期，第11-21页。
④ 在历史上的这一时期，"人们还是习惯于从马克思主义经典著作中寻找答案"。参见臧宏：《新时期中国哲学史研究的两个"转向"》，《安徽师范大学学报（人文社会科学版）》，2008年第4期，第379-384页。

一、任继愈：研究中国哲学思想的逻辑发展历程

任继愈先生在主编并出版于 1983 年的《中国哲学发展史》（先秦）中，从思维的发展、认识史出发，对中国古代的各哲学家、思想家进行了研究。在书的导言中，他对哲学史就是认识的历史这一说法进行了说明，指出在上一时期对唯物主义与唯心主义的斗争的过分强调是片面的，没有意识到列宁的这一说法的内涵，即无论唯物主义或唯心主义，都是人类认识的一部分，都是认识发展的一个环节。但在论述认识的历史时也不能忽略唯物主义和唯心主义的斗争，二者的斗争也是重要的内涵，所以在吸取上一阶段的经验并加以反思的基础上，任继愈先生对列宁思想的理解更加全面，在马克思主义的指导下对中国哲学思想的阐释站在了更高的维度，即聚焦认识的历史挖掘中国哲学思想的演变。

他在导言中直接指出，"本书着眼于中国哲学逻辑的发展过程"[①]。这便与上一阶段划清了界限。即使在具体的分析、论述中仍然对各位思想家的唯物主义、唯心主义思想有所论述，但并非对二者的斗争的强调，而是将唯物主义与唯心主义都融入中国哲学思想这一整体的认识的发展过程当中，厘清中国哲学思想整体的逻辑演化与内在的逻辑关系。而在这一更加具有整体性、更高维度的视角下，他指出了中国哲学思想史的本质。他认为中国哲学思想史是"中华民族的认识史"，体现了"中华民族的智慧"，反映了中华民族的"精神文明"。[②] 这种对中国哲学思想及其历史的概括，并不局限于将其作为哲学当中两种流派的斗争及其历史，而是强调中华民族的认识在整体上的特点、内涵与演化发展，强调中国哲学思想的整体性，因此是对这种认识历史的考察。对此，任继愈进一步总结道，中国哲学思想史，"以逻辑的形式记录了中华民族认识世界的经历"[③]。由此可见，他所主编的《中国哲学发展史》各卷都是对中华民族对世界之认识的逻辑研究，考察中国哲学思想内部的逻辑关系及其整体的逻辑发展。

---

① 任继愈：《中国哲学发展史》（先秦），北京：人民出版社，1983 年，第 4 页。
② 任继愈：《中国哲学发展史》（先秦），北京：人民出版社，1983 年，第 5 页。
③ 任继愈：《中国哲学发展史》（先秦），北京：人民出版社，1983 年，第 6 页。

在列宁关于哲学史"就是整个认识的历史"[①]的指导下,任继愈将中国哲学思想史作为认识的历史加以研究,发现并总结了中国哲学思想及其历史的一些新特征。首先,他认为,由于中国古代长时期处于封建统治之下,因此带有封建属性与特点的哲学思想存在时间是最长的。这种特点是在世界范围内都具有典型性的,可以与希腊、罗马带有奴隶制属性的哲学思想,与欧洲带有资本主义属性的哲学思想比肩,"封建时代的哲学"是中国哲学思想史的重点[②]。其次,他发现了儒教[③]在中国哲学思想当中的重要地位。从广义上来说,宗教思想也是哲学思想的一部分,即属于人类认识的一部分;从狭义上来说,宗教思想则与哲学思想相并列,属于不同种类的认识。在前些时期的研究中,对宗教思想的考察较少,大多是对狭义的哲学思想进行的考察,例如前一阶段就主要是对唯心主义和唯物主义的哲学思想进行的研究。而任继愈先生主编这部著作,则是研究广义上的哲学思想,也就是研究作为认识的哲学思想,所以看到了中国哲学思想中或者说中华民族的认识中,儒教这一宗教思想的重要位置。如他所言,儒学经过千年的发展,经过汉代和宋代的两次改造,具有了逻辑严密、影响巨大的"宗教神学结构",是宗教和哲学的合一,是"政治准则"和"道德规范"的一体,儒教的完成以理学为标志。[④] 这不仅表现出儒教思想在中国哲学思想中的重要地位与巨大影响,而且说明了其发展脉络与演化逻辑。最后,他强调了作为认识的中国哲学思想中唯物论和无神论的传统。在他看来,中国古代哲学思想史上丰富的唯物论思想、无神论思想以及辩证法思想,都是中华民族认识的精华。但是,将这些思想放在人类的认识整体当中,又是处于自发的、朴素的阶段的,比欧洲资产阶级的唯物论、辩证法又低了一个层次,应当辩证地看待中国哲学思想,正确认识其在人类认识总体当中所处的位次和环节。从任继愈的这些论述和结论中可以看到,他以马克思主义为指导,特别是遵从了列宁对哲学史的定义,从认识的角度研究中国哲学思想及其历史,发现当中的理论内涵与逻辑特点,厘清中国哲学思想这一中华民族的认识的发展轨迹和规

[①] 《列宁专题文集:论辩证唯物主义和历史唯物主义》,北京:人民出版社,2009年,第146页。
[②] 任继愈:《中国哲学发展史》(先秦),北京:人民出版社,1983年,第13页。
[③] 儒教与儒家不同,可以说是"神学化了的儒学"。参见任继愈:《中国哲学发展史》(先秦),北京:人民出版社,1983年,第13页。
[④] 任继愈:《中国哲学发展史》(先秦),北京:人民出版社,1983年,第14页。

律，总结这种具有民族特性的认识的特点，在"以马化中"方面实现了对中国哲学思想的新阐释。

二、肖萐父、李锦全：将中国哲学思想的历史视为认识论和辩证法的历史

肖萐父、李锦全两位先生于20世纪80年代初主编的《中国哲学史》上下两卷也是这一时期的代表作品。与任继愈先生的《中国哲学发展史》一样，这部著作也聚焦认识的历史挖掘中国哲学思想的演变。在上卷的"导言"中，作者就已经强调了这部著作是在马克思主义的指导下进行写作的，是属于"以马化中"这条道路的。作者强调，中国哲学史作为"科学"，应当"沿着马克思主义的哲学史观所开辟的认识道路不断地发展"。① 这就表明他们对中国哲学思想史的认识是基于马克思主义的"哲学史观"的，而在这一时期则主要是参照列宁对哲学史的定义。列宁指出，哲学史"就是整个认识的历史"②。这不仅表明应当将哲学思想史作为认识整体来看待，而且肖萐父、李锦全两位先生更具体地指出，这既是"'一般认识'的历史"，也是"认识论和辩证法的历史"③。在这一认识的指导下，作者们更加强调了中国哲学思想史上认识论与辩证法的因素，强调当中对规律、矛盾运动的认识，以此更有针对性地凸显这一属于中华民族的认识及其历史。

他们对哲学史也有新的理解，这为他们对中国哲学思想及其历史的研究提供了新的理论视角。他们认为，哲学史，就是"哲学认识的矛盾发展史"，"哲学认识"，则是以理性形式为表达的，关于各种对象的"一般规律的认识"，或者说有关"客观世界的本质和人对客观世界能否认识和改造、怎样认识和改造的总括性认识"，而这种认识的源头，则在于在实践中对"具体科学知识的概括、总结和反思"。④ 从这一对哲学史以及哲学思想的来源的论述中可以看到，在马克思主义的指导下，特别是对列宁思想的吸收，他们不再仅仅看到哲学思想史当中唯物主义与唯心主义的斗争及其历史，而是将

---

① 肖萐父、李锦全：《中国哲学史》（上卷），北京：人民出版社，1982年，第1页。
② 《列宁专题文集：论辩证唯物主义和历史唯物主义》，北京：人民出版社，2009年，第146页。
③ 肖萐父、李锦全：《中国哲学史》（上卷），北京：人民出版社，1982年，第4页。
④ 肖萐父、李锦全：《中国哲学史》（上卷），北京：人民出版社，1982年，第4页。

哲学思想史作为一种"总括性的认识",在这种"总括性的认识"中,无论是唯物主义或唯心主义,都是当中的一环,构成了哲学思想史这一整体,并且这种具有总体性的认识是来自历史实践的,来自对科学的提炼。这种对哲学思想史的认识反映到他们对中国哲学思想史的认识当中,就是对历史实践的强调,从实践这一源头出发,厘清中国哲学思想及其历史,并且更加扩展了中国哲学思想及其历史的范围,将以往忽略的许多思想家纳入其中,丰富了对中国哲学思想及其历史的认知。

对于这部著作,还需要加以说明的是,他们的这种"总括性的认识"并非绕过哲学基本问题,并非对上一阶段研究成果的完全否定。而是在之前研究成果的基础上,更加重视从一种总体性的观点出发,将中国哲学思想作为一种中华民族的认识来加以处理,考察认识的发展变化,既涵盖唯物主义与唯心主义及其所对应的阶级之间的斗争,又梳理认识发展的规律和内在逻辑,表明唯物主义和唯心主义的联系和相互转化,强调中国哲学思想这一认识的总体性[①]。正如他们所言,这部著作以"围绕哲学基本问题所展开的哲学矛盾运动"为"重点","以认识论和发展观为重心",既对历史现实进行"历史唯物主义的说明",又对认识发展的规律和内在逻辑进行范畴上的分析。[②] 由此表明了他们对中国哲学思想这一总体性的认识的逻辑发展历程与范畴内涵的演变的重视,是在马克思主义指导下,聚焦认识的历史对中国哲学思想及其历史新阐释。正如张祥浩教授所言,"肖本《中国哲学史》是中国哲学史马克思主义哲学化的范本"[③]。

肖萐父先生出版于1993年的对王夫之的专题性研究著作《船山哲学引论》中,收录了他自1962年至1989年有关王夫之的论文、评述,当中大部分集中于1978年以后,仅有《船山哲学思想初探》和《浅论船山历史哲学》完成于1962年。即便如此,这两篇文章仍然与其他后续论著一同编入书中,就表明了当中思想的整体性和连贯性,所以在此仍然将这两篇文章与这部著作一道列入本时期的代表性作品当中。在1962年的《船山哲学思想初探》中,肖萐父对宋明时期以后中国哲学思想的整体特征进行了概括,指出其作

---

① 这一总体性还表现在他们将佛教哲学也纳入了中国哲学思想当中,这是为之前的学者们所忽略的。并且,他们还对中国近代的民主革命运动、资产阶级的微信运动等都进行了考察,参见肖萐父、李锦全:《中国哲学史》(下卷),北京:人民出版社,1983年。

② 肖萐父、李锦全:《中国哲学史》(上卷),北京:人民出版社,1982年,第8页。

③ 张祥浩:《马克思主义哲学与中国哲学》,《江苏社会科学》,2006年第5期,第6—12页。

第一章 马克思主义对中国哲学思想的阐释历程

为一种认识的特征,并更具体地强调了认识论在当时思想中的重要性。他认为,从宋明开始,中国哲学思想的关注焦点在存在论①上表现为对"理、气"关系和"道、器"关系的思考,并在此基础上"深入到认识论的领域"。② 在他看来,中国哲学思想及其历史并非仅仅是唯物主义与唯心主义之间相互对立、斗争的历史,这只是当中的一个方面。他将中国哲学思想作为一种总体性的认识来进行考察,发现了其在宋明时期所发生的思想转型,也即从存在论转向认识论,这种认识论转向与西方哲学所发生的认识论转向有着异曲同工之处。这一论述也就表明了即便从线性的历史时间上看,1962年仍属于上一时期,但从思想的内涵上看,他已经开始对"二唯"范式进行反思,有意突破既有范式,并在列宁对哲学史的论述的指导下,对宋明时期的整体思想状况进行研究,显示出了思想的超前性,表现出这一时期的特征。

肖萐父先生聚焦认识的历史对中国哲学思想的挖掘,并不停留在对各时期整体思想状况的认识上,强调认识的发展以及对认识论的逐步深入,而且也表现在对王夫之哲学思想的研究上。对于王夫之的哲学思想,他认为,王夫之对陆王心学、程朱理学、玄学和佛教的态度都体现了作为一种认识的中国哲学思想的发展,以及王夫之对认识论的关注。王夫之,从"认识论的根本问题"出发,既"打击陆、王",又改造"程、朱",而且把握玄学和佛教的"唯心主义本体论"之核心,厘清其"认识论根源"。③ 从他对王夫之的这一论述可以看到,这是对列宁关于哲学史就是认识史的具体化,即在考察中国哲学思想作为一种认识在发展过程中体现的特点与规律的基础上,将视野聚焦到具体人物身上,研究其对于认识的理解,特别剖析其认识论思想,最终发现了王夫之对认识论的关注和强调,实现了对中国哲学思想的新阐释。

而在原载于1985年出版的《王船山学术思想讨论集》中的《船山辩证法论纲》一文中,肖萐父对王夫之在认识论方面的贡献又进行了更具体的论述,指出了其辩证的认识论。他强调,王夫之的"认识辩证法",主要探讨人认识世界和自身的可能性,认识的演化和规律等认识论问题。④ 他对"认

---

① 原文用"本体论",在此为统一术语,除直接引用外,都使用存在论。
② 肖萐父:《船山哲学引论》,南昌:江西人民出版社,1993年,第6页。
③ 肖萐父:《船山哲学引论》,南昌:江西人民出版社,1993年,第7页。
④ 肖萐父:《船山哲学引论》,南昌:江西人民出版社,1993年,第78页。

识辩证法"的发现和阐释无疑体现了他将哲学史作为认识史、哲学作为认识的理解,即以列宁的论述为原则,因为正是这一理解要求考察认识的发展规律和演化历史,厘清认识何以课程、认识有何种形态等问题,也就是认识论方面的问题。而在这一视域下,他才看到了王夫之哲学思想当中与之相契合的内容,即"认识辩证法"。对于王夫之的认识论,肖萐父强调了"以理御心、入德凝道的认识理论"所体现出的辩证法思想,以及王夫之对"生和死的客观辩证法"的认识。[①] 从这一论述中可以看到肖萐父对王夫之辩证认识论的研究。他在马克思主义的视域下,不仅看到了王夫之认识论当中的辩证法因素,还进一步区分了其客观辩证法和主观辩证法,丰富了"以马化中"的道路,体现出他对认识的重视,从认识出发研究中国哲学思想。

三、张岱年:强调唯物辩证法的方法论地位,从广义的认识论出发进行研究

张岱年先生的《中国哲学史方法论发凡》,由其1979年上课的讲义整理而来,并于1983年出版,主要从总体上探讨研究中国哲学思想史的方法论问题,强调马克思主义对于中国哲学思想史研究的重要性。他在"序"中首先就指出,在对中国哲学思想史的研究当中,最为首要的原则就是"马克思主义的普遍真理",在此指导下"发现中国哲学发展的基本规律"。[②] 在他看来,对中国哲学思想史的研究与反思,一方面在于以马克思主义为指导,这就表明了这部方法论性质的著作的马克思主义性;另一方面在于研究的目的,即探究其发展规律,这就显示出他是将中国哲学思想作为一个整体的理论态度,也就是将其作为一种认识进行研究,以哲学思想的发展、变化透视中华民族认识的演变、发展,贯彻列宁在这方面的强调。

在他1990年为这部著作的高丽文译本所作的序言中,他再次强调了这一点。张岱年先生认为,对哲学思想及其历史的研究,应该将这些思想与历史当作一种认识来进行,以通过对哲学思想及其历史的研究,探寻人类认识的内涵、特点及其逻辑演变。他指出,对哲学思想史的考察,目的不仅仅是"了解哲学思想发展的过程及其演变的规律",更是"了解前人所发现的相对

---

① 肖萐父:《船山哲学引论》,南昌:江西人民出版社,1993年,第89页。
② 张岱年:《中国哲学史方法论发凡》,北京:中华书局,2017年,序第1页。

真理"，从而在这些基础上"继续前进"。① 在这一论述中，尽管他使用"哲学思想"一词，但显然是从更为宏观的意义上使用的，即从作为认识的哲学思想的角度来谈论的，因为对发展过程和演变规律的研究，就意味着对当中的理论逻辑及其演化的厘清，以辨明人类认识的发展，而对相对真理的研究，则更加表明了他对认识的强调，既重视人类认识的总体构成与发展，又关注作为人类认识之一部分的前人的思想，以从形式上和内容上完善整个体系的建构。

对于以马克思主义为指导，张岱年先生在正文中有更为具体的阐释。他认为，马克思主义在世界观方面，是"辩证唯物论和历史唯物论"，在方法论层面，则是"唯物主义辩证法"。② 辩证法则强调各不同要素之间的对立统一，既关注其区别，又重视相互联系和相互转化。辩证法的这种理论内涵则指向了人应当如何进行认识，即应当以联系的、发展的态度看待问题，进行认识活动。这就表明，以马克思主义辩证法为指导，在方法论层面，就是以联系、发展的态度看问题，进行认识、研究活动。这落实到对中国哲学思想史的研究当中，则是既看到唯物主义与唯心主义作为不同立场的思想的对立，又看到当中的相互影响、相互联系、相互转化，将其作为中华民族的认识之整体的一部分来看待，从而考察中国哲学思想，作为中华民族之认识的一种，其内在发展逻辑和发展规律。他对日丹诺夫对哲学史的定义的批判与反思正印证了这一点。他认为，日丹诺夫将哲学史归结为唯物主义和唯心主义斗争的历史，虽然在一定程度上有助于进行研究活动，并强调唯物主义的地位，但仍然有着"简单化的倾向"。③ 这即是说，不能简单地将中国哲学思想及其历史归结为唯物主义和唯心主义的斗争史，而是应当看到二者都是认识的一部分，构成认识发展过程中的一个环节。所以，在他看来，"哲学史是理论思维发展的历史"④，而这种理论思维正是理性认识的代表，这也

---

① 张岱年：《中国哲学史方法论发凡》，北京：中华书局，2017年，序第3页。
② 张岱年：《中国哲学史方法论发凡》，北京：中华书局，2017年，第2页。
③ 张岱年：《中国哲学史方法论发凡》，北京：中华书局，2017年，第15页。
④ 张岱年：《中国哲学史方法论发凡》，北京：中华书局，2017年，第13页。

就回到了列宁对哲学史的定义，即认识史①。

如果说，张岱年先生的《中国哲学史方法论发凡》一书，从方法论的角度出发，厘清了在哲学史就是认识史这一思想的指导下，应当如何研究中国哲学思想史的话，那么他出版于1989年的《中国伦理思想研究》则是对这一方法论的落实，也即在研究中国伦理思想的过程中，显示出他对认识的历史②的聚焦，以挖掘中国哲学思想的演变。

在《中国伦理思想研究》中，张岱年将伦理思想同样作为认识的一部分，强调从认识与认识史的角度考察中国伦理思想。在总论中，他指出中国伦理思想的一个重要的认识内涵，即对人的肯定。"中国古代伦理思想有一个显著的倾向，即肯定人在天地之间的重要地位"，他用"人类中心论"一词概括了这一理论特点。③这就表明，他在研究中国古代伦理思想时，看到了古人对人的重要性的认识，所以他才强调，作为一种认识的中国伦理思想，十分关注人这一认识主体，看到了人在宇宙万物间的重要位置。可以说，在他看来，中国伦理思想不仅是对道德、善恶、义利等概念的辨析和演绎，更是对人的主体地位的一种认识，只不过这种认识是从伦理的角度展开、显现的。并且，在马克思主义的指导下，他还从实践的角度出发，对中国古代伦理思想这一认识进行了考察。正如列宁所指出的那样，马克思主义"把实践标准作为唯物主义认识论的基础"④。这正反映了在马克思主义认识论当中，实践的重要地位，实践是认识的基础，认识离不开实践。在这一理论视域下，他看到了中国伦理思想对实践的重视，即不仅关注道德方面的认识，而且注重这种认识的实践，由此表明了中国伦理思想与马克思主义在一

---

① 他还在书中强调了哲学思想是作为认识而存在的，即"每一时代的哲学集中了那一时代人民所创造的知识的精华，集中了当时科学知识的精华"，这就表明，哲学思想与科学知识一样，都属于认识的范畴，所以他认为哲学虽然有其社会意识形态性，反映社会存在，当中有对阶级斗争的反映，但同样也"属于认识的范围"，反映"客观存在"。参见张岱年：《中国哲学史方法论发凡》，北京：中华书局，2017年，第7、9页。

② 如前文已经反复提及的一样，这里的认识并非专指认识论的认识，而是涵盖了哲学思想与其他各种思想的人类认识的总和，对此可以参见列宁：《列宁专题文集：论辩证唯物主义和历史唯物主义》，北京：人民出版社，2009年，第146页。

③ 张岱年：《中国伦理思想发展规律的初步研究 中国伦理思想研究》，北京：中华书局，2018年，第70页。

④ 《列宁专题文集：论辩证唯物主义和历史唯物主义》，北京：人民出版社，2009年，第44页。

定程度上的同一性①。在他看来,"古代思想家重视关于伦理问题的言行相符",因为"道德问题不仅是认识问题,而更是行动的问题"。② 正是因为他将伦理思想不只是当作一项专门的思想或学科,而是作为人类认识的一部分加以研究——这一点在此已经有明确的指出,即主张道德问题是一个认识问题——所以才能从认识与实践的辩证关系出发对其进行考察,从而注意到中国古代的思想家们对言行一致的重视。

总而言之,张岱年在《中国伦理思想研究》一书中,不再简单地强调唯物主义与唯心主义的对立,而是基于哲学史就是认识史,将不同的哲学思想,特别是伦理思想作为认识的一部分来理解,从而提出了许多新的看法和见解。在他看来,对伦理思想这种特殊的认识的研究,不能只是强调物质的第一性,不能局限于哲学基本问题,还应当看到意识与精神的价值和重要性,即"肯定精神生活具有高于物质生活的价值"③。这种对精神生活与精神的肯定,就意味着不再按照唯物主义和唯心主义的对立、斗争来考察中国哲学思想及其历史,而是将各种不同的中国哲学思想都纳入认识当中,看到不同思想流派之间的相互联系、相互影响、相互转化,强调它们对人类认识之整体的意义。所以,张岱年先生强调,"伦理学的基本派别不能简单地归结为唯物主义与唯心主义的对立"④。相反,他根据中国哲学思想家对道德价值和实际利益的认识,将中国古代伦理思想划分为"道义论"和"功利论"两大派别⑤。他的这种对中国哲学思想,特别是伦理思想的阐释,是"以马化中"这条道路在这一时期所取得的代表性成果之一。

---

① 之所以用一定程度上的同一性,是因为中国古代思想当中所强调的实践大多指个人行为,而非社会实践,与马克思主义的实践有一定的区分,但尽管如此,毕竟当时的伦理思想已经带有了这种实践方面的理论旨趣,所以是一定程度上的同一性。参见张岱年:《中国伦理思想发展规律的初步研究 中国伦理思想研究》,北京:中华书局,2018 年,第 72 页。
② 张岱年:《中国伦理思想发展规律的初步研究 中国伦理思想研究》,北京:中华书局,2018 年,第 71 页。
③ 张岱年:《中国伦理思想发展规律的初步研究 中国伦理思想研究》,北京:中华书局,2018 年,第 84 页。
④ 张岱年:《中国伦理思想发展规律的初步研究 中国伦理思想研究》,北京:中华书局,2018 年,第 85 页。
⑤ 张岱年:《中国伦理思想发展规律的初步研究 中国伦理思想研究》,北京:中华书局,2018 年,第 85 页。

四、冯契：基于"逻辑发展法"对中国哲学思想发展变化的考察

冯契先生先后出版于1983年、1984年的《中国古代哲学的逻辑发展》上下两卷，以及出版于1989年的《中国近代哲学的革命进程》，也是这一时期在马克思主义指导下，阐释中国哲学思想的代表性成果。在书中，他聚焦认识的历史以挖掘中国哲学思想的演变，实现了对中国哲学思想的马克思主义阐释，推动了"以马化中"的进程。对此，蔡志栋指出，冯契在这两部著作中的研究，贯彻了"逻辑发展法"，与"社会史还原法、以问题为中心法、文化心理结构法"共同组合为了"以马解中"的四个范式，是以马克思主义发展中国哲学思想的范式之一。①

在《中国古代哲学的逻辑发展》一书中，冯契从认识的历史出发，在广义的认识的视角下，考察中国古代哲学思想的内在逻辑演变，探寻当中的逻辑特征，以中国古代哲学思想的变迁说明中华民族认识的演化。他在"绪论"的开篇就强调了马克思主义对于这部著作的指导性位置，这也就确证了这部著作归属于"以马化中"这条道路，是其代表性作品。"本书试图用马克思主义的辩证方法来研究中国古代哲学史。"② 对马克思主义辩证法的使用，就要求研究者看到各不同思想之间的对立统一，看到各种思想理论在相互区分又相互联系当中的发展，并从更高层次的视角出发，以总体性的思维，将各种具体的思想都看作认识整体发展的一个环节，挖掘认识整体的逻辑发展和演化规律。这也正是冯契先生和众多学者所做的。在马克思主义的指导下，冯契认为，哲学史就是"根源于人类社会实践主要围绕着思维和存在关系问题而展开的认识的辩证运动"③。尽管这一论述仍然强调了哲学基本问题，但这并非对唯物主义和唯心主义的斗争史的强调，更重要的在于哲学史是"认识的辩证运动"④。这就表明，哲学思想不是单一地作为社会存

---

① 蔡志栋：《逻辑发展法：冯契哲学探索的基本特征——兼论"以马解中"的四种典范》，《现代哲学》，2017年第2期，第153—160页。
② 冯契：《中国古代哲学的逻辑发展》（上），上海：华东师范大学出版社，2016年，第1页。
③ 冯契：《中国古代哲学的逻辑发展》（上），上海：华东师范大学出版社，2016年，第9页。
④ 在这部著作的下卷中，冯契先生又再次强调"哲学史是围绕着哲学的根本问题而展开的认识的矛盾运动"。参见冯契：《中国古代哲学的逻辑发展》（下），上海：华东师范大学出版社，2016年，第357页。

在、阶级斗争的反映，它是有自身特殊的根据和发展逻辑的，如列宁所说的一样，哲学思想史是认识的历史，所以除了从社会存在、生产力等角度考察哲学思想，更重要的是从认识的角度来挖掘哲学思想，从认识的历史挖掘哲学思想史，辨明其内在的特殊性。为此，他再次强调了从认识的历史出发把握中国哲学思想史的重要性，即要求对各种哲学思想进行分析，不仅要厘清其"社会历史条件"，更要把握当中的"认识论根源"，从而发现"人类认识运动的一些环节"，后者正是构成"基于人类社会实践的认识的辩证运动"的环节，最终实现对"作为人类认识史精华的哲学历史的逻辑发展"的把握。① 由此可见他对作为认识的历史的哲学思想史的强调，他对中国古代哲学思想的研究正是围绕这一理解展开的。具体而言，他总结出了中国哲学思想的两个重大的认识论问题。一是"逻辑思维能否把握宇宙发展法则"，二是"理想人格如何培养"。② 在他看来，中国哲学思想就是围绕这两个问题展开的，从不同角度对其进行了回答，为人类认识做出中国贡献，且在此过程中所衍生出的思想在各个领域都展现出了中国特色，体现出朴素的唯物论和辩证法的色彩。他认为，正是这种朴素的唯物论和辩证法，使得马克思主义在中国得以迅速传播和广为接受，不仅"较快地找到了马克思主义"，而且将之与"中国革命实践"结合起来。③ 由此可见，在马克思主义的指导下，他聚焦认识的历史挖掘中国哲学思想的演变④，不仅看到了中华民族的理论认识焦点，而且厘清了中国哲学思想与马克思主义的相似性，兼具理论与现实价值⑤。

在"以马化中"方面，冯契不仅对中国古代哲学思想的新理解有所贡献，而且对中国近代哲学思想也有所研究，即在马克思主义的指导下，基于

---

① 冯契：《中国古代哲学的逻辑发展》（上），上海：华东师范大学出版社，2016年，第13页。

② 冯契：《中国古代哲学的逻辑发展》（上），上海：华东师范大学出版社，2016年，第45页。

③ 冯契：《中国古代哲学的逻辑发展》（上），上海：华东师范大学出版社，2016年，第49页。

④ 从冯契的论述中还可以看到，正是凭借宏观的认识这一视角，他将儒、释、道作为中华民族的认识纳入了考量，研究了三者彼此之间的逻辑关系与相互作用。参见冯契：《中国古代哲学的逻辑发展》（中），上海：华东师范大学出版社，2016年。

⑤ 其价值不仅在于推动以马克思主义化中国哲学思想这条道路，进而促进马克思主义与中国哲学思想的融合创新。对于其价值，冯契先生自己也有所说明，参见冯契：《中国古代哲学的逻辑发展》（下），上海：华东师范大学出版社，2016年，第370—374页。

哲学史就是认识史这一论断,剖析中国近代哲学思想,厘清中华民族的认识在近代以来发生的变化,考察当中的逻辑关系与发展规律。他指出,近代以来,中国有许多哲学思想家,为理解并回答"中国向何处去"这一问题,提出了很多有创造性的哲学思想。① 这首先表明哲学思想是属于认识的一部分的,应当站在认识这一整体的高度来审视当中各种不同的思想流派,考察其间的辩证关系,以窥中华民族的认识在近代以来所发生的变化。其次,这一论述鲜明地指出了近代以来中国哲学思想的认识焦点,以"中国向何处去"这一问题统摄中国近代哲学思想,凸显了这一时期哲学思想的理论特征。并且,他将中国近代哲学思想作为了中华民族之认识整体的一环,对中国古代哲学思想与其关系也有所论述,强调古代思想对近代的影响以及二者之间的延续性。最后,通过对中国近代哲学思想的逻辑发展历程与理论特点的分析,他得出了这一时期最重要的理论成果,即"能动的革命的反映论"②。在他看来,中国近代哲学思想主要的争论焦点最初在于历史观和认识论,随后合二为一,并在马克思主义的指导下得到了科学的回答,即"能动的革命的反映论"。"反映论"这个认识论概念,最为直接地表明了他所采用的理论视角是认识的视角,将哲学思想史视为认识的历史,探究中国近代哲学思想家的认识状况与逻辑发展。并且,通过他对中国近代哲学思想的逻辑发展、认识进程的考察,他发现了中华民族的认识自近代以来所发生的演变。他认为,"中国向何处去"这一"革命问题",已经转化为"如何使我国现代化"这一"建设问题"。③ 他从对哲学思想及其历史的考察出发,发现了中华民族之认识焦点的历史变迁,这无疑是在马克思主义指导下对中国哲学思想的当代阐释,极具现实意义④。

可以说,冯契先生的《中国古代哲学的逻辑发展》和《中国近代哲学的革命进程》两部著作,分别在马克思主义的指导下实现了对中国哲学思想的新阐释,聚焦认识的历史挖掘中国哲学思想的认识内涵及其历史演变,在

---

① 冯契:《中国近代哲学的革命进程》,上海:华东师范大学出版社,2016年,第5页。
② 冯契:《中国近代哲学的革命进程》,上海:华东师范大学出版社,2016年,第625页。
③ 冯契:《中国近代哲学的革命进程》,上海:华东师范大学出版社,2016年,第648页。
④ 对于冯契先生之探索的意义,何萍教授指出,"冯契先生紧紧扣住中国近代哲学的这一特点,以解决'中国向何处去'的问题为中心论题,以'古今中西'之争为主线,探究西方哲学、马克思主义哲学与中国传统哲学之间的关系,揭示中国的马克思主义哲学的中国文化土壤及其产生的内在机制。"参见何萍:《冯契哲学的双重身份及其对马克思主义哲学中国化的贡献》,《华东师范大学学报(哲学社会科学版)》,2016年第48卷第3期,第35—44页,181页。

"以马化中"这条道路上推动了马克思主义与中国哲学思想的融合创新。如他在《中国近代哲学的革命进程》的"后记"中所总结的那样,前一部著作名为"逻辑发展",后一部著作名为"革命进程",都是对"逻辑和历史统一"这个方法的应用,具体而言,前者是为展现古代哲学思想家思想体系当中的"认识环节",后者是为探寻"他们在当时提出了什么新观念来反对旧观念"。[①] 可以说,两部著作都是将中国哲学思想作为一个发展着的认识之整体来加以考察的。

总而言之,在这一时期,中国哲学思想家纷纷开始反思日丹诺夫的论述,"以马化中"的道路逐渐走出对唯物主义和唯心主义的斗争的强调,而更加关注作为认识本身的中国哲学思想。正如乔清举所言,这一时期逐渐"走出日丹诺夫模式",走出"斗争史观"的局限,根据哲学史就是认识史这一列宁的论断,"回到哲学、回到思维本身"。[②] 因此他用"认识史"[③] 概括这一段"以马化中"道路的特点,表明认识史对斗争史的取代。而且,这一时期与之前的时期相比,持续时间更为短暂,但这并不代表这段时间范围内的学术积累不够扎实,学术探索不够深厚,相反,这一时期诞生了许多深刻、优秀的学术作品。之所以如此,是因为改革开放之后,人们思想认识的变化也随着经济的飞速发展而加快,所以经过一段时间的探索之后,学界认识的发展更为迅速,很快便过渡到下一个阶段,呈现出新的特点。自20世纪90年代开始,"中国社会经历着亘古未有的深刻变化",经历了国际国内一系列重大事件,改革继续深入推进,"改革的发展与中国哲学研究的深入形成联动"。[④] 基于对理论与实践关系的考察,以及理论自身内涵的变迁,所以本书将时间节点划分至1990年。

---

① 冯契:《中国近代哲学的革命进程》,上海:华东师范大学出版社,2016年,第655页。
② 乔清举:《当代中国哲学史学史》(下),上海:上海古籍出版社,2020年,第448页。
③ 也有学者认为,这一时期涵盖了两个转向,首先从斗争史转向认识史,再从认识史转向"形上智慧",以更加凸显中华民族的思想特色。但本书认为,智慧仍然是属于广义的认识这一范畴的,所以仍坚持以认识史概括本阶段的理论特征。关于两个转向,参见臧宏:《新时期中国哲学史研究的两个"转向"》,《安徽师范大学学报(人文社会科学版)》,2008年第4期,第379—384页。
④ 乔清举:《当代中国哲学史学史》(下),上海:上海古籍出版社,2020年,第670页。

第四节　从马克思主义人学出发把握
中国哲学思想的新阶段

随着改革开放的深入，学界对马克思主义的理解也更加深刻，在马克思主义的指导下对中国哲学思想的阐释也较之前的阶段更具理论高度和丰富性，显示出新的特征。在这一阶段，较有代表性的人物有冯契、葛兆光、李泽厚等，他们分别从智慧、生活世界、文化心理结构等角度出发，探讨中国哲学思想。其中，冯契和李泽厚的路径分别成为"以马化中"的四大代表性范式之一，前者是"逻辑发展法"，后者是"文化心理结构法"。[1] 而以葛兆光为代表的对生活世界的研究也构成了本时期"以马化中"道路的重要一环[2]。由此可见，本时期以马克思主义为指导，对中国哲学思想的研究和阐释逐渐多样化。因此，乔清举才以"方法论的多样化展开与中国哲学生命的复兴"[3] 概括本时期的理论特征，尽管这种"多样化展开"还包括了许多吸收西方哲学以丰富、发展中国哲学思想的学术论著和流派，但这并不否认"以马化中"这条道路所同样表现出的多样化和丰富性。

尽管这一阶段的研究显示出多样化的特点，但这并不表明其是杂乱的，没有一条逻辑主线，缺乏一个理论主题。相反，从智慧、生活世界、文化心理结构等术语中已经可以看到，这一阶段的学者大都关注人的问题，马克思主义对人的理解或说马克思主义人学在这一阶段对中国哲学思想的研究中脱颖而出。因为如乔清举所言，多样化毕竟是"方法论的多样化"，并不意味着没有一个核心问题，而且无论是智慧、生活还是文化和心理，归根结底都是人的智慧、人的生活和人的文化与心理，最终回归到人的问题。正如马克思在《〈黑格尔法哲学批判〉导言》中所说，"人不是抽象的蛰居于世界之

---

[1] 蔡志栋：《逻辑发展法：冯契哲学探索的基本特征——兼论"以马解中"的四种典范》，《现代哲学》，2017年第2期，第153—160页。

[2] 有学者认为，20世纪90年代形成了两个转向：一是从认识史转向智慧层面，以冯契的"智慧说"为代表；二是从认识史转向"生活世界"，以葛兆光为代表。由此可见对生活世界的研究在这一时期的代表性。参见张涛：《马克思主义哲学向中国哲学史的介入与启思》，《池州学院学报》，2015年第29卷第1期，第23—26页。

[3] 参见乔清举：《当代中国哲学史学史》（下），上海：上海古籍出版社，2020年，第670页。

外的存在物。人就是人的世界"①。马克思在对宗教的批判的过程中,声明了人的主体性地位,表明了人是在世界之内的,也就是说这些事物最终都是与人有关的。所以说无论是智慧还是生活、文化、心理,最终都回到了人的问题。因此本书以人学问题概括这一时期的特点②,即从马克思主义关于人的论述出发反观中国哲学思想,厘清并阐释当中的人学问题,从"以马化中"的角度推动马克思主义与中国哲学思想的融合创新。

一、冯契：从人的主体性地位出发构建"智慧说"三部曲

冯契先生写于20世纪90年代的"智慧说"三部曲是这一时期的代表性作品,分别以《认识世界和认识自己》为主体,以《逻辑思维的辩证法》和《人的自由和真善美》为辅。这三部著作都是从马克思主义人学出发对中国哲学思想的把握,并且在这种分析之中建立起了他独特的哲学思想体系③。

就《认识世界和认识自己》这部著作而言,冯契从对中国古代哲学思想的心物之辩、知性之辩的分析开始,探讨认识过程的辩证法,而对人的关注和强调贯穿了始终,在他对认识论的探讨中处于核心位置——尽管这部著作的主旨在于探讨认识的辩证法,但在他的构思和实际写作当中,人这一主体是其理论的出发点与归宿。在对这部著作基本思想的说明中,他首先强调人这一主体是认识理论当中的逻辑前提。"人生来无知"④是他对认识理论研究的全部出发点。以"人生来无知"为前提,就要求回答人是何以有知的这一问题,这既是因为来自人类发展状况的挑战,即无知之人何以变成如今这般有知,更是来自对这一命题的辩证法的态度,也即人生后是否永远停留于无知之境——从辩证法的运动、发展的视角来看,对此问题的答案显然是否定的。在马克思主义的指导下,冯契看到了人类实践活动的重要性,以人的

---

① 《马克思恩格斯文集》(第一卷),北京:人民出版社,2009年,第3页。
② 对此,冯友兰先生指出,"中国哲学的特点就是发挥人学,着重讲人。"参见冯友兰:《论中国传统文化的特质》,《论中国传统文化》,北京:生活·读书·新知三联书店,1988年,第140页。聂振斌认为,中国的"终极关怀"是"人生哲学的",参见聂振斌:《儒道审美境界——中国古代的形上追求》,《哲学研究》,1998年第9期,第49—54页。
③ 在此需要指明的是,冯契先生这一理论建构的意义不仅是对"以马化中"这条道路而言的,更是直接对马克思主义中国化而言的,是结合马克思主义与中国哲学思想所提出的具有原创性的理论。
④ 冯契:《认识世界和认识自己》,上海:华东师范大学出版社,2016年,第37页。

实践活动来回答人何以有知这一问题。他指出,"认识开始于实践,便有知和无知的矛盾"①。这一论述表现出他对马克思主义实践认识论的继承与运用,即围绕人本身,从人的实践解答知从何来的问题。所以,尽管他强调这部著作主要讨论"基于实践的认识过程的辩证法,特别是如何通过'转识成智'的飞跃,获得关于性与天道的认识"②,但整个讨论的出发点却是在于人的,一切都基于人的实践活动③,人本身是回答认识辩证法的核心,回答如何从无知到有知的。

而且,就这部著作对四个认识论主要问题的回答而言,可以看到,这四个回答是从人开始并最终归于人的④。对于第一个问题,冯契先生认为,实践"是人类全部认识活动的基础"⑤。这一方面表明,人类的实践是解答认识论问题的首要前提,另一方面表明,由实践而来的认识并非脱离于实践、独立于人的,或者说异化于人的认识,而仍然与实践一样是属于人的,是以人为核心的。这显示出他的马克思主义人学立场。而对于最后一个问题的回答,他认为,智慧是与"人的自由发展内在地相联系"的,"智慧使人获得自由"。⑥ 这从问题本身来看,他的理论关切点就在于人,而从这一回答上来看,则更加凸显了人的根本性的主体地位,即认识无论如何发展都是与人相关的。并且,人的主体性地位在此回答中再次凸显,因为智慧并非异在于人的,而可以说是服务于人,让人自由的,这与马克思主义人学所关注的人的全面而自由的发展是一致的。因此可以说,从对第一个问题的回答到对最后一个问题的回答,冯契的理论建构是从人开始,即人类实践,又回到了人的,即人的自由发展。所以他强调,认识过程的辩证法,从对象的角度来看,是客体进入人的过程,即"自在之物"变成"为我之物",被人所认识的过程;从主体的角度来看,是"精神由自在而自为",人逐渐变得自由的

---

① 冯契:《认识世界和认识自己》,上海:华东师范大学出版社,2016年,第37页。
② 冯契:《认识世界和认识自己》,上海:华东师范大学出版社,2016年,第36页。
③ 显然,这里也可以说,他是聚焦马克思主义的实践观来把握、发展中国哲学思想的,但综合本时期其他学者的思想,可以用人或人学这一更为原始、高级的概念来加以统摄。
④ 冯契先生将认识论四个主要问题概括为:"感觉能否给予客观实在?理论思维能否把握普遍有效的规律性知识?逻辑思维能否把握具体真理(首先是世界统一原理和发展原理)?理想人格或自由人格如何培养?"参见冯契:《认识世界和认识自己》,上海:华东师范大学出版社,2016年,第37页。
⑤ 冯契:《认识世界和认识自己》,上海:华东师范大学出版社,2016年,第37页。
⑥ 冯契:《认识世界和认识自己》,上海:华东师范大学出版社,2016年,第38页。

过程。① 可以说，认识过程的辩证法本身就是围绕着人展开的，对认识论四个主要问题的回答也是始于人而落于人的。因此，冯契先生在《认识世界和认识自己》这部著作的一开篇就强调，在中国哲学思想中，"关于性和天道的理论"和"智慧学说是统一的"，并对哲学思想提出了如下要求：既要"认识世界"，即天道，又要"认识自己"，即性，并最终"在认识世界和认识自己的交互作用中'转识成智'和培养自由人格"。② 这一论述充分说明了认识论问题是统一于人之中并回归于人的。由此可见，他从中国哲学思想的心物之辩、知行之辩出发，以马克思主义的人学思想为指导，对中国哲学思想所探讨的问题、范畴作了独特的阐发，不仅挖掘出人在中国哲学思想中的重要位置，而且以人为核心建立起自己的理论体系，发展了中国哲学思想，是马克思主义与中国哲学思想融合创新的代表性成果③。

冯契先生的《逻辑思维的辩证法》这部著作，尽管是其在20世纪80年代讲课的记录稿，但可以看到在列宁思想的指导下，他对认识的重视，其中已经蕴含了对马克思主义人学思想的关注和运用，体现在他对中国哲学思想及其辩证逻辑的探索之中，且这部著作也与之后完成的另外两部著作共同构成了他的"智慧说"三部曲④。在这部著作的"绪论"中，他就强调了从马克思主义出发把握中国哲学思想的重要性。他认为，对"马克思主义的辩证逻辑"的考察，有利于理解中国哲学思想及其历史，而对"中国古代的辩证逻辑"的研究，也会有助于发展马克思主义。⑤ 这就表明，对中国哲学思想的考察，首先要求对马克思主义的掌握，在马克思主义的指导下理解、阐释中国哲学思想，而后者则会丰富对马克思主义的理解，促进马克思主义中国化这一伟大历史进程。由此可见，对于马克思主义与中国哲学思想的融合创

---

① 冯契：《认识世界和认识自己》，上海：华东师范大学出版社，2016年，第38页。
② 冯契：《认识世界和认识自己》，上海：华东师范大学出版社，2016年，第51页。
③ 在此需要加以补充的是，他对中国哲学思想的马克思主义把握、解读大多体现在原文的细微之处，并不是单纯考察、反思中国哲学思想及其历史的，且在整部著作的宏观架构当中，主要是以范畴、主题而展开的，较之前时期的著作更具理论的独创性。所以，在此主要介绍、论证冯契先生这部著作对人的关切，与马克思主义人学思想的关联。在辨明其与马克思主义人学思想的关系之后，他对中国哲学思想的理论态度也就自然地明确了，即辩证地看待中国哲学思想及其历史，发掘当中积极的理论内涵，提取其积极的人学思想以说明认识过程的辩证法。
④ 且这部著作本应在90年代进行调整、修改之后出版，但因冯契先生突发身体状况，这项任务未能完成，只能以旧稿出版。相信经过调整之后，这种从马克思主义人学出发对中国哲学思想的把握应该更加凸显。参见：冯契：《逻辑思维的辩证法》，上海：华东师范大学出版社，2016年，第383—386页。
⑤ 冯契：《逻辑思维的辩证法》，上海：华东师范大学出版社，2016年，第4页。

新,他既强调马克思主义的指导地位,又强调中国哲学思想的重要性。所以他才提出,要结合马克思主义和"中国传统","就必须研究中国古代朴素的辩证逻辑"。①

但在逻辑研究当中,应对马克思主义作何理解,以指导对中国哲学思想的研究?这显然不应当只从辩证法的角度来展开研究,因为这有流于形式的倾向,即只是单一地局限在逻辑学的研究,反映到对马克思主义的理解上来就是没有从总体上把握马克思主义。从他的著作中可以看到,他抓住了马克思主义最为根本的问题,也就是人的问题。虽然这部著作研究辩证逻辑与辩证思维,但人是最为首要的条件。他指出,"逻辑学就是认识史的总结","而认识是人对客观世界的反映"。②这就表明,对逻辑学的研究离不开以认识史为基础,而认识从根本上来说,是人的认识,是人对世界的认识。所以对于辩证逻辑的研究而言,归根结底,首要的逻辑前提是人。这就显示出在他对辩证逻辑的研究之中蕴藏着的人学思想,即从人出发,研究人的认识,分析认识中的逻辑规律,最后回归于人。

具体而言,在这一视角下,冯契首先强调了荀子思想对于理解辩证逻辑的重要作用,即荀子的思想从方法论的意义上回答了何为辩证逻辑。他认为,荀子所强调的"辨合"和"符验"就是辩证逻辑较基本的两个方法,即"每一步都是分析与综合,每一步都用事实来检验"③。这就实现了对中国哲学思想的新理解,把握住了当中与马克思主义具有高度一致性的辩证逻辑的观念,把荀子的思想提炼为辩证逻辑的两个基本方法。这种辩证逻辑的方法对于人获得知识有着重要的意义。

所以,以荀子的思想为切入点,他不仅对辩证逻辑有所考察,同时也关注到中国哲学思想史上的认识论问题,从逻辑走向作为其上位概念的认识。在他看来,就中国哲学思想史而论,"认识论问题首先表现为'名实'之辩",而后又"发展为心物(知行)之辩",心物探讨"能知"和"所知"的问题,简称"能""所"的关系,而"能""所"又跟"知""行"是有着密切关联的。④从他对中国哲学思想认识论的分析中可以看到,他发现了这一认识论是从"名实"到"心物"和"知行"的轨迹发展的,而这一发展可以

---

① 冯契:《逻辑思维的辩证法》,上海:华东师范大学出版社,2016年,第4页。
② 冯契:《逻辑思维的辩证法》,上海:华东师范大学出版社,2016年,第6页。
③ 冯契:《逻辑思维的辩证法》,上海:华东师范大学出版社,2016年,第16页。
④ 冯契:《逻辑思维的辩证法》,上海:华东师范大学出版社,2016年,第27页。

说并不单是一种理论内涵和焦点的变化,而是人的出场。因为如果说"名实"之辩还停留在对作为符号的"名"与作为对象的"实",即停留在对两种不同的或抽象或具象的客体的讨论的话,那么"心物"之辩就已经显示出人的到场,显示出主客体关系[①],而"知行"之辩则更是围绕人这一主体而展开的。由此可以看出,尽管冯契先生是对逻辑思维和认识的探讨,但他没有驻足于哲学史就是认识史,从认识史出发探讨认识的特点,而是继续向前追溯,强调人对于认识史的意义。这也是他的这部著作看似带有上一阶段特点,实则将人摆在了突出位置的原因,这就超越了"以马化中"上一时期的特点。

通过对"能""所"和"知""行"两对关系的考察,他的分析最终回到了人的身上。在他看来,总的来说,这两对关系,"在认识上人是被动的",但"在实践中人是能动的",而"一个人的认识和实践的过程是统一的",因此,"给予实践的认识既是被动的又是能动的,主体与对象的关系既是外在的又是内在的"。[②] 这就表明,对中国哲学思想,特别是对其认识论的探讨中,是离不开人的。无论从认识的角度还是实践的角度上看,这种中国哲学思想特有的"实践认识论"都是围绕着人展开的,尽管在理论的分析中人是有被动和能动的区分的,但在现实过程中无论是认识和实践,还是人的能动与被动的属性都是统一的,并且这种统一性就在于人本身,因为认识和实践毕竟是"一个人的认识和实践"。而且,尽管主体与对象的关系,如他所言,有"外在"和"内在"的区分,但是外在是相对于人而外在,内在则是人的内在,与人合一,这也就同样表明人的主体性地位。

因此,我们可以说,冯契先生从马克思主义人学思想出发对中国哲学思想的考察,经历了如下阶段,即从对人的关注出发,围绕人何以有知这一问题,考察了中国哲学思想中的辩证逻辑,以逻辑学解释、透视认识的发展历程,即知识如何从无到有,最终得出结论,即实践和认识都是属于人的,回到了人本身。这种对逻辑学、认识论的探索起于人而终于人,人本身就是回答人何以从无知到有知这一问题的答案。正如马克思所言,"人的根本就是

---

① 冯契先生也指出,"心物"之辩所探讨的"能""所"关系就是"认识的主体与对象的关系"。参见冯契:《逻辑思维的辩证法》,上海:华东师范大学出版社,2016年,第27页。
② 冯契:《逻辑思维的辩证法》,上海:华东师范大学出版社,2016年,第31页。

人本身"①。冯契先生这一理论探索道路充分反映出他对马克思这一关于人的论述的坚持，即从人本身出发探索知识的问题，最终又回归于人本身。这种探索对于"以马化中"这条道路而言具有重要的价值，是马克思主义与中国哲学思想融合创新的新发展。

冯契先生的《人的自由和真善美》一书是根据他20世纪80年代末的讲座稿整理而来的。如前一部著作，这部著作虽然在时间上与本阶段有些许出入，但在思想上却已经进入这一阶段，从马克思主义人学思想出发把握并阐释中国哲学思想，并在这一过程中建构起了他自己的理论。对于这部著作而言，首先在标题上就已经反映了他对人的关注，即探讨人的"自由"和"真善美"，而非形而上地讨论"自由"与"真善美"的概念和范畴等问题，一切都以人为中心而展开。在内容上，冯契先生不仅对人的要求自由的本质进行了探讨，而且对真善美之统一的自由以及通向这种自由的路径进行了论述，最终得出了真善美的统一就是人的自由这一结论。在展开这一探索的过程中，以马克思主义为指导，以中国哲学思想为蓝本，他发现了劳动是统一人和天、人性和天道的关键，并以人为中心，提出了价值体系的三大原则，即自然和人道统一的原则、人的全面发展的原则、群体与个性统一的原则。

他在这部著作的开篇就指出，其主要观点就是，"人类的自由，就在于达到真、善、美的统一"，而他在书中对这种价值论的讨论，则主要是围绕"人的要求自由的本质的历史发展"来进行的。② 这就可以看出，这部著作论述的焦点在于人的自由，而其中的逻辑线索也就是围绕着人对自由的要求而展开的，人是其理论建构的核心。这在他对中国哲学思想的分析中，最为集中地体现在对中国哲学思想中"成人之道"的分析上。在马克思主义人学的视角下，他看到了中国哲学思想当中对人的关切。他指出，"中国古代哲学家早就在讨论人能否成为圣人"以及如何成为圣人的问题。③ 在他看来，这种人学理论探索早在孔子时期就已经开始了，并在后续发展出道家、墨家等对于"成人"的不同看法，而且在汉、唐、宋、明、清乃至近代都有不同程度的发展，分别以王充、王弼、郭象、谢灵运、李翱、程颢、朱熹、陆九

---

① 《马克思恩格斯文集》（第一卷），北京：人民出版社，2009年，第11页。
② 冯契：《人的自由和真善美》，上海：华东师范大学出版社，2016年，第1页。
③ 冯契：《人的自由和真善美》，上海：华东师范大学出版社，2016年，第230页。

渊、王安石、黄宗羲、王夫之、龚自珍、梁启超等为代表①。总的来说，经过他对中国哲学思想的系统梳理和研究，可以看到"成人"问题经过各家争论所产生的历史演化，并最终落脚于"圣"是可学的这一结论，以及由此而来的对何以学这一问题的探索。对此他认为，中国哲学思想对于如何"成人"这一问题的讨论，主要是围绕"明"和"志""学"和"养""知"和"行"而展开的。② 而这种"成人"、成"圣"，在近代以来就有了更加具体的内涵，即个性的全面发展与自由人格的培养③。尽管在实现人的自由而全面的发展的过程中存在着许多路径，但冯契先生将各种中国哲学思想对实现此目标的看法提炼成为一点，即"化理论为德性"④，也就是将知识转化为德性，在知道的基础上变得有德。这就意味着在中国哲学思想中，"成人之道"就要求从以外部事物为对象的有知，到以自身为对象的修德，先认识客体，再回归到对主体自身的认识和修养。由此，冯契先生表明了中国哲学思想中的人学意蕴，以及与马克思主义人学的一致性。所以，通过对"中国哲学史上各种价值学说的考察"，他从中总结出了"合理的价值体系的原则"，即"自然和人道统一的原则、人的全面发展的原则、群体和个性统一的原则"。⑤ 这些原则是他从马克思主义人学的视角出发，对中国哲学思想的系统把握、总结和阐释，不仅挖掘出了中国哲学思想当中对人的关注⑥，而且围绕人对中国哲学思想进行了系统的阐释与重新建构，体现出了马克思主义与中国哲学思想的融合创新及其积极意义⑦。

---

① 具体论述和代表人物、观点在此不加以赘述，参见冯契：《人的自由和真善美》，上海：华东师范大学出版社，2016年，第230—245页。
② 冯契：《人的自由和真善美》，上海：华东师范大学出版社，2016年，第240—241页。
③ 冯契：《人的自由和真善美》，上海：华东师范大学出版社，2016年，第252页。
④ 冯契：《人的自由和真善美》，上海：华东师范大学出版社，2016年，第252页。
⑤ 冯契：《人的自由和真善美》，上海：华东师范大学出版社，2016年，第278页。
⑥ 实际上，冯契先生对马克思主义人学思想的吸收与对中国哲学思想中人学的关注，在他上一时期的作品《中国古代哲学的逻辑发展》中已经隐约有所显现。在上册的小结当中，他特别提到了中国哲学思想的"人道观"，强调荀子对道德的解释，以及儒家、墨家的"人道原则"、道家的"自然原则"、"孔、孟、荀"的"自觉原则"等与"人的自由问题"相关的思想。由此可见冯契先生自身思想的连贯性，也为本书的阶段划分作出了澄清，即这种阶段划分并非意在割裂地看待各学者、各时期的思想、作品，而是通过这种分析的手段使得当中的理论内涵与逻辑意蕴更加明确，为从整体上把握马克思主义与中国哲学思想的融合创新提供参照。参见冯契：《中国古代哲学的逻辑发展》（上），上海：华东师范大学出版社，2016年，第334页。
⑦ 从马克思主义与中国哲学思想融合创新角度出发对冯契先生的专门研究，可以参见何萍：《冯契哲学的双重身份及其对马克思主义哲学中国化的贡献》，《华东师范大学学报（哲学社会科学版）》，2016年第48卷第3期，第35—44，181页。

二、葛兆光：从人的生活世界出发考察中国哲学思想

葛兆光教授写于 1994 年，完成于 1997 年的著作《中国思想史》也是从马克思主义人学出发把握中国哲学思想，进而对其加以阐释，在"以马化中"这条道路上推动马克思主义与中国哲学思想融合创新的代表性作品。这部著作不同于以往的哲学思想史，并不只是强调各思想流派之间的相互联系、相互影响、相互转化，也并不停留于对概念、范畴、命题之历史演化的考察，而是深入当时人们的生活世界当中，为那些可以被称为中国哲学思想的内容寻求思想基石，即他在书中所反复强调的"一般知识、思想与信仰世界"。正如张涛所言，这部著作"侧重将哲学史研究的目光投向生活世界，寻求思想观念与生活世界的关联与互动"[①]。从古人的生活世界当中，他为儒、墨、道、法等各种思想寻找到了其所得以产生的生活背景与现实基础，将曾经为一些哲学史、思想史所忽略的内容呈现出来，丰富了对中国哲学思想的研究，实现了对马克思主义人学思想的当代运用。

他的这种对人的生活的关注首先表现在该书导论之中。在导论中，他特别强调了历史上人的生活对于他研究中国哲学思想史的意义。他认为，历史上至今发挥着影响的除了"知识和技术"，就是人们所探索的"问题"和"观念"，而后者正是"思想史"所应当研究的内容，并且对于思想的历史延续而言，是通过"语言文字""耳濡目染"、各种类型的"教育"，经过多少代人才得以延续的。[②] 从这一论述中，首先可以看出葛兆光教授对思想史内涵的定义，即历代人们所追求的问题和由此得以产生的观念。这一定义所传达出来的并非对"思想史"的纯粹概念建构，而是对人的关注，即根据人的发问活动及其结果来进行定义。其次，在他看来，思想的延续，尽管无法抛开思想家经典著作的保存、流传这一形式，但传播面更为广泛、受众更为多样、影响更为深远的，或者可以说更为本质的是在人们的生活当中的延续。因此他用"语言文字""耳濡目染""教育"等词汇描述这一传播过程，为的是体现人的生活对于思想的传播，即思想史形成的重要性，表明思想的传递

[①] 张涛：《马克思主义哲学向中国哲学史的介入与启思》，《池州学院学报》，2015 年第 29 卷第 1 期，第 23—26 页。

[②] 葛兆光：《中国思想史》（导论），上海：复旦大学出版社，2001 年，第 2—3 页。

第一章　马克思主义对中国哲学思想的阐释历程 ◆

是在人们生活当中传递的，思想史的形成离不开人的生活。在这一视角下，他对当时大多数的思想史、哲学史作品提出了意见，认为这些著作主要是对精英分子思想的关注，而脱离了历史上人们的具体生活。他指出，这种属于"精英知识分子"的思想，大多"悬浮在社会与生活的上面"，而"真正的思想"，则是"真正在生活与社会支配人们对宇宙的解释的那些知识与思想"，"并不全在精英和经典中"。①"真正的思想"，在他看来，虽然在"精英和经典"中也有，但那并不全面，不能全方位地反映一个民族的思想状况和思想发展历史，而其中长期为人所忽略的部分，是在人的"生活"和"社会"当中体现的，这是他的这部作品所重点考察的对象②。他用"思想家的思想史"和"经典的思想史"形容之前的思想史作品，而他则是强调人们的生活世界中作为基础或背景而存在的"近乎平均值的知识、思想与信仰"，即"一般知识、思想与信仰的世界"。③ 这就直接点明了他对人的生活世界的关切，表达出人们的生活世界对于研究中国哲学思想史的重要性，也传递出这部著作的理论和现实意义。

　　葛兆光教授对人的生活世界的关注，与马克思主义是一脉相承的。马克思和恩格斯在《德意志意识形态》中指出，"人们的存在就是他们的现实生活过程"④。人的思想是人的存在的一部分，研究思想及其历史也就是研究人的存在，而研究人的存在，就离不开"现实生活过程"，所以，对思想史的研究，从本质上说，还是要回到生活当中。马克思强调，"人就是人的世界"⑤，生活即是世界的重要构成之一。这就表明，对生活的关注就是对人的关注，对思想史的研究，要求对生活进行研究，进而回归对人的研究。所以说，在马克思主义人学的指导下，他看到了生活世界的重要性，从生活世界出发阐释中国哲学思想。

　　在这部著作的第一卷，他对战国时期关于宇宙、社会和个人的思想进行

---

① 葛兆光：《中国思想史》（导论），上海：复旦大学出版社，2001年，第11—12页。
② 显然，他的这一态度体现出了历史唯物主义的原则，从社会存在入手，但他在此的讨论更为具体，即社会生活状况，从历史上人的生活入手，探寻思想背后的生活世界基石，在历史唯物主义之上体现出一种马克思主义人学关切，而后者是在此论述的重点。
③ 葛兆光：《中国思想史》（导论），上海：复旦大学出版社，2001年，第13页。
④ 《马克思恩格斯文集》（第一卷），北京：人民出版社，2009年，第525页。
⑤ 《马克思恩格斯文集》（第一卷），北京：人民出版社，2009年，第3页。

了考察①。对于战国时期的宇宙观,他分别考察了当时人们对天和地的看法,并以这种最"一般"、最普遍的看法为基础,进一步研究具有代表性的思想和著作。在他看来,当时之所以有"盖天说"一类的宇宙观,是因为中国位于北半球,古人感到天体是在往左旋转的,且由于地球形状的影响,北边天体转动幅度较南边天体小,"盖天说"由此产生。他指出,古人首先感到"天道左旋",感觉北边的天体似乎是静止的,所以将其作为"北极",这一看法在《论语》《尚书》中都有所体现,所以天空在中国古人看来,就像"覆盖着的斗笠"。② 这种对天空的看法也就类似于"盖天说"。从这一论述中可以看到,他从古人的生活世界与生活经验出发,首先阐释了当时人们在生活中所观察到的现象,再根据这种现象解释"盖天说"宇宙观产生的原因。这样就从中华民族真实的生活实际出发,分析了思想产生的原因及其具体内涵与特征的来源。并且,这种对"天"的理解影响了人们对"地"的理解,这就让中国古人的空间观念更加完善地建立起来。他指出,通过"交往、迁徙、战争",中国古人逐渐对地有了认知,将其想象为"井字形的大地",并且,对东、西、南、北四大方位的划分也是按照"顺时针"来的,这就与"天道左旋"相对应,可以看到,中国古人对"地"和"天"的理解是"力求叠合的"。③ 他通过对当时人们社会生活的考察,指出了"交往、迁徙、战争"这些在当时稀松平常的生活现象对于认知、思想的影响,即正是得益于这些使人流动起来的生活现象,人们才对大地有了直接的感受和认知,这种直观正是中国古人空间观念得以完善的基础,也是更进一步的思想得以产生的逻辑前提。在此也可以看到,在中国古人的生活当中,思想起着积极的作用,即先形成的对"天"的认识影响了对"地"的认识。葛兆光教授的这一探讨表明,他不仅坚持从物质生活、生活中的物质现象出发,分析思想的形成,而且也坚持从精神生活、生活中的思想和精神出发,分析之后思想的形成。这不仅是对人的物质生活和精神生活的关注,更是对曾经片面强调社会存在、物质对思想的决定作用的突破。他看到了无论是社会存在还是社会意识,无论是物质还是精神或思想,都是人类的一部分,都在人类的

---

① 这里仅以宇宙观为例进行说明,书中还有很多对思想史的梳理都是从当时人们的生活出发进行的,例如对儒家的分析是从对巫师和服装的分析开始。参见葛兆光:《中国思想史》(第一卷),上海:复旦大学出版社,2001年,第88—89页。
② 葛兆光:《中国思想史》(第一卷),上海:复旦大学出版社,2001年,第144—145页。
③ 葛兆光:《中国思想史》(第一卷),上海:复旦大学出版社,2001年,第145页。

生活之中。

　　这种基于人们生活世界的分析同样表现在他对天道和人道的考察中。关于天道的思想与人道的思想的关系以及人道思想的产生，在前人的作品中，大多会被归结为统治阶级和被统治阶级的阶级矛盾，即统治阶级诉诸天来维持、合法化自己的统治，而被统治阶级则诉诸人来寻求自身的解放；也或者会从概念的辩证法来分析天与人、天道与人道的关系，从而挖掘这种冲突所表现出的思想状况，研究概念之间的关系。但在这里，葛兆光教授是从人的生活出发来加以说明的，表明为何会有人道的思想以及为何与天道的思想发生冲突。他认为，在当时人们的生活中，如果根据"天道"的思路，那么"人在社会和宇宙中处于被动的位置"，"无论是君主还是民众"，但按照"人道"的思路，那么"人性成了一切思路的基础和前提"。① 虽然这一论述较为简短，但从中可以清晰地看到，正是因为按天道而生活，无论是统治阶级还是被统治阶级，都是"被动的"——这是对曾经把天道划分给统治阶级、人道划分给被统治阶级的突破——而按照人道而生活，无论阶级，人都有机会实现自身的能动性，成为主动的人，不再受到"天"的辖制。这一论述从人本身的生活世界说明了何以有人道思想，以及为何人道思想与天道思想会产生对立。

　　由此可见，葛兆光教授在对中国哲学思想史的研究中，从马克思主义人学思想出发，围绕历史上人的生活状况，对中国哲学思想及其历史有了新的认识和阐释，丰富了"以马化中"这条道路上的成果，推动了马克思主义与中国哲学思想的融合创新。并且，在这一研究过程中，他将许多曾经为人所忽略的文献都纳入其中，以充分厘清古人的生活世界。他在分析唐朝时期生活状况时就表明了这一点。他认为，许多"小型类书兼童蒙读物"，只为"文献学家看重"而很少用于"思想史研究"，反映了"当时的一般知识水准和普遍思想状况"。② 这一论述不仅说明他将曾经被忽略的许多文献也纳入了参考，例如各种历史作品、文学作品等，而且表明这些文献是"一般"状况的反映。正是从这些"一般"状况中，才可以看到当时人们普遍的生活状况，而非精英、思想家的生活状况。从"一般"的思想状况到"一般"的生

---

① 葛兆光：《中国思想史》（第一卷），上海：复旦大学出版社，2001年，第155页。
② 葛兆光：《中国思想史》（第二卷），上海：复旦大学出版社，2001年，第16页。

活状况，正透露出他对人们生活世界的关注①。

三、李泽厚：基于"文化心理结构法"对中国哲学思想的考察

　　李泽厚先生的《中国思想史论》一共三部，写作历经十来载，从 20 世纪 70 年代一直到 80 年代中叶，时间跨度之大，不仅包含了许多深刻的思想内容和理论见解，而且把作者长时间的思想发展、变化情况显露其中。同之前一些著作一样，虽然严格地从时间上加以界定，这部著作显然不能划归于这一时期，但是对于马克思主义与中国哲学思想的融合创新这一更加侧重思想层面的事件而言，这部著作在思想意蕴上来说，显然是带有明显的这一时期特色的，体现出马克思主义人学的特征。

　　对中国哲学思想的这种马克思主义人学分析首先体现在他对于孔子的评价中。在他的论述中，体现出了当时社会整体风气与文化的特点，这是进一步理解孔子思想的基础。他指出，在周礼之中，"包含着原始人道和民主遗风"②。尽管这是对周礼的分析，但这也同样显示出当时的文化氛围，即一种人道和民主的氛围。这种氛围对以孔子为代表的当时的思想家们产生着潜移默化的影响，且尽管孔子等思想家大多意在维护封建统治，维护周礼，但仍然透露出了一定的人道和民主的特征。而且正是在周礼之中就带有这种人道的特点，这也就更加深刻地对孔子的思想产生了影响。在此基础上，李泽厚进一步强调了孔子等人的思想当中的心理结构与心理机制，这是他与其他学者所不同的、有代表性的分析。他认为，孔子所提出的"仁"的思想，是将"礼"这一外在的社会规范内在化了，即转化成了人的内在规范，对于中华民族心理结构有着重要意义。③他从心理的角度来阐释"仁"这一概念，

---

① 对于唐代生活状况考察，葛教授在第二卷的开篇用了较大的篇幅，考察了当时的秀才考试、生活风气、文化策略、教育、考试、选举、仕途等具体的与人们生活息息相关的状况。参见葛兆光：《中国思想史》（第二卷），上海：复旦大学出版社，2001 年，第 3—8 页。而他的这种对"一般"思想和生活状况的关注也并非代表研究思想史就是研究"小传统"，并非研究"俗文化""民众思想"，而是"重建这种思想家们可能普遍依凭的背景，这就是一般知识、思想与信仰世界"，也就是在传统思想史研究模式的基础上加入了对当时人们生活世界的考察，将更为普遍的人的状况纳入考量，从而实现更充分的理解。参见葛兆光：《中国思想史》（第二卷），上海：复旦大学出版社，2001 年，第 592—593 页。

② 李泽厚：《中国思想史论》（上），合肥：安徽文艺出版社，1999 年，第 5 页。

③ 李泽厚：《中国思想史论》（上），合肥：安徽文艺出版社，1999 年，第 5 页。

而非将其作为一种抽象的道德准则凌驾于人之上，反而将其还原为人内在的一种心理结构，体现出人的主体性地位。他指出，"仁"一共有四个方面，即"血缘基础""心理原则""人道主义""个体人格"，而当中的第三点是儒家区分于其他学派的独特之处。[①] 他对"仁"的这一认识，一方面表明了心理在当中起到的重要作用，用心理原则和心理机制甚至情感来说明仁学的意义，即将人从外部权威的压迫下解放，从彼岸回到此岸。另一方面则体现出马克思主义人学的指导地位，无论是血缘、心理还是人道、个体、人格，他对仁学特点的归纳都体现出了对人的关注，充分印证了"人的根本就是人本身"[②]而非其他事物的说法。他在人学思想下所体现出的心理结构分析不仅体现在对孔子的理解之上，对于墨子、荀子等一系列中国哲学思想的代表性人物[③]都是如此。

李泽厚先生的这种分析方法，被国内学者称为"文化心理结构法"[④]，作为四大"以马化中"范式之一。在这部著作中，李泽厚强调，"对展现在文化思想中的本民族的心理结构的自我意识"，是"哲学和哲学史的题目之一"，因此他对中国哲学思想的考察就是为了研究中国人的"文化心理结构"。[⑤] 这也是"文化心理结构法"得名的原因。而之所以将这种方法归结为"以马化中"，不仅因为他对历史唯物主义的强调[⑥]，更在于这种从心理机制出发对中国哲学思想及其历史的分析本身，体现了对人的关注，继承了马克思主义的人学思想，实现了对中国哲学思想的新阐释。

总之，在这一时期，围绕马克思主义人学思想，众多学者纷纷开始从不同的角度切入，探讨中国哲学思想，从智慧、生活世界、文化心理结构等角度对其作出了富有创造性的阐释，既在"以马化中"这条道路上推动了马克思主义与中国哲学思想的融合创新，又体现了这一融合创新在此时期所达到的水平及其各种特点，具有深刻的理论与现实意义。

---

① 李泽厚：《中国思想史论》（上），合肥：安徽文艺出版社，1999年，第5页。
② 《马克思恩格斯文集》（第一卷），北京：人民出版社，2009年，第11页。
③ 例如，他认为"劝学""天人之分"等思想都体现出人的主体性地位；而《易传》则赋予了上天以"品德情感色彩"；庄子则是"最早的反异化的思想家"，强调"个体身心的绝对自由"，如此等等。参见李泽厚：《中国思想史论》（上），合肥：安徽文艺出版社，1999年，第6—8页。
④ 蔡志栋：《逻辑发展法：冯契哲学探索的基本特征——兼论"以马解中"的四种典范》，《现代哲学》，2017年第2期，第153—160页。
⑤ 李泽厚：《中国思想史论》（上），合肥：安徽文艺出版社，1999年，第300页。
⑥ 蔡志栋：《逻辑发展法：冯契哲学探索的基本特征——兼论"以马解中"的四种典范》，《现代哲学》，2017年第2期，第153—160页。

尽管这一时期有丰富的学术成果涌现，并在之后一段时间内也陆续有相关成果出现，但本书仍坚持将其划分至2000年。这首先是由中国哲学思想自身的发展情况而定的。正如张祥浩教授所言，中国哲学的范围主要是止于清代，或李大钊，在此之后仅有个别"新儒家人物还被列为中国传统哲学"，除此就几乎没有了。① 可以说，由于中国哲学思想自身发展缓慢这一现实情况，中国哲学思想所能够被加以阐释的文本受到了限制，而经过近百年的"以马化中"理论探索，虽然新的角度、新的方法层出不穷，但也只是在既有基础上的细微创新，对中国哲学思想的根本性的认识（即其具有马克思主义性质）依旧不变。在上述情况下，如果没有新的文本出现，包括思想文本、历史文本或文学文本，就难以实现更有突破性的创新性理解。

其次，这条"以马化中"的道路既是马克思主义中国化的一部分，又是中国哲学思想取得现代化发展的一部分。正如王立胜研究员所说，"中华优秀传统文化要实现现代转化，就必须寻找与之相契合的现代理论资源"，而在各种现代理论资源当中最重要的就是西方哲学和马克思主义——前一种契合以新儒家为代表，后一种契合则以"中国马克思主义学者""以马化中"为代表。但是，前一条道路尽管有部分对马克思主义采取开放的态度，却因其没有"真正地应用于实践、指导实践"，所以未能实现儒学的现代化，后一条道路则囿于"思维定式"，也没能实现中国哲学思想"创造性转化和创新性发展"，而真正客服这些弊端的则是"中国马克思主义哲学"。② 从他的论述中可以看到，单就"以马化中"这条道路而言，可以说是没有完全取得胜利的，但是这些历史经验和学术成果却为"中国马克思主义哲学"注入了活力。

因此，基于上述两点原因与学界研究成果，可以在思想上把"以马化中"这条道路的终点定位于20世纪末21世纪初。但这并不代表"以马化中"这条道路的完结，也并不意味着这条道路毫无意义。相反，在2000年之后，对马克思主义如何从"在中国的马克思主义"变成"中国的马克思主义"的探讨逐渐热烈，"以马化中"汇入"以中化马"之中，汇入马克思主义中国化的大流之中，以中国马克思主义哲学为最新形态。

---

① 张祥浩：《马克思主义哲学与中国哲学》，《江苏社会科学》，2006年第5期，第6—12页。
② 王立胜：《中国马克思主义哲学是中国哲学发展的现代形态》，《马克思主义哲学》，2023年第1期，第6—23, 167页。

第二章　中国哲学思想对马克思主义阐释发展的历程

本章接上一章,继续对马克思主义与中国哲学思想融合创新的发展历程进行探讨,围绕"以中化马"展开,与上一章共同构成一个整体。通过对"以马化中"这条道路的历时性考察,可以看到马克思主义中国化一个总体的发展趋势,即向着更加自觉、更有创造性、更具中国特色、更加多样化的方向发展。而且,对"以马化中"道路的历时性考察对理解、把握"以中化马"这条道路同样有着积极意义。因为"以马化中"和"以中化马"属于同一个过程,是马克思主义与中国哲学思想融合创新的两个方面,所以,对前者的厘清不仅对于理解这一融合创新之整体具有积极作用,而且对理解与其一同发生、平行展开的另一过程同样有效——至少二者共享同一历史时代背景。

在中国哲学思想话语中阐发马克思主义,"以中化马",即以马克思主义为主体,吸收中国哲学思想,从而实现马克思主义自身的发展,让马克思主义从"在中国的马克思主义"成为"中国的马克思主义",推动马克思主义的中国化进程。同上一章一样[1],本章所做的历时性研究既是对历史与逻辑的回应,也是对现实的批判性借鉴,以求实现历史与逻辑的统一以及对现实的积极作用。

在此应当对本章和上一章的谋篇布局进行一个简要的说明。

这一融合创新的历史过程,在内容及数量上,特别是在 20 世纪,表现出马克思主义向中国哲学思想的介入为主的特点,即"以马化中"的学术成果较多、特点较为鲜明,易于辨识。而在 21 世纪,则表现出中国哲学向马克思主义的介入为主的特点,即"以中化马"占据了主要的位置——这不仅因为在上一章末所提到的道路的停滞问题,还因为在 21 世纪对中国马克思

---

[1] 上一章开篇已对此有所论述,在此不再赘述。

主义哲学的思考，即越发要求建设有中国特色、中国风格、中国气派的中国马克思主义哲学，实现马克思主义从"在中国的"转向"中国的"，这也要求以马克思主义为主体，充分吸收中国哲学思想当中的合理内涵与精华，推动马克思主义中国化。所以，从具体的学术成果上看，以"以马化中"的道路为主，经过仅八十年的积累，成果较"以中化马"的道路丰富、特点较为鲜明——因为这毕竟是经过中国哲学思想家、中国的马克思主义者长时期努力的结果。然而，正如在上一章结尾所讲的那样，"以中化马"的道路通向中国马克思主义哲学，是更为本质性的道路，因此成果在数量或内容上看似相对较少并不影响在此对其专门进行研究，并不能否认其对于马克思主义和中国哲学思想融合创新的意义，并不阻碍其作为马克思主义中国化的一条重要线索。

这一融合创新的历史过程，在形式或章节安排上，"以马化中"只从1920年划到了2000年，具体原因已在上一章末尾详细说明，而且这不仅是一种时间划分，更是一种理论态度，意味着这条道路独立的停滞——要么之后还有相关成果产出，但在思想上也是没有发展的，要么融入了"以中化马"这条道路，融合后进入更高维度的发展阶段，即中国马克思主义哲学[①]。而"以中化马"则一直延续到了今天，并将一直延续下去，或者说以中国马克思主义哲学这一更高级的形态持续下去。张祥浩教授指出，在改革开放之前，对中国哲学思想主要持否定的态度，将"中国传统哲学的主流视为唯心主义而加以否定"，但在改革开放之后，则"转而渐加肯定了"[②]。从他对学术史状况的概括中可以看到，改革开放前学界对中国哲学思想总体持否定态度。而这一总体上否定的态度，必然导致"以中化马"这条道路在改革开放前的发展缓慢。从本书的章节划分中可以看到，1920至1949年、1949至1978年两个阶段的跨度都接近三十年，而在改革开放之后，一般来说不到二十年就是一个阶段。由此可见，在否定态度的影响下，学者们所看到的中国哲学思想当中的精华较少，可供马克思主义吸收的内容变少，"以中化马"的成果也随之变少。而在肯定态度的影响下，中国哲学思想当中更多的积极因素得到发现、吸收、转化、利用，"以中化马"的成果也随之变多。并且，这种不同的阶段特征还反映出思想的发展速度在改革开放前是较

---

① 关于中国马克思主义哲学这一概念已在第一章有具体的说明。
② 张祥浩：《马克思主义哲学与中国哲学》，《江苏社会科学》，2006年第5期，第6—12页。

慢的，学界思想主题的变换往往需要更长的时间，而改革开放后是相对较快的，学界对一种主题的研究需要的时间更多，阶段变化更快①——但这并不意味着时间越长就研究得越深刻，时间越短就越浅显，正如在上一章开篇对阶段的划分的说明中所言，思想的阶段并不完全与历史时间的阶段绝对地相等。

总的来说，从学术史出发，本章将"以中化马"这条道路分为了五个阶段，分别是 1920 至 1949 年，以中国哲学思想的语言体系本土化马克思主义，用中华民族的语言将马克思主义化为易于中国人接受、理解的表达形式，从而传播马克思主义；1949 至 1978 年，以中国哲学思想的理论内容活化辩证唯物主义，用中国哲学思想当中的具体内容解释、说明马克思主义，特别是马克思主义的唯物论思想②；1978 至 2000 年，以中国哲学思想的精神内核深化马克思主义，围绕实践概念阐发马克思主义的实践认识论，用中国哲学思想中对人的关注深化马克思主义对人的理解；2000 至 2012 年，以中国哲学思想的问题意识多样化马克思主义，围绕中华民族所关注的各种理论问题拓展马克思主义所探讨的问题域；2012 至 2022 年，以中国哲学思想的思维方式个性化马克思主义，从根本上推动马克思主义从"在中国的马克思主义"成为"中国的马克思主义"。

第一节 以中国哲学思想的语言体系推动马克思主义本土化的时期

本书将"以中化马"的第一个阶段划分为 1920 年至 1949 年，与"以马化中"的第一个阶段有些许出入。但两条线索的开始时间都定于 1920 年，这是与马克思主义进入中国的历史实际密切相关的。俄国十月革命让中国的先进分子看到了马克思主义的真理性及其现实意义，而 1919 年的五四运动更是让马克思主义在中国广为传播。"据不完全统计，仅'五四'运动后半

---

① 这同样表现在"以马化中"当中，即可以从各阶段的持续时间中看出思想的发展速度，很明显，改革开放后思想的变化发展十分迅速。

② 这一时期的教科书特征十分明显，这种"活化"是在学者们不知不觉间进行的，同时也蕴藏着对这种刻板的、教条的范式的反思。

年的时间，全国各地倾向于马克思主义的报刊达二百多种，出版有关唯物史观的著作有数十种，形成了马克思主义哲学在中国传播史上的第一次高潮。"[1] 从目前学界的这一考证上来看，五四运动的影响有一定的滞后性，毕竟从人们知道马克思主义、接受马克思主义再到传播马克思主义需要一定的思想过程与现实准备，所以说直到 1919 年年底，马克思主义才能真正得到"大范围"传播。并且，李大钊作为"中国历史上第一个真正接受和传播马克思主义的中国人"[2]，他的代表作《我的马克思主义观》也是于 1919 年下半年才正式发表的，而这一作品所产生实际效果则可以说也是相对延后的。并且，"以中化马"，在中国哲学思想话语中阐发马克思主义，是以马克思主义为主体的，因此时间的划分就更应当以马克思主义的实际传播、接受状况为准。所以，根据历史实际和思想传播的过程，本书将"以中化马"的时间起始点定为 1920 年[3]。

上述对时间界定的分析不仅是为了说明本章的起点和确定时间的思路，澄清历史依据和逻辑依据，更是对本时期"以中化马"所表现出的特点进行简要的背景说明。从上述分析中已经可以看到，就马克思主义而言，在这一时期的主要要求是以广泛的传播与接受为主的，这是马克思主义在中国落地生根、马克思主义中国化的首要条件。出于这种理论与现实诉求，学者们不仅将马克思主义相关文献翻译为中文——这只是最初步、最基础的传播——而且用中华民族的语言将马克思主义的内容转化为易于中国人接受、理解的表达形式，或者用为中国人所熟知的概念、典故来进一步解释马克思主义，从而实现对马克思主义的传播，扩大马克思主义的受众群体，并提高这一传播的有效性，让更多人真正接受马克思主义。对此，汪信砚指出，在五四运

---

[1] 毕国明、许鲁洲：《中国哲学与马克思主义哲学中国化》，北京：人民出版社，2010 年，第 88 页。

[2] 孙建华：《马克思主义中国化思想通史》（第一卷），北京：人民出版社，2019 年，第 123 页。

[3] 关于 1920 年已在上一章的对应阶段中有所详细说明，在此仅作简要论述。这是因为虽然"以马化中"和"以中化马"是两条不同的道路，但毕竟都是在马克思主义传入中国后才发生的，并且共同属于马克思主义中国化这一整体，所以在阶段划分及其原因，特别是对起点的划分上有较高的相似性，共享原因。并且，在当前学界的研究中，1920 至 1949 年大多被划归马克思主义中国化的传播阶段，尽管在此期间也有对马克思主义的运用、探索，但运用和探索的大部分内容和时间主要是与新中国成立后的社会主义建设等时期相关联的，而在 1920 至 1949 年的运用和探索是附属于传播的，特别是就学术史而言。关于马克思主义中国化的传播阶段，参见毕国明、许鲁洲：《中国哲学与马克思主义哲学中国化》，北京：人民出版社，2010 年，第 86—91 页。

动之后,"中国一大批现今的知识分子纷纷转变成马克思主义者,并开始在国内广泛传播马克思主义及其哲学"①。所以,基于这一现实的考虑,本阶段的特点可以概括为以中国哲学思想的语言体系本土化马克思主义②。

一、李大钊：用中国传统思想的话语表达马克思主义的观点

李大钊的《我的马克思主义观》分为上、下两篇,分别发表于1919年9月和11月,是对马克思主义及其唯物史观的专门介绍,用中国哲学思想的话语论述马克思主义的理论内涵,对马克思主义的本土化以及在中国的广泛传播起到了极大的作用。汪信砚指出,"李大钊是中国马克思主义的先驱,也是最早自觉运用马克思主义哲学探寻中国道路、求解'中国向何处去'问题的中国先进知识分子。"③ 在《我的马克思主义观》中,李大钊对马克思主义作了较为系统的分析,并强调马克思的理论是"完全自成一个有机的有系统的组织,都有不能分离不容割裂的关系"④。他的这一论述表明了马克思主义是一个具有高度系统性的理论体系,这种系统性、理论性也就对如何本土化并传播马克思主义提出了较高的要求,因为如果只是对马克思主义的各种概念进行复述,或者进行概念之间的演绎,那么就无法以简单易懂的方式向当时的国内大众说明马克思主义的内涵。所以,他在具体的论述过程中,从中国哲学思想当中吸取养分,用中国人熟悉的话语体系和表达习惯来对马克思主义及其相关概念加以说明,从而首先在语言上推动马克思主义的

---

① 汪信砚：《马克思主义哲学中国化与中国道路的哲学表达》,《哲学研究》,2018年第1期,第14—24,127页。

② 尽管在这一时期也有马克思主义者运用马克思主义思考中国的现实问题,但这种思考还不是与中国哲学思想的结合,而是将马克思主义与中国具体实际的结合,从而传播马克思主义,对于中国哲学思想的结合、运用还停留于无意识或潜意识的状态。关于马克思主义与现实的结合,汪信砚指出,当时的马克思主义者主要是运用马克思主义回答"中国向何处去"这一问题,参见汪信砚：《马克思主义哲学中国化与中国道路的哲学表达》,《哲学研究》,2018年第1期,第14—24,127页。

③ 汪信砚：《马克思主义哲学中国化与中国道路的哲学表达》,《哲学研究》,2018年第1期,第14—24,127页。

④ 李大钊：《李大钊全集》(第三卷),北京：人民出版社,2013年,第5页。

本土化,以传播马克思主义①。

  具体而言,李大钊首先对马克思主义的政治经济学作了简明扼要的考察,强调其在经济思想史上的重要地位。而对于马克思主义政治经济学的探讨,则离不开对英国古典政治经济学这一思想源头的厘清。在说明英国古典政治经济学,特别是其关于生产和消费的理论时,李大钊借鉴了中国哲学思想当中对中国古代小农经济自给自足特征的描述,以说明资本主义经济理论的特征。他指出,对英国古典政治经济学而言,一切物品,"都是人家各自为营利、为商卖而生产的",而非"在自己家内生产的"②。这一论述看似平实,实则是从中国传统思想和文献当中对古代长时期封建社会的生产状况出发,并以此为背景,来对资本主义经济学进行说明的。在中国古代,小农经济占据着主要的位置,自给自足是其主要特征,商品经济不够发达。在明朝赵弼的《青城隐者记》中有如下描绘:"女织男耕,桑麻满圃。"这充分说明中国古代小农经济自给自足的特点,即在家庭内部分工劳动,依靠家庭自身的劳动即可满足自身所需,缺乏与外部的商品交换。而这种自给自足,就是他所说的"在自己家内生产"③。这不是对资本主义经济学的直接描述,而是从反面表明资本主义经济所不是④,或者所超越了的状况,由此便能够为当时的中国人提供一种对资本主义经济学的直观理解,描述资本主义与封建社会小农经济的不同,易于理解。需要指出的是,这种直观理解和白话说明

---

  ① 在实际的文本和具体的分析中可以看到,这种话语的转换在数量上并不占优势,且用中国哲学思想及其话语对马克思主义的理论说明不够直接、鲜明,大多是较为简单地一笔带过,并非有意识地使用中国哲学思想本土化马克思主义。但由于他的这部作品以及他本人对马克思主义在中国传播的重要作用,对这些相关作品的分析仍然是不可或缺的。
  ② 李大钊:《李大钊全集》(第三卷),北京:人民出版社,2013年,第3页。
  ③ 尽管他的这种表达并非对中国传统思想家及其文献的直接引用,而是吸收之后用白话的语言加以表达,但仍然可以看出他与其中的勾连。与此相似的表达在他对唯物史观的说明和介绍中也可以见到。具体而言,对于生产力与"社会组织"的关系,他指出,"手臼产出封建诸侯的社会,蒸汽制粉机产出产业的资本家的社会"。这不仅从逻辑上表明了生产力决定着生产关系这一马克思主义的基本观点,而且在内容即意象的选取上,他用了"手臼""蒸汽制粉机"这两个与农业生产息息相关的工具——而非用与畜牧业、工业生产相关的工具——作为意象来进行说明,使当时的中国人能够更直观地了解到何为生产工具、生产力,易于传播马克思主义。并且,"手臼"在《易·系辞下》中有如下解释:"断木为杵,掘地为臼。臼杵之利,万民以济"。这就是说,手臼让天下"万民"都获得了好处。由此可见"手臼"对于农业社会中人的生存和发展的意义。而选取"手臼"这一意象,也就从更深层的含义上说明了生产力、生产工具的重要地位。关于李大钊的论述参见李大钊:《李大钊全集》(第三卷),北京:人民出版社,2013年,第14—15页。
  ④ 要说明一个概念,最直接的方式是对其下定义,除此之外,还可以通过说明其所不是来澄清其所是,因为说明其所不是就进一步缩小了概念的范围,通过否定的方式进行规定。

不是对理论的降级，而是在马克思主义传入中国之初的需要。在李大钊的文字中可以看到，如"社会组织进化论""资本主义的经济论""社会主义运动论"①等概念都是理解马克思主义的重点，也都是高度概括、高度凝练的概念，需要有一些相应的直观说明才能使其得到较快、更充分的理解，这也是符合人类从感性到理性的认识特点的。

在对唯物史观的介绍和说明中，李大钊同样在中国哲学思想的影响下，用中国人习惯的话语体系来对之加以论述。对于马克思主义所讲的社会关系，他强调，"社会组织即社会关系，也是与布帛菽粟一样，是人类依生产力产出的产物"②。在此，他用"布帛菽粟"一词类比社会关系，强调社会关系与"布帛菽粟"一样，是在人们的生活当中十分平常，但又是不可或缺的，并且也是由人类自身生产出来的，而非一种外在的关系。这就十分直观、简明地解释了何为社会关系，不仅指出了其普遍性和必要性，还说明了人与社会关系之间联系，即社会关系是人的对象化产物。而"布帛菽粟"一词，在汉代晁错的《论贵粟疏》一文中就已具雏形。晁错指出："粟米布帛生于地，长于时，聚于力，非可一日成也。"从这一论述中可以看到，在中国古代思想家看来，"布帛菽粟"这些日常生活当中必不可少的事物，看似平常，但却是集"天"、"地"、人"力"于一体的，是在人"力"作用下"天""地"的凝结，并且需要长时间的积累，具有更加深刻的含义。因此，李大钊用这一词类比社会关系，其最表层的意思当然是前文所说的普遍性和必要性，而更深层的含义则是强调社会关系是与人相关的各种事实通过人所凝结而成的，并且是人类长期进化、发展的产物。由此可见，李大钊借用古代思想家的话语体系诠释马克思主义的内涵，在使之得到本土化的表达和解释的同时传播了马克思主义。

而对于马克思所说的阶级斗争，李大钊也是基于中国传统思想所做的描述。他指出，在马克思主义中，阶级斗争缘起于"土地共有制"的"崩坏"③。在当时的时代背景下，他选择用"共有"而非现今所采用的"公有"来进行翻译，也是受其内在的中国传统思想影响的。在《诗经》中，有"普天之下，莫非王土"的描述。从这一表述可以看到，在古人的思想中，天下

---

① 参见李大钊：《李大钊全集》（第三卷），北京：人民出版社，2013年，第5页。
② 李大钊：《李大钊全集》（第三卷），北京：人民出版社，2013年，第14页。
③ 李大钊：《李大钊全集》（第三卷），北京：人民出版社，2013年，第17页。

的土地归根结底都是皇帝一个人的,体现的是一种王权私有制,而非属于一个国家或集体的公有制,这一私有的思想影响深远。所以,在这一现实的影响下,当时的中国人对"公有"这一概念的感受、认知并不充分。而李大钊所用的"共有",可以说是介于私有和公有之间的,因为共有通常表达的是共同所有,即为一些人或一群人所有。如果要对私有、共有和公有做一个简明的区分的话,那么私有就是为单数的个体所有,共有就是为复数的个体所有,公有就是为单数的集体所有。从这一区分就可以看出,用"共有"来进行翻译和表达更易于理解和传播马克思主义,与"私有"一样都是建基于个体这一维度之上的,尽管在含义上有些许出入,但这些出入在初步传入的时候,考虑到现实需求,是可以被忽略的。因此,李大钊将"公有制"表达为"共有制",是以古代经典文本为依托,根据中国传统思想以及当时的思想现状对马克思主义的本土化[①]。

李大钊基于中国哲学思想的论述和话语对马克思主义的本土化,不仅是针对马克思主义的理论内容而言的,同时也涉及马克思主义的发展史。18世纪末19世纪初,马克思主义面临着伯恩施坦修正主义的挑战,在《德国社会主义运动的回顾》一文中,"苏黎世三人团"宣扬机会主义思想,体现出右倾的特点。对此,李大钊指出,这表现出了"定命"的思想特点,特别是在第二国际当中,"因为信了这个定命说,除去等着集产制自然成熟之外,什么提议也没有,什么活动也没有"[②]。他的这一论述清晰地指出了世纪之交第二国际当中修正主义泛滥的问题,并将其特点和现实表现以简明扼要的话语表达出来。在这一表达中,值得注意的是"定命"这个用词。因为一般说来,现今学界[③]普遍用"修正主义""右倾机会主义"等词语说明并解释以伯恩施坦为代表的思想。但在李大钊的论述中,没有这种专业的抽象名词,唯一具有抽象的概括含义的词就是"定命"。"定命"即确定之"命",而关于"命",在《诗·周颂》中有如下论述:"昊天有成命。"这就是说,

---

① 尽管这里同样并非直接对中国哲学思想或者传统思想的引用,但从对这一翻译的分析中可以看到,对"共有"的运用是考虑到王权"私有"这一思想的影响的,而王权"私有"又是在古代文献当中占重要地位的概念。所以,通过对这一翻译的追本溯源,可以看到中国传统思想向马克思主义的介入。

② 李大钊:《李大钊全集》(第三卷),北京:人民出版社,2013年,第19页。

③ 参见顾海良:《马克思主义发展史》,北京:中国人民大学出版社,2009年,第186-195页。

命不是由人决定的,而是由上天所决定的①。在这种"定命"思想的影响下,就会产生李大钊所描述的各种不作为的行为,也即现在所说的机会主义、修正主义等。这样一来,通过借用中国哲学思想的话语,李大钊简单明了地传达出马克思主义发展史上的这一时期所面对的现实的特点,在传播马克思主义的同时也推动了中国哲学思想与马克思主义的融合创新。

在对马克思主义的理论内涵、马克思主义发展史以及马克思主义所面对的理论挑战进行介绍之后,李大钊提出了自己对马克思主义的理解②。他强调,马克思主义的进一步发展,应当"以人道主义改造人类精神","以社会主义改造经济组织",从而实现"物心两面的改造",即"灵肉一致的改造"。③ 在此,他以"灵"和"心"意指"人类精神",以"物"和"肉"指"经济组织",将这两个抽象的外来的概念转化为中国哲学思想当中经常出现的概念,用传统思想的话语将马克思主义本土化。"心",在中国哲学思想当中,是"一切精神现象的总称,泛指一切精神现象"④。而"心"在孟子的思想中,又有"道德本性"⑤的意思。在《孟子·告子上》中有如下论述:"恻隐之心,仁也;羞恶之心,义也;恭敬之心,礼也;是非之心,智也","仁,人心也"。这不仅表明"心"指人类精神这一总称,涵盖一切精神现象,而且有强调伦理、道德的含义,与人道主义一词相呼应。而"物",在《说文》中有如下说明:"物,万物也。"由此可见,与用"心"指"人类精神"一样,李大钊用"物"这一涵盖万物的词指"经济组织"。虽然经济组织包括了许多物,但似乎与万物之物并不对等,然而,在马克思主义当中,经济组织,或者说生产、生产关系等因素是具有决定性地位的,蕴涵着万物,是万物之基础,所以也是与古人所说的"万物"对等的。因此,用"物"指"经济组织",不仅仅是为了表明经济组织是实实在在的物,与"心"和精神相对应,而且表达了经济组织即万物,正如人类精神包含许多

---

① 关于"天命"、定命的论述,参见张岱年:《中国哲学大辞典》(修订本),上海:上海辞书出版社,2014年,第66页。
② 在此,他认为马克思主义应当更加强调伦理、人道和精神的方面,不能只是依赖物质关系的变革。这是他经过对马克思主义的一系列考察后所得出的结论,尽管受到当时文献、语言、时代等各方面一定的局限,但在那个时代仍然是一种对马克思主义的新理解,显示出他自身的人道主义关切。参见李大钊:《李大钊全集》(第三卷),北京:人民出版社,2013年,第22—23页。
③ 李大钊:《李大钊全集》(第三卷),北京:人民出版社,2013年,第23页。
④ 张岱年:《中国哲学大辞典》(修订本),上海:上海辞书出版社,2014年,第259页。
⑤ 张岱年:《中国哲学大辞典》(修订本),上海:上海辞书出版社,2014年,第26页。

精神现象一样包含了许多的物，显示出经济组织在马克思主义当中的决定性地位，能够涵盖万物。至于"灵肉"一词，在道家的《云笈七签》卷一一四中可以看到如下描述："或受书禀箓，阴景炼形，灵肉再生，前功克懋者，则五老上帝，四极真王之例是也。""灵肉"分别指人的精神和物质两个方面，与"物""心"相对应。由此可见，李大钊通过运用中国哲学思想当中的"物""心""灵肉"等概念，用传统思想的话语使马克思主义本土化，并在此过程中表达了自己的"马克思主义观"，阐发了马克思主义[①]。

通过对李大钊的《我的马克思主义观》一文的考察，可以看到李大钊对中国哲学思想当中的概念的运用。他在介绍、说明、阐发马克思主义之理论内涵与发展史的过程中，将中国传统思想的话语体系穿插其中，从表达方式上将马克思主义本土化，使马克思主义更易被当时长期接触中国哲学思想的知识分子所理解，推动了马克思主义的传播和接受。尽管从整体上看，无论是这部作品还是他的其他作品，主要是以马克思主义考察中国问题，即"第一个结合"，与中国具体实际相结合，这是出于当时急迫的现实所考虑的，但当中仍零星蕴含着"第二个结合"的萌芽。因此可以说，他用中国哲学思想的话语体系本土化了马克思主义，不仅推动了马克思主义在中国的传播、接受，而且在"以中化马"这条道路上具有先导性的作用，对"以马化中"道路的开辟和马克思主义与中国哲学思想的融合创新具有积极的理论意义。

二、李达：对马克思主义命题的本土化表达

在李达开始于1933年前后，完成并出版于1937年的著作《社会学大纲》[②]中，同样能够看到他在系统地论述马克思主义的过程中，有意无意地

[①] 至此，尽管李大钊在多处运用中国哲学思想的话语体系本土化马克思主义，但他对马克思主义中国化的贡献更多地表现在运用马克思主义分析中国现实问题当中，即"第一个结合"，而非在理论上对中国哲学思想与马克思主义相结合的贡献。例如，他在1920年1月专门发表了一篇题为《由经济上解释中国近代思想变动的原因》的文章，当中专门运用马克思主义的观点、立场和方法分析中国近代以来的历史事实，参见李大钊：《李大钊全集》（第三卷），北京：人民出版社，2013年，第185—193页。

[②] 出于各种现实原因，他用"社会学"指马克思主义，特别是唯物史观。对此可参见李维武：《马克思主义哲学中国化与中国哲学的现代转型》，北京：北京师范大学出版社，2021年，第310—311页。

借鉴了中国哲学思想，用中国哲学思想的概念和话语体系阐释马克思主义，使其内涵以中国人更熟悉的方式得到说明，从而对马克思主义的传播和与中国哲学思想的融合创新产生了积极作用。在这部著作中，他把"马克思主义哲学史、辩证唯物主义、历史唯物主义"合为一体，"形成了中国人对马克思主义哲学的阐释体系"，是"唯物辩证法运动的重大标志性成果"。[①] 这一评价是单就他对马克思主义的阐释与理解的贡献而言的，而对马克思主义与中国哲学思想的融合创新，特别是"以中化马"，还需要深入到其具体的论述当中，于细微之处彰显。

在对马克思主义唯物辩证法的说明当中，他是从对原始的辩证法思想的考察开始的。其中较为明显的是，他将现在所讲的"泛灵论"（Animism）译为"万物有灵论"[②]，"万物有灵"显然是对中国古代思想家、文学家话语的借用，这在宋朝李觏的《惜鸡诗》当中可以看到直接的表述，即"万物灵者有，孰不念其亲"一语。并且，在对"万物有灵论"的阐释中，他与李大钊一样，借用了"灵"与"肉"[③] 代指物质和精神，以中国知识分子熟悉的话语阐释了马克思主义及其相关概念。并且，他在许多地方用了"论理学"一词指现在所说的逻辑学。"论理学"一词则主要来自中国近代哲学思想家梁启超先生。梁启超在《论中国学术思想变迁之大势》第三章第四节中有如下论述："至亚里士多德，而论理学是蔚为一科矣。"由此可见，李达不仅从中国古代哲学思想中借用概念表达，还特别关注到中国近代哲学思想家，也借用了近代思想的话语体系，从而用更加本土化的语言表达了马克思主义的相关思想，易于马克思主义的传播和中国化。

除了上述表达，李达以中国哲学思想的语言体系对马克思主义的本土化，更加直接的表达是他对哲学基本问题的描述。这就是恩格斯所指出的："全部哲学，特别是近代哲学的重大的基本问题，是思维和存在的关系问题。"[④] 在李达看来，这个根本问题除了如恩格斯这样表述，还可以表达为"物与我、外物与内心"等的关系[⑤]。在此，李达先后用了两对关系来表示

[①] 李维武：《马克思主义哲学中国化与中国哲学的现代转型》，北京：北京师范大学出版社，2021年，第444—445页。
[②] 李达：《李达文集》（第二卷），北京：人民出版社，1981年，第11页。
[③] 李达：《李达文集》（第二卷），北京：人民出版社，1981年，第12页。
[④] 《马克思恩格斯文集》（第四卷），北京：人民出版社，2009年，第277页。
[⑤] 李达：《李达文集》（第二卷），北京：人民出版社，1981年，第70页。

思维和存在的关系。从中可以清晰地看到，物、外物对应的是存在，而我、内心则指思维。在中国哲学思想当中，物我常作为一对范畴一同出现。在吴与弼的《日录》中，有"上不怨天，下不尤人，物我两忘"的表述，而在沈约的《郊居赋》中，又有"惟至人之非己，固物我而兼忘"的表述。由此可见，物我分别作为存在的、客体的物，以及具有思维的、主体的我，且我的"思维"又是与"心"息息相关的。"心"，在中国哲学思想当中，是"一切精神现象的总称，泛指一切精神现象"①，而用内心，则意在强调思维是内在于人的，而物是在人之外的。李达对中国哲学思想的这一借用，不仅更具体地表达出何为思维、何为存在，而且从主体和客体的角度进一步说明了思维和存在与人的关系，这就不仅用中国哲学思想的话语体系本土化了马克思主义，而且从理论内涵上进一步阐发了马克思主义。

值得一提的是，在他的论述中还可以看到他对中国哲学思想当中"体用"思想与概念的借鉴。他指出，"社会意识没有任何独立的形而上学的本体，它只存在于各个人的头脑之中"②。"体用"一词是中国哲学思想中十分具有代表性的概念，在这里所说的"本体"即"体用"之"体"。在中国哲学思想当中，"体"既指"形体、形质、实体"，又指"本体、本质"或"根本原则"③。根据李达在此的描述，可以看到他所取的是"形体、形质、实体"一意。在唐代易学家唐崔憬的《周易探元》中可以看到："凡天地万物，皆有形质，就形质之中，有体有用。体者，即形质也。"而孙中山在《军人精神教育》当中，则指出"何谓体？即物质"。因此，李达用本体④一词，意在表明社会意识并没有实际的、独立于人的、外在的"形体"或"形质"，不是物质，而只能存在于人脑当中，依赖于人，是精神的，人是第一性的。这就用中国哲学思想的话语体系鲜明、生动地解释了社会意识与人的关系，推动了马克思主义的本土化，促进了马克思主义与中国哲学思想的融合创新。

---

① 张岱年：《中国哲学大辞典》（修订本），上海：上海辞书出版社，2014年，第259页。
② 李达：《李达文集》（第二卷），北京：人民出版社，1981年，第564页。
③ 张岱年：《中国哲学大辞典》（修订本），上海：上海辞书出版社，2014年，第31页。
④ 国内学界在一段时期内通常用"本体论"翻译ontology，显然也是从中国哲学的"体用"思想出发进行的。但实际上ontology从词源学上看，其词根onto的古希腊含义为be，应当翻译为存在、是。所以ontology现在也被译为存在论或是论。虽然本体论或这里的本体都是同一个词汇，但李达在此所说的本体显然是指实体、物质，而非本体论之本体。故在此加以说明。

三、艾思奇：对马克思主义理论内涵和逻辑理路的本土化说明

由艾思奇在1934至1935年《读书生活》杂志上连载的《哲学讲话》于1936年1月出版，名为《大众哲学》。在这部著作当中，艾思奇同样将中国哲学思想的话语体系进行了引入，用于介绍、说明马克思主义的理论内涵与逻辑理路，对于马克思主义的传播起到了重要的作用，既具有理论意义，又在现实中产生了广泛的影响，吸引了一大批有志之士加入中国共产党①。

在这部著作中，艾思奇首先从日常生活入手，剖析日常生活与哲学的关系，指出日常生活中的许多思想也是具有哲学意蕴的。他认为，对农民而言，如果遇到天灾，就会认为是"命运不好"，将其归于"天意"。②对于"命运"和"天意"，在《诗·周颂》中有如下论述："昊天有成命。"这就是说，在中国传统思想当中，命是不由人决定的，而是由上天所决定的③。他对这一思想进行了批判。在他看来，这是一种"神秘而空洞的日常生活观念"，因为"现实世界里的天灾人祸，本应该就在现实世界里追求它的原因"。④从对中国哲学思想之话语的运用，他说明了传统思想当中所体现出的一些唯心主义、空洞、神秘的观念，并站在马克思主义的立场对其进行了批判，强调"现实世界"的重要性，主张现实世界才是各种现象发生的根本性原因，应当回到现实世界当中。正如马克思和恩格斯在《德意志意识形态》中所指出的那样："人们的存在就是他们的现实生活过程。"⑤这就是说，人们在存在之中所遇到的各种现象都属于"现实生活过程"，是离不开"现实生活过程"的。所以，对一切现象的看法，最根本的就要回到生活当中。这也是马克思所强调的"人就是人的世界"⑥。马克思的这一论述也表明，在世界当中遇到的任何现象，都应当回到人本身来加以理解，不应当诉

---

① 参见艾思奇：《艾思奇全书》（第一卷），北京：人民出版社，2006年，序第3—4页。
② 艾思奇：《艾思奇全书》（第一卷），北京：人民出版社，2006年，第443页。
③ 关于"天命"、定命的论述，参见张岱年主编：《中国哲学大辞典》（修订本），上海：上海辞书出版社，2014年，第66页。
④ 艾思奇：《艾思奇全书》（第一卷），北京：人民出版社，2006年，第443页。
⑤ 《马克思恩格斯文集》（第一卷），北京：人民出版社，2009年，第525页。
⑥ 《马克思恩格斯文集》（第一卷），北京：人民出版社，2009年，第3页。

诸外部力量，即"命运"或"天意"，而对人本身的关注也就是对"现实生活过程"的关注。这就是艾思奇所说的"应该就在现实世界里追求它的原因"。如此一来，艾思奇通过借鉴中国传统思想当中的话语和概念，便以中华民族所熟知的话语体系、本土化的语言，举出了反面的例子①，批判了这种神秘化的唯心主义倾向，揭露了将现实生活当中的现象诉诸神秘的外部力量，由此点明了马克思主义在这一问题上的立场、观点和态度，充分说明了马克思主义的唯物主义立场以及对人本身的关注。

在分析完哲学与日常生活的关系后，艾思奇分别对本体论和世界观、认识论、方法论进行了介绍和说明，在论述中传递出马克思主义的世界观、方法论、立场、原则和理论内涵。其中，在论述本质和现象这一对范畴时，他借鉴了中国古代经典文献的内容与话语，以本土化的语言说明何为本质和现象以及现象和本质的辩证统一关系，表达了马克思主义辩证法的立场。在他看来，"笑里藏刀"一词指出了现象和本质的内涵及其辩证统一的关系。关于"笑里藏刀"一词，在后晋刘昫所著的《旧唐书·李义府传》中，有如下描述："义府貌状温恭，与人语必嬉怡微笑，而褊忌阴贼。既处要权，欲人附己，微忤意者，辄加倾陷。故时人言义府笑中有刀。"这就是说，一个人即使表面上看来"温恭""嬉怡微笑"，但在内里却可能是"褊忌阴贼"、强加自己的意志于人，所以古人用"笑中有刀"来对这一事实加以概括，这也就是艾思奇所说的"笑里藏刀"。并且，从这一论述可以看到，无论是"笑"还是"刀"，都是同一个人身上所表现出来的特点，二者不是割裂的关系，而是辩证统一的，即既是相反的特点，又是统一于同一个人的，既是对立的，又是统一的。对此，艾思奇强调，在这一古语中，"笑"就是表面的现象，而"刀"则是在表面下的本质，不能只注意"刀"，同时"更要注意他的刀是藏在笑里面"，"刀"和"笑"是"完全分不开"的，只有把二者"都同时看得透，那就算是把现象和本质统一地认识清楚了"。② 从这一论述及其中国传统文化背景和文献可以看到，艾思奇通过借鉴中国传统思想文化当中的话语和论述，在这一话语和文化背景的支撑下，简明易懂地说明了何为本质、何为现象，以及本质和现象的关系，显示出马克思主义辩证法的

---

① 对此，他还例举了许多在日常生活当中为人们所熟知的话语来加以说明，例如"运气""浮生若梦"等，参见艾思奇：《艾思奇全书》（第一卷），北京：人民出版社，2006年，第444、460页。

② 艾思奇：《艾思奇全书》（第一卷），北京：人民出版社，2006年，第560页。

特点。

不仅仅是《大众哲学》，艾思奇的许多其他著作也体现出了这一特征。例如，在他发表于1934年10月的《中庸观念的分析》中，通过对中庸这一观念的分析，他指出了中国哲学思想当中所蕴含着的质量辩证法的理论因子，但与此同时，也揭示出中国古人将中庸观念神圣化，进而变成一种唯心主义的事实，且这种中庸观念还只是一种表面上的真理，未能深挖其本质。这篇文章看似是对中国哲学思想的概念的批判性分析，但更为本质的是在这一分析过程中所透露出的马克思主义的批判性、科学性以及唯物辩证法立场，是将马克思主义与中国哲学思想相结合的积极尝试。对于中国哲学思想的中庸观念，艾思奇首先指出了其所依据的逻辑前提，即"事物的存在各有其自身适宜的限量，事物只能在此限量之内才有肯定的存在意义"，一旦超出这个限量，"自身的存在也就要被否定了"。[①] 这一论述所直接表达的就是质量辩证法，即量变达到一定程度就会发生质变。对此，他从黑格尔的文本出发进行了进一步的解释，即"事物的存在必也是质量的存在，存在即质和量的统一，质的存在须以适中的量为前提"[②]。而黑格尔的辩证法思想作为马克思主义辩证法的理论源泉，对唯物辩证法有着重要的价值，对理解唯物辩证法也具有积极的理论意义。从艾思奇的论述中可以看到，通过对中庸观念的分析，他不但指出了其逻辑前提，厘清了中国哲学思想的理论内涵和逻辑特征，而且从这一思想出发，引申出黑格尔的辩证法思想，说明质量辩证法的内涵与观点。所以说，尽管这篇文章是对中庸观念的分析，但更为重要的是从中引申出的辩证法思想。并且，在他看来，过分强化了的中庸观念只是一种关于现象的总结，是对质量关系的神圣化。他指出，中庸观念如果"只停止于现象的真理"，就是中庸主义，即"将质量现象神圣化了以后的一种观念论"。[③] 这就表明，不是任何意义上的中庸观念都可以用于说明质量辩证法的，对中国哲学思想的话语、概念及其内涵必须批判性地理解、使用和接收。由此可见，艾思奇对中庸观念的分析，将中庸、"和"的中国哲学思想与马克思主义质量辩证法相连，不仅用中国哲学思想的话语体系说明了马克思主义的辩证法思想，使之易于理解和传播，而且对不同的中庸观念进

[①] 艾思奇：《艾思奇全书》（第一卷），北京：人民出版社，2006年，第147页。
[②] 艾思奇：《艾思奇全书》（第一卷），北京：人民出版社，2006年，第147页。
[③] 艾思奇：《艾思奇全书》（第一卷），北京：人民出版社，2006年，第148-149页。

行了辨析和批判性的分析，传递出马克思主义的理论追求与批判性态度。可以说，无论是在《中庸观念的分析》还是《大众哲学》当中，艾思奇所开展的工作，对于马克思主义中国化有着重要的理论价值和实践价值[①]，既是对马克思主义与中国哲学思想的融合创新的有力尝试，又推动了马克思主义的大众化，促进了马克思主义在中国的传播、理解和接受。

四、毛泽东：本土化马克思主义的认识论和辩证法

在这一阶段内，具有标志性地位和转折性意义的作品是毛泽东写于1937年的《实践论》和《矛盾论》。这就是说，《实践论》和《矛盾论》既是马克思主义中国化进程中的代表性著作，也是有意识地以中华民族的语言和话语体系对马克思主义认识论的阐发。虽然从历史实际上看，这两部著作是为了批判经验主义和教条主义而写的，具有重要的实践价值，但在理论的层面，这也是对马克思主义的中国运用，并且，基于毛泽东深厚的中国传统思想文化背景，当中有多处直接使用了中国哲学思想的话语和概念[②]，既对马克思主义认识论作了中国阐发，又使马克思主义的理论内涵更加易于为人理解和接受。对于《实践论》和《矛盾论》，孙正聿教授指出，"作为马克思主义哲学中国化的里程碑之作"，《实践论》和《矛盾论》的"认识论"和"辩证法"是统一的，即"实践论的矛盾论"和"矛盾论的实践论"，并且，"当代中国马克思主义哲学"不仅关注马克思、恩格斯、列宁，而且也重视毛泽东的《实践论》和《矛盾论》，从中"提炼出一系列的哲学范畴、哲学命题和哲学原理"，赋予马克思主义以"中国特色、中国气派和中国风格"。[③]这就表明了《实践论》和《矛盾论》在马克思主义中国化进程中的

[①] 对于艾思奇的贡献，王伟光有如下评价：艾思奇用"中国特色语言文字表达和哲学形态传播马克思主义哲学，努力推进马克思主义哲学的中国化"。并且，"《大众哲学》是艾思奇运用马克思主义哲学的真理，用中国气派、中国风格、中国特色的哲学话语和思维形式，从辩证唯物主义和历史唯物主义世界观、方法论的高度，回答了当时许多中国人普遍关心又百思不得其解的事情，解决了人们迫切需要解决的认识问题"。参见王伟光：《艾思奇与马克思主义哲学中国化》，《学术探索》，2009年第3期，第1—6页。

[②] 这就与前人的作品有明显的不同，是他有意识、自觉地对马克思主义与中国哲学思想的融合创新，而非仅仅对马克思主义的一种纯粹的运用，或者在无意识、潜意识的情况下对中国哲学思想当中部分概念的借用。所以说，《实践论》和《矛盾论》具有转折性意义。

[③] 孙正聿：《构建当代中国马克思主义哲学学术体系》，《哲学研究》，2019年第4期，第3—9，100，127页。

重要地位，对马克思主义与中国哲学思想的融合创新的考察离不开这两部著作。并且，这两部著作不仅是马克思主义与中国具体实际的结合，不仅是对当时经验主义和教条主义的批判，更是马克思主义与中华优秀传统文化、中国哲学思想的结合，对当代建设有中国特色、中国风格、中国气派的马克思主义哲学具有积极意义。这更加显示出其重要的价值。

《实践论》是对马克思主义认识论的阐释，首先需要加以辨析的就是实践和认识这两个概念及其相互关系。对此，毛泽东以中国哲学思想中的知行概念及其关系对其进行了概括。可以看到，《实践论》的副标题是"论认识和实践的关系——知和行的关系"①。"知"和"行"是中国哲学思想中的一对核心概念，分别指"认识、知识、道德意识"和"行动、行为、实行"②。通过将"认识和实践"与"知和行"两个概念相对应，就既实现了用中国人所熟知的中国传统思想的概念阐释了何为认识和实践，又实现了用知行关系概括认识和实践的关系，使两个概念及其关系清晰易懂，对于传播和理解马克思主义认识论有着积极的作用。

在马克思主义认识论中，实践对于检验认识的真理性是至关重要的。毛泽东指出，要想达到"预想的结果"，就必须使"思想"符合客观规律，如果违背了规律，"就会在实践中失败"，而失败之后，就会"得到教训"，从而反思、改进自己的思想以适合客观规律，由此"变失败为胜利"，这就是"失败者成功之母"和"吃一堑长一智"。③ 在明朝王守仁的《王文成公全书·与薛尚谦书》中，有如下描述："经一蹶者长一智，今日之失，未必不为后日之得。"这就是说，经历一次挫折，就增长一分智慧，今日的过失和失败，未必不是之后之所得，即毛泽东所说的"吃一堑长一智"，这也就表明了失败常发生在成功之前，是成功的基础，即"成功之母"。这里可以看到，毛泽东有意识地化用中国哲学思想及其话语，不仅以白话文的方式将传统思想的复杂表达简化，而且用这一思想说明马克思主义的认识论，解释实践对于检验认识的真理性的作用。通过他的描述可以看到，在实践当中，认识是否符合客观规律将得到检验，实践的失败可以使既有的认识得到反思，并加以改正，从而使认识整体向更符合规律、更切合实践的方向发展，更具

---

① 《毛泽东选集》（第一卷），北京：人民出版社，1991年，第282页。
② 张岱年：《中国哲学大辞典》（修订本），上海：上海辞书出版社，2014年，第28页。
③ 《毛泽东选集》（第一卷），北京：人民出版社，1991年，第284页。

真理性。这就以中国人熟悉的话语生动形象地阐释了马克思主义认识论，实现了马克思主义与中国哲学思想的结合。

不仅是对检验认识真理性的实践标准的论述，毛泽东对认识的不同阶段的论述也体现了他有意识地将中国哲学思想与马克思主义相融合。马克思主义认识论强调从感性到理性的变化，从感觉到判断和推理的变化。对此，毛泽东指出，这种依据概念而进行"判断和推理"并得出合乎逻辑的结论的过程，就是《三国演义》中所说的"眉头一皱计上心来"，即"人在脑子中运用概念以作判断和推理的工夫"。①尽管《三国演义》是我国古代的经典文学作品，但当中的一些描绘仍然是具有哲学意蕴的，毛泽东在这里所引用的话语正是如此。从毛泽东的论述中可以看到，"眉头一皱"在原文中是对人在思考过程当中肢体反应的描述，而在这一描述当中，更深层次的含义则是理性的思考过程，所体现的正是他所说的"判断和推理"的过程，即运用人的理性依据概念进行的思维活动。而"计上心来"也就是在"判断和推理"之后得出结论的过程，"计"就是最终得出的结论。由此一来，毛泽东不仅挖掘出中国传统文本中蕴藏着的深刻的思想和内涵，而且将其用来阐释马克思主义的认识论，从而以中国传统思想的话语体系推动了马克思主义的本土化，促进了马克思主义与中国哲学思想的融合创新。

同样，为说明实践是认识的根本来源，对认识具有决定性作用，毛泽东吸取了《老子》当中的思想和论述。在《老子》中，有"不出户，知天下"的说法。这一说法在毛泽东看来就是"秀才不出门，全知天下事"②。对此，毛泽东从实践与认识的关系出发进行了分析。他认为，首先，这句话在古代是不能够成立的，因为受到当时实践水平的限制，所以不能够做到将天下的事情都汇聚起来加以知晓。其次，在现代，得益于实践水平的发展，能够实现中国哲学思想中的这一境界，但从根本上来说，"真正亲知的是天下实践着的人"③，而非不出门的"秀才"，因为知识可以分为直接知识和间接知识，不出门的"秀才"主要通过间接知识来增加自己的认识，而间接知识又是由"实践着的人"从直接知识中总结而来，并被传达到"秀才"之处的。由此可见，即便用"秀才不出门，全知天下事"对实践在认识当中的决定性

---

① 《毛泽东选集》(第一卷)，北京：人民出版社，1991年，第285页。
② 《毛泽东选集》(第一卷)，北京：人民出版社，1991年，第287页。
③ 《毛泽东选集》(第一卷)，北京：人民出版社，1991年，第287页。

第二章　中国哲学思想对马克思主义阐释发展的历程

作用加以反驳,也是经不起考究的,因为"秀才"所知的只是间接的知识,从根本上来说仍然是由实践而来,只不过经过了他者和各种媒介的中介作用。在此,毛泽东对中国哲学思想话语体系不仅进行了运用,以说明马克思主义认识论对直接知识和间接知识的区分,而且对这一话语本身进行了批判性的考察,从而进一步强化对马克思主义认识论的说明。

并且,对于实践在马克思主义认识论当中的根本性作用和决定性地位,毛泽东还从直接经验和间接经验的角度进行了论述。毛泽东首先从总体上指出,在马克思主义认识论中,无论是通过直接经验获得的知识还是通过间接经验获得的知识,从根本上来说都是离不开实践的,实践对于认识而言是第一性的,具有决定性的作用。他指出,人的知识可以分为"直接经验的和间接经验的两部分",但"就知识的总体说来,无论何种知识都是不能离开直接经验的",这就是所谓的"不入虎穴,焉得虎子",并且这既是"实践"的真理,也是"认识论"的真理,这就是说"离开实践的认识是不可能的"。[①]在论述完直接经验的重要性,以及实践的根本性地位之后,他借用《后汉书·班超传》中"不入虎穴,不得虎子"的典故来加以总结。而在原文当中,根据上下文可以看出,班超的这句话主要是为了强调必须冒险才能取得成功。这一含义也就是毛泽东所说的"实践"的真理。而在毛泽东的论述中,他将这一"实践"的真理扩充至认识论的领域,强调这也是"认识论"的真理,因为在马克思主义看来,实践是决定认识的,这种实践行为所带来的不仅是现实的、实践的结果和成功,也会对人的认识产生影响。因此,尽管古人所说的"入虎穴"无论在实践的意义上还是认识论的意义上都是实践,但"得虎子"的内涵却得到了延伸,即从取得成功扩充至取得认识,由此以中国人熟悉的话语体系,生动形象地说明了实践对认识的决定作用。通过对这一中国传统思想中的话语的运用,毛泽东不仅说明了实践在现实中的重要性,更重要的是指出了实践对于认识的重要作用,强调了实践在认识论中的根本性地位。这就既以马克思主义重新阐释了中国传统思想和文化当中的内涵,赋予了其新的含义,又以中国哲学思想的话语本土化了马克思主义认识论,言简意赅地概括了马克思主义认识论的内核,推动了马克思主义与中国哲学思想的融合创新。

在《矛盾论》当中,毛泽东重点阐发了马克思主义的唯物辩证法,详细

[①] 《毛泽东选集》(第一卷),北京:人民出版社,1991年,第288页。

论述了矛盾的普遍性与特殊性、矛盾的同一性和斗争性、主要矛盾和矛盾的主要方面等马克思主义基本原理。在具体的论述中,他首先对辩证法与形而上学这两种宇宙观进行了说明。他指出,与辩证法用联系、发展的观点看问题相反,形而上学对世界和问题的看法是"孤立的""静止的""片面的","天不变,道亦不变"正是形而上学思想之代表。① 他所引用的这一说法出自《汉书·董仲舒传》:"道之大原出于天,天不变,道亦不变。"董仲舒是儒家思想的代表性人物,在儒家思想的发展史上有着重要的地位。从中可以看到,对董仲舒而言,天是具有决定性作用的,"将天道与人事相比附,认为君臣、父子、夫妻等'道'出于天"②,所以才有了上述这一说法,即人道的状态取决于天,而天在他看来又是不变的,人道因而也就是不变的。对于董仲舒这一思想,毛泽东指出了其形而上学性,即一方面以静止的观点看待问题,认为上"天"和人"道"都是不变的,另一方面则将"道"的变化归诸"天"这一外物,更加是对辩证法的违背,因为在辩证法看来,"事物发展的根本原因"是"在于事物内部的矛盾性"的③,而非由于外在的"天"。由此可见,毛泽东通过对中国哲学思想之论述和话语的引用,以本土化的语言说明了何为形而上学思想,并将其作为辩证法的反面,说明辩证法不仅以变化、发展的眼光看问题,而且强调事物的内部矛盾对于运动、发展的重要性。

在与形而上学的对比中阐明辩证法的总体特征后,毛泽东在对矛盾的特殊性进行具体说明的过程中同样有意识地引用了中国哲学思想的话语体系,以说明马克思主义辩证法的理论内涵及其方法论要求。他指出,在马克思主义辩证法看来,矛盾的特殊性要求在研究问题的过程中,"忌带主观性、片面性和表面性",其中,片面性就是"不了解矛盾各方的特点"。④ 正是矛盾的特殊性这一特点,要求在面对问题的时候对各种不同的、特殊矛盾都有所把握,不能一概而论,忽略矛盾的特殊性,片面地看待问题。对此,毛泽东指出,《孙子·谋攻》中有"知己知彼,百战不殆"一语,《资治通鉴》卷一百九十二中也记录了唐朝魏徵说的"兼听则明,偏信则暗"的话语,这两个

---

① 《毛泽东选集》(第一卷),北京:人民出版社,1991年,第300—301页。
② 张岱年:《中国哲学大辞典》(修订本),上海:上海辞书出版社,2014年,第433页。
③ 《毛泽东选集》(第一卷),北京:人民出版社,1991年,第301页。
④ 《毛泽东选集》(第一卷),北京:人民出版社,1991年,第312页。

论述都表明不能以片面性的方式看待问题。① 在这两处对古人思想话语的引用中可以看到，前者强调要知道矛盾双方的特殊性，即"己"和"彼"，才能正确地认识问题，而后者则强调看待问题要从矛盾的各个方面出发，不能只关注矛盾的一个方面而忽视其他方面，即应当"兼听"不可"偏信"。通过对中国传统思想及其话语的引用，毛泽东以本土化的语言既说明了把握矛盾双方的特殊性之重要性，又指出了把握矛盾当中各个方面之特殊性的重要性，进而将矛盾的特殊性及其方法论要求以简明易懂的话语表达出来，是以中国哲学思想的话语体系本土化马克思主义的有力尝试。

矛盾的同一性，即矛盾在一定条件下的互相转化。对于矛盾的同一性，毛泽东进一步区分了具体的同一性和幻想的同一性，从而更清晰地说明马克思主义辩证法，辨析矛盾的同一性这个特征。毛泽东指出，马克思主义辩证法所说的矛盾的同一性是具体的同一性，因为"我们所说的矛盾乃是现实的矛盾，具体的矛盾"，所以矛盾的同一性，即"矛盾的互相转化也是现实的、具体的"，而非如《山海经》中的"夸父追日"，《淮南子》中的"羿射九日"等，在后者当中的这些同一性，即"矛盾的互相变化"是一种"幻想的变化"，是对现实矛盾的反映，"并不是具体的矛盾所表现出来的具体的变化"。② 在此，毛泽东引用了反映中国传统思想的经典文献，来对矛盾的同一性进行说明，以中国本土化的话语体系对幻想的同一性和具体的同一性进行了辨析，指出这些神话故事当中所反映出来的矛盾的同一性特点只是幻想的而非具体的。在他看来，无论是《山海经》还是《淮南子》，都是一种虚幻的矛盾变化，因为这里所说的同一性不是现实的同一性，而是人们虚构出来的，也不是具体的同一性，而是抽象的同一性，是一种概念或思维的游戏。毛泽东进一步指出，这种"神话并不是具体的同一性，只是幻想的同一性"，而"科学地反映现实变化地同一性的，就是马克思主义的辩证法"。③ 在这一论述中，他对中国传统思想当中所体现出的辩证法进行了总结，指出了其"幻想"的特点，并由此指出马克思主义的辩证法所强调的矛盾的同一性是具体的同一性，是对现实的、具体的矛盾之间相互转化的反映，且这种反映是科学的，而非宗教的、神话的，是从根本上区别于中国传统思想中矛

---

① 《毛泽东选集》（第一卷），北京：人民出版社，1991年，第313页。
② 《毛泽东选集》（第一卷），北京：人民出版社，1991年，第330-331页。
③ 《毛泽东选集》（第一卷），北京：人民出版社，1991年，第331页。

盾的同一性的。这就以本土化的语言说明了何为矛盾的同一性，以及幻想的同一性和具体的同一性，强调了马克思主义辩证法的科学性、现实性、具体性。

毛泽东不仅对矛盾的同一性有所阐发，而且强调了矛盾的斗争性。因为正是同一性和斗争性才构成了矛盾这一总体，矛盾并非单一的同一性或斗争性的。对此，毛泽东用"相反相成"对矛盾的同一性和斗争性进行了总结，强调"相反的东西有同一性"，指出"相反"对应的是斗争，"相成"对应的是同一。① "相反相成"一词，源于东汉班固的《汉书·艺文志》"其言虽殊，辟犹水火，相灭亦相生也。仁之与义，敬之与和，相反而皆相成也"一句。从原文中可以看到，即便是不同的、相反的言论和思想，也是相互生成、相互转化、相互成就的。从中透露出中国哲学思想中的辩证法思想，即以联系的观点看待事物，既不将不同的事物孤立起来，也不把事物之间的对立关系绝对化，而是将其看作彼此相连的，重视事物之间的相互影响和相互转化，看到事物间的运动和变化。正是在这一思想的引导下，古人才能说出"相灭亦相生""相反而皆相成"的话。毛泽东正是在这一基础上加以总结、概括，以"相反相成"四个字加以凝练，以中国哲学思想中本土化的语言体系，表达马克思主义辩证法当中对矛盾的斗争性和同一性的看法，传达了马克思主义辩证法的理论内涵，推动了中国哲学思想和马克思主义的融合创新。

实际上，毛泽东对马克思主义与中国哲学思想的融合创新的贡献，不仅仅体现在《实践论》和《矛盾论》中。他的许多论述都体现了他在中国哲学思想方面的修养，以及他将中国哲学思想的话语体系和概念引入马克思主义的明确的意识②。正是在这一过程中，他实现了对马克思主义的中国阐发，推动了马克思主义的中国化进程。在1938年中共六届六中全会上，毛泽东指出："马克思主义必须和我国的具体特点相结合并通过一定的民族形式才能实现。"③ 如果说前半句所说的"我国的具体特点"是指中国具体实际，

---

① 《毛泽东选集》（第一卷），北京：人民出版社，1991年，第333页。
② 欧阳英指出，毛泽东在《实践论》的结尾强调"辩证唯物论的知行统一观"，是与王阳明的"知行合一"相关联的，"旨在将中国哲学的知行关系问题的理解与解决纳入马克思主义实践观体系之中"。这同样表明了毛泽东对中国哲学思想与马克思主义有意识的融合创新。参见欧阳英：《毛泽东实践概念与马克思主义哲学中国化》，《理论视野》，2021年第5期，第5—11页。
③ 《毛泽东选集》（第二卷），北京：人民出版社，1991年，第534页。

那么后半句所说的"民族形式"则更多的是强调中华优秀传统文化的重要性，而中华优秀传统文化的代表也就是源远流长的中国哲学思想。对此，方克立先生指出，这就是说马克思主义既要与"中国革命的具体实践相结合"，又要与"中国传统哲学和文化相结合"。① 这更加表明，毛泽东不仅在马克思主义中国化的过程中，明确地、有意识地运用中国哲学思想及其话语体系来本土化马克思主义，而且也注意到了中国哲学思想对于"民族形式"的意义，高度重视中华优秀传统文化对于马克思主义中国化的价值②。

五、张岱年：在唯物论与辩证法方面本土化马克思主义

与毛泽东同样对马克思主义与中国哲学思想的结合有着明确意识的还有张岱年。在这一时期，除了撰写《中国哲学大纲》，他还从"以中化马"的道路对马克思主义与中国哲学思想的融合创新进行了探索，以《天人五论》为代表。刘静芳指出，在张岱年的思想体系中，可以看到对"马克思主义与中国传统哲学的结合"的重视，相比之下，艾思奇则较为关注"马克思主义与中国革命的具体实际相结合"。③ 从这一论述可以看出张岱年在"以中化马"这条道路上的重要地位，其对中国哲学思想的融合创新与毛泽东一样，是具有高度自觉和鲜明度的，体现出"以中化马"的明确意识。在他自己所写的"《真与善的探索》自序"中，他明确表达了自己在20世纪30年代到40年代所做的工作，即"意图将中国古典唯物论与现代唯物论，将中国古典辩证法与现代科学辩证法结合起来，采取民族的形式，而以概念分析的方式出之"④。在这一论述中，"现代唯物论"和"现代科学辩证法"也就是马克思主义的唯物论和辩证法。这就表明他在当时所开展的学术研究是有明确的理论指向的，是有意识地将中国哲学思想与马克思主义相结合的。在《天

---

① 方克立：《中国哲学与辩证唯物主义》，北京：高等教育出版社，1998年，第14页。
② 汪信砚指出，毛泽东把"马克思主义哲学与中国的实际相结合，在深刻总结中国革命实践经验的基础上，系统阐述了辩证唯物论的知行统一观，概括出了'实践——认识——实践'的人类认识总公式，并从这一公式中引申出了'特殊——一般——特殊'的辩证认识方法。"并且，通过这里分析可以看到，毛泽东不仅是把马克思主义与中国的实际、革命实践经验相结合，而且做到了与中国哲学思想、中华优秀传统文化的结合，具有更深刻的意义。参见汪信砚：《马克思主义哲学中国化与中国道路的哲学表达》，《哲学研究》，2018年第1期，第14—24，127页。
③ 刘静芳：《艾思奇与张岱年：马克思主义哲学中国化过程中的内部分歧》，《毛泽东邓小平理论研究》，2008年第12期，第31—36，81页。
④ 张岱年：《天人五论》，北京：中华书局，2017年，《真与善的探索》自序第2页。

人五论》中，张岱年分别对辩证法、唯物论、价值论、认识论、宇宙观等进行了探讨，坚持用"逻辑分析"的方法来阐释马克思主义，并坚持"客观世界"的独立性，"物质存在""感觉经验"的第一性，坚持其对于"生命""意识""思想观念"的决定性作用，同时看到中国哲学思想当中的积极因素，批判地使用"事理""道器""体用""心物""天人"等范畴。① 由此可以看出，张岱年在推动马克思主义与中国哲学思想融合创新的过程中，对马克思主义立场、观点的坚守，和对中国哲学思想的挖掘和利用，以及他对这一融合创新的贡献。

在论及辩证法的主要原则时，张岱年讨论了辩证法的一些基本概念，强调对立是辩证法的核心概念，并将对立这一概念分为相反和矛盾两种。对于"矛盾"一词，张岱年指出，其源自《韩非子》中的"一寓言"，即"不两立或不相容"，而具体在中国哲学思想中，周敦颐所说的"动而未形有无之间者几也"（《通书》）关于有无的说法则可以为例。② 从张岱年的这一论述中可以看到，他对辩证法中"矛盾"一词进行了考证，指出这一翻译源自《韩非子》，即矛与盾的故事，进而表明了在中国哲学思想中"矛盾"一词的原意，以使马克思主义辩证法的概念得到更清晰的理解。并且，他以周敦颐的论述为例进行具体的说明，指出有无是一对相对立的概念，强调在中国哲学思想当中，关于有无的思想和论述正是辩证法矛盾概念的体现。而且，他对于内在矛盾还进行了更加详细的论述。在他看来，内在矛盾主要分为"不同方面的矛盾""作用或趋向之矛盾""成分或要素之矛盾"。③ 而关于"不同方面的矛盾"，他以朱熹《朱子语类》卷九十五中的说法来加以进一步论述，即"就一言之，一中又自有对。且如眼前一物，便有背有面，有上有下，有内有外，二又各自为对。虽说'无独必有对'，然独中又自有对"。从朱熹的描述中可以看到，所谓矛盾的不同方面，就是在"一"当中所存在的"对"，无论上下、背面、内外，都是统一于"一"当中的，成对出现的方面都在"一"当中，所以朱熹说"独中又自有对"，以此总结矛盾不同方面的同一性。通过引用中国哲学思想家的经典论述，张岱年说明了何为矛盾的不同方面，指出了矛盾不同方面所具有的差异性和同一性，从而以中国哲学思想的

---

① 张岱年：《天人五论》，北京：中华书局，2017年，《真与善的探索》自序第4页。
② 张岱年：《天人五论》，北京：中华书局，2017年，第38页。
③ 张岱年：《天人五论》，北京：中华书局，2017年，第46页。

话语体系将马克思主义辩证法的概念本土化,使之更易于理解和传播,为融合创新马克思主义与中国哲学思想做出了积极有力的尝试。

除了在讨论"矛盾"概念时借用了中国哲学思想,他在论及辩证法的"扬弃"概念时,也从中国哲学思想经典著作中找到了相关论述,以说明"扬弃"概念的理论内涵。他指出,黑格尔所谓的"扬弃"(Aufheben),即"破灭""容纳""昂扬",在《易传》中已经得到了揭示,即"遏恶扬善","遏扬"合并在一起即黑格尔"扬弃"之义。① "遏恶扬善",即遏制不好的、坏的,发扬好的、善的。他首先将"扬弃"一词的三个方面进行了归纳和总结,强调其一方面是"破灭",即"弃"之义,另一方面是"昂扬",即"扬"之义,且还有"容纳"之义。这就揭示了"扬弃"的理论内涵,特别是"容纳"的意思,因为这是蕴藏于这一概念名词当中更深层次的含义。黑格尔在《小逻辑》当中就已经指出,"肯定中即包含有它所自出的否定,并且扬弃其对方(否定)在自身内,没有对方它就不存在"②。这里所说的"包含"和"在自身内"就是张岱年所说的"容纳"之义。在分析了"扬弃"概念的三方面含义后,张岱年又引用《易传》中的说法,以中国哲学思想的话语和概念来同义阐释黑格尔辩证法的"扬弃"概念,又将德语"扬弃"(Aufheben)一词译为"遏扬"。而在辩证法当中,从上述黑格尔对肯定和否定的论述中可以看到,通常一事物需首先经过否定,再经过否定之否定两个过程,否定之否定即是肯定,虽然与最初的肯定显然是不同的,是包含否定"在自身内"的,但这也就表明,辩证法扬弃的过程实际上应当是先"弃"后"扬"。因此,张岱年先生在此借用《易传》的说法,与"扬弃"一词相比,更加贴合辩证法的原意,即先经过否定的"遏"的环节,再经过否定之否定的"扬"的环节。这不仅是在中国哲学思想基础上对辩证法概念的新理解,而且也是将其概念表达和话语体系本土化的积极尝试,并且在这一过程中,表现出中国哲学思想中的辩证法思想,体现出中国哲学思想与马克思主义的一致性,对中国哲学思想与马克思主义的融合创新有着积极意义。

对于马克思主义辩证法的基本原则和范畴,张岱年同样用中国哲学思想的话语体系进行了总结。在他看来,变化的观点、质量互变规律以及否定之

---

① 张岱年:《天人五论》,北京:中华书局,2017 年,第 41 页。
② 黑格尔:《小逻辑》,贺麟译,上海:上海人民出版社,2009 年,第 178 页。

否定规律都可以归纳为"反复原则",而对立统一规律中的对立统一关系和内在矛盾思想以及联系的观点则可以总结为"两一原则","反复"和"两一"都是"中国古代哲学中的名词"。① 对于"两一",北宋思想家张载首次将"两"和"一"纳入哲学范畴,在《正蒙·太和》中强调"两不立则一不可见,一不可见则两之用息","不有两则无一"。② 从中可以看到,"两一"正是对联系、矛盾辩证法的阐明,没有对立也就没有统一,而看不到统一也就看不到对立,即对立中有统一,统一中有对立。而"反复"一词则更加直接地表明了事物运动、变化的状态,反映出事物变化的特征,总结了辩证法当中对质量变化、否定变化的描述。由此可见,张岱年运用中国哲学思想的话语和概念,对辩证法的基本原则和规律进行了提炼和总结,推动了马克思主义的本土化,促进了马克思主义与中国哲学思想的融合创新③。

总的来说,通过对这一时期的主要代表人物及其代表性著作的分析,可以看到马克思主义中国化在"以中化马"的方面得到了积极的推进。从李大钊、李达、艾思奇到毛泽东、张岱年等,对于中国哲学思想的话语体系的运用,逐渐从潜意识的走向有意识的,理论的自觉性逐渐增强,马克思主义当中中国哲学思想的在场性不断提高,马克思主义的本土化程度也随之提高。而在这种以中国哲学思想话语体系本土化马克思主义的过程当中,国内先进分子对马克思主义中国化的意识也越发明确。所以,在1938年中共六届六中全会上,毛泽东指出:"马克思主义必须和我国的具体特点相结合并通过一定的民族形式才能实现。"④ 这就表达了马克思主义与中国哲学思想融合创新的必要性和重要性。这一阶段的理论尝试为之后马克思主义与中国哲学

---

① 张岱年:《天人五论》,北京:中华书局,2017年,第52页。
② 张岱年:《中国哲学大辞典》(修订本),上海:上海辞书出版社,2014年,第34页。
③ 张岱年先生对马克思主义与中国哲学思想的融合创新之贡献不止于此。有学者指出,张岱年从20世纪30年代末开始,"在马克思主义综合创新文化观的指导下融会中、西、马人生哲学资源,创立了第一个系统化的中国化马克思主义人生哲学体系,为中国传统人生哲学的现代转化和马克思主义哲学的中国化探索了一条新路,为中国社会的现代转型和持续稳定发展提供了一种精神信念的支撑"。并且,张岱年强调人生哲学在马克思主义中的重要性,提出"马克思、恩格斯的人生哲学""辩证唯物论的人生哲学""唯物史观的人生哲学""社会主义的人生哲学"等新的观点。可以说,他"以富有民族特色的语言形式使马克思主义人生哲学的基本原理得到了比较系统的阐发和比较丰满的表现"。参见杜运辉:《张岱年的中国化马克思主义人生哲学》,《现代哲学》,2013年第2期,第120—126页。王立胜研究员也同样肯定了张岱年"综合创新论"对马克思主义与中国哲学思想相融合的意义,参见王立胜:《论中国马克思主义哲学大众化——基于百年进程的回顾与展望》,《中共中央党校(国家行政学院)学报》,2021年第25卷第5期,第12—21页。
④ 《毛泽东选集》(第二卷),北京:人民出版社,1991年,第534页。

思想的融合创新奠定了重要基础。

第二节 以中国哲学思想的理论命题活化辩证唯物主义的时期

从1949年新中国成立至1978年改革开放，是"以中化马"的第二个时期，即以中国哲学思想的理论内容活化辩证唯物主义。在学界的普遍观点中，这一时间段通常被称为"教科书"阶段，孙正聿教授指出，这主要是"以教科书为标准的"[①]。汪信砚教授同样认为，这一时期的"教科书范式"，为的是服务于"哲学原理教科书"，在标准上则同样以"哲学原理教科书"为准。[②] 具体而言，这一"教科书"体系，主要受苏联教科书的影响，将马克思主义分为"辩证唯物主义"和"历史唯物主义"，又将当中各部分分为"唯物论""辩证法""认识论"和"历史观"。[③] 并且，在"教科书"体系当中，主要将社会存在与社会意识的关系问题视为物质与意识的关系问题在历史观上的反映，这就将历史唯物主义变成了辩证唯物主义的附加成分，所以，"教科书"体系在辩证唯物主义和历史唯物主义两大部分中，更加强调辩证唯物主义[④]，重视马克思主义的唯物论思想。而在对"以马化中"这一时期的分析中已经可以看出强调辩证唯物主义的原因。这同样是受到了恩格斯在《路德维希·费尔巴哈和德国古典哲学的终结》中所指出的"全部哲学，特别是近代哲学的重大的基本问题，是思维和存在的关系问题"[⑤] 的影

[①] 孙正聿：《当代中国的马克思主义哲学研究》，《河南大学学报（社会科学版）》，2005年第4期，第6—8页。

[②] 汪信砚：《当代中国马克思主义哲学的研究范式》，《中国社会科学》，2008年第2期，第4—15，204页。

[③] 汪信砚：《马克思主义哲学中国化与中国道路的哲学表达》，《哲学研究》，2018年第1期，第14—24，127页。

[④] 这一点在李达主编的《唯物辩证法大纲》中已经可以看出。李达指出，"把唯物辩证法应用于考察社会历史，从而发现唯物辩证法的一般规律在社会历史领域中所特有的表现，这就是历史辩证法（即唯物史观）。"参见李达：《唯物辩证法大纲》，北京：人民出版社，1978年，第61页。从这一论述就可以看到，辩证唯物主义是这一时期关注的焦点，历史唯物主义只是辩证唯物主义在历史观上的运用。

[⑤] 《马克思恩格斯文集》（第四卷），北京：人民出版社，2009年，第277页。

响。根据这一哲学基本问题,哲学也就从根本上被划分为唯物主义和唯心主义两大派别,历史唯物主义显然是隶属于唯物主义的,而辩证唯物主义则主要是为了强调马克思主义的唯物主义是有别于曾经的各种唯物主义思想的。

正是出于这一时期学术界的历史特征,本阶段以"辩证唯物主义"[①] 称呼马克思主义,这同时也显示出当时学界对马克思主义的理论认知。然而,尽管这种教科书体系显示出了一定的局限性,即教科书作为教科书所带有的"讲坛哲学"特征落后于"论坛哲学"[②],但在具体的论述当中,仍然可以看到对中国哲学思想理论内容的运用。而正是这种运用,客观上对这种教科书范式起到了活化[③]的作用,即活化了辩证唯物主义,由此不仅推动了马克思主义与中国哲学思想的融合创新,而且为之后对教科书范式的反思、突破埋下了伏笔,奠定了基础。

一、李达:对辩证唯物论和唯物辩证法的灵活表达与阐释

在这一时期,李达主编的《唯物辩证法大纲》是主要的代表作之一。在1961年到1965年间,李达为编写这部著作耗费了许多精力。这部著作在系统论述马克思主义的历史沿革和理论内涵的过程中,融入了中国哲学思想的理论内容,从客观的角度看,对马克思主义与中国哲学思想的融合创新起到了一定的推动作用。

具体而言,对于辩证唯物主义的论述,既离不开对四大板块中的辩证唯物论的强调,更离不开对唯物辩证法的说明,因为辩证法和唯物论是直接体

[①] 在此需要对"辩证唯物主义"进行更详细的说明。实际上,"辩证唯物主义"一词主要源于斯大林1938年的《论辩证唯物主义和历史唯物主义》。在这一作品当中,斯大林指出"历史唯物主义就是把辩证唯物主义的原理推广去研究社会生活,把辩证唯物主义的原理应用于社会生活现象,应用于研究社会,应用于研究社会历史"。参见《斯大林选集》(下卷),北京:人民出版社,1979年,第424页。这就表明了辩证唯物主义相对于历史唯物主义的第一性。这一观点在这一时期的许多教科书中都有所体现,且尽管艾思奇编写了反映马克思主义中国化的教科书《辩证唯物主义历史唯物主义》,但单从名称上看,至少在理论范式上仍然没有摆脱苏联马克思主义的影响。

[②] 汪信砚:《马克思主义哲学中国化与中国道路的哲学表达》,《哲学研究》,2018年第1期,第14—24,127页。

[③] 之所以用活化一词,一方面考虑到教科书出于自身教育的目的,必然要将一些理论内容总结为原理、规则,并加以固定化,就会对思维的发散带有一定的局限性,思维因而不够灵活;另一方面考虑到教科书体系在这一时期普遍流行的事实,其他相关的思考便可能会不够引人关注,学界整体呈现出教科书范式的特点,不同思维范式间的碰撞较少,学术争鸣不够活跃。

现在辩证唯物主义这一名称当中的,认识论和历史观则不然①。对于唯物辩证法,李达在《唯物辩证大纲》当中给出了高度的评价。他认为,唯物辩证法不仅仅是一种世界观以及"世界观和方法论的统一",更重要的是,唯物辩证法是"唯一科学的世界观",因为唯物辩证法是集各种科学之大成,是有关"最一般规律的客观知识",当中所包含的规律,是"放之四海而皆准"的。② 从这一论述中可以看到,唯物辩证法高度的科学性,以及由这种科学性而来的普遍适用性。对这种普遍适用性,李达不仅使用了中国哲学思想的话语体系,更是使用了其理论内容来加以表达和描述,这就从客观上为辩证唯物主义的教科书注入了一丝生气,使之变得活化。"放之四海而皆准"一语,出自《礼记·祭义》:"夫孝……推而放诸东海而准,推而放诸西海而准,推而放诸南海而准,推而放诸北海而准。"在中国传统思想中,认为孝道无论放到哪里,都是准则,由此表明孝是具有普遍适用性的。而李达在此用"放之四海而皆准"来形容唯物辩证法的普遍适用性,不仅做到了以中国哲学思想的话语体系本土化马克思主义——文字上的融合是最基础的——更重要的是以这一论述的理论内涵,即具有普遍适用性,来充分说明唯物辩证法的科学性,从客观上活化了辩证唯物主义,对马克思主义与中国哲学思想的融合创新起到了推动作用。

人的问题是马克思主义关注的焦点,人是如何产生的也是论述辩证唯物主义时所必须回答的问题。在李达主编的这部著作中可以看到,他将人的产生过程从马克思和恩格斯的文本中归纳、总结了出来,围绕劳动形成了一条主要的线索③。首先,手脚的分工和直立行走具有决定性意义。正如恩格斯所言,这"迈出了从猿过渡到人的具有决定意义的一步"④。在此基础上,人身体的各个部位都开始发生变化,与猿区别开来,并进而产生了语言。由于劳动和语言的推动,人脑也逐渐开始形成,随之而来的还有各种感觉器官,在感觉的丰富下,加上语言的作用,最终产生了意识,这又是一个人之为人的重要标志。其中,对于感觉的发展,李达借用了中国传统思想中的说

---

① 这也正表明了实践认识论中的实践范畴和历史唯物主义的历史范畴在这一时期在一定程度上不受重视的情况,同时也为后两个时期实践唯物主义、历史唯物主义回到学术舞台设定了背景。
② 李达:《唯物辩证法大纲》,北京:人民出版社,1978年,第64页。
③ 参见李达:《唯物辩证法大纲》,北京:人民出版社,1978年,第219—221页。
④ 《马克思恩格斯文集》(第九卷),北京:人民出版社,2009年,第551页。

法"眼观四面,耳听八方"①。"四面"即《礼记·乡饮酒义》中所说的:"四面之坐,象四时也。"这就表明,在古人的世界观中,之所以选取四面而非五面、三面,是根据气候变化而来的。气候有四季变化,因此"坐"的"四面"也就是象征着四季而来的。这也就表明在中国哲学思想中,对于方位的认知是依据"天"的状况而来的,"天"是人认识的对象。而"八方"一词则与八卦当中乾、坤、离、坎、兑、震、巽、艮有着密切的关系②。因此,尽管"眼观四面,耳听八方"看似是一句耳熟能详的俗语,但其中的内涵却透露出中国古人的世界观和智慧。李达在此引用这句话来说明感觉的发展,不仅在比喻的意义上表达出感觉的高度发达和丰富,而且从客观上讲,在理论内容上显示出感觉发展的意义。这一方面在于"四面"象征着人将外部世界"天",作为对象与主体相区分而加以认识,由此人从与外部自然的混沌一体状态中脱离出来,在主客体关系上表明了主体性的独立,也就显示出感觉的发展对于主体性的独立之意义;另一方面在于"八方"所反映出的《易经》当中对世界的理性认识,这是超越感觉层次的,由此便将感觉的发展与理性认识相联系,强调人对世界的认识是感性与理性的统一。因此可以说,李达借用中国哲学思想的理论内容,转述了马克思主义对人的感觉发展的考察,并在这一过程中具体阐述了感觉的发展对于人之为人的重要意义③,活化了教科书体系的辩证唯物主义。

辩证唯物主义之所以称为辩证唯物主义,区别于朴素唯物主义、机械唯物主义等唯物主义的形态,就在于其中的辩证法思想。说到辩证法思想,就不得不提及辩证法的三大规律④,即质量互变规律、对立统一规律、否定之否定规律。而对于质变和量变的辩证关系,李达大量引用了中国哲学思想的论述,以其理论内容来对从量变到质变的规律进行说明,为辩证唯物主义注入中国思想的活力。李达指出,在中国古代思想当中,已经有了对量变到质

---

① 李达:《唯物辩证法大纲》,北京:人民出版社,1978年,第221页。
② 具体而言,有文王八卦方位和伏羲八卦方位之分,或称先天八卦和后天八卦。关于具体的八卦方位图,参见朱熹:《周易本义》,北京:中华书局,2009年,第12、14页。
③ 并且,眼观、耳听都是对象性的活动,是与动物的眼观、耳听具有本质上区别的。因为后者的这些活动并非对象性的活动,只是一种本能的生物学的接收动作,而人的这些感觉行为则是从作为主体的自身出发对客体的感觉。
④ 两大观点、三大规律、五对范畴在教科书体系的辩证唯物主义中得到特别凸显。两大观点即联系和发展的观点,五对范畴即原因和结果、内容和形式、现象和本质、偶然性和必然性、可能性和现实性。

变的认识和论述，尽管还只停留于朴素的阶段。他认为，《战国策》中的"积羽沉舟，群轻折轴"，《尚书》中的"为山九仞，功亏一篑"，《荀子》中的"不积跬步，无以至千里；不积小流，无以成江海"等论述，都是对量变到质变的认识，尽管这"不足以真正揭示量变引起质变的客观规律"。[①] 在古人看来，即使是羽毛这种轻盈的物体，积累到一定程度也可以让船沉下去，轻的东西达到一定数量则可以让车轴折断。这一论述直接表明了即便是微不足道的个体，只要达到一定的量，就会产生质的变化，从轻变成重。由此可见量变是质变的充分条件，量变决定着质变。而"为山九仞，功亏一篑"则指的是，要堆很高的山但凡缺一筐土也不能完成。这就表达了对于质变而言，量变的重要性，即只要量变没有达到一定的程度，就发生不了最终的质变。从中可以看到，量变是质变的必要条件，质变不是凭空发生的，必然要求有量变作为逻辑前提。如果说《战国策》中的论述体现的是从具体的同一物体自身数量的变化出发对质量关系的认识，《尚书》中的论述体现的是不同事物由于数量关系的变化而发生的转化，那么《荀子》中的论述则从更为抽象的空间的角度出发表达对质量关系的认识。在《荀子》中可以看到，无论是"步""千里"还是"小流""江海"，都在描述一种空间的变化，前两者是平面空间上的距离，后两者是三维空间上的大小，不过这并未概括为如同"质""量"一样的知性概念。从这些论述中可以看到，中国哲学思想的理论内容已经表达出对质量关系的认识，尽管这些表达仍要么停留于具体的意象，要么停留于空间这一感性直观形式，尚未达到马克思主义辩证法关于质变和量变规律的认识水平，即未能将其总结为可以普遍使用的理论规律，还未将从"积羽""群轻""一篑""跬步""小流"到"沉舟""折轴""九仞""千里""江海"的变化总结为量变引起质变的规律。正如李达所言，这些认识还"不足以真正揭示量变引起质变的客观规律"，而只有"为马克思主义哲学所正确地概括了的近代和现代科学的成果"，才证明了"量变引起质变"这一规律的普遍适用性。[②] 然而，尽管中国哲学思想中对于量变和质变的辩证法规律的认识还处于较为初级的阶段，但不能否认的是其话语中所表露出来的客观存在的理论内容。通过借用这些论述，李达便将辩证法中关于量变是质变的积累、质变是量变的结果，以及量变是质变的充分必要条

---

① 李达：《唯物辩证法大纲》，北京：人民出版社，1978年，第298页。
② 李达：《唯物辩证法大纲》，北京：人民出版社，1978年，第298页。

件等观点以中国哲学思想的理论内容表达出来,这就从客观上活化了教科书体系的辩证唯物主义,推动了马克思主义与中国哲学思想的融合创新。

总的来说,在李达《唯物辩证法大纲》的总体架构中,可以看出如下事实,即这部著作主要关注马克思主义辩证唯物主义的理论方面,强调唯物辩证法的重要地位,对世界的物质统一性这一辩证唯物论原理进行了充分的说明,并用大量的篇幅论述了唯物辩证法的三大规律和五对范畴,最后探讨了辩证法视野下的马克思主义认识论。尽管李达的《唯物辩证法大纲》实现了对辩证唯物主义的充分说明,但也暴露出这一阶段过度强调客观性,忽略人的主体性、能动性的事实。其实,更加重视客观的辩证法规律,也是教科书体系的特点或者说缺陷所在。然而,通过对这部著作的具体分析,可以看到,在实际的论述过程中,李达不仅引用了中国哲学思想的话语和概念,而且借用了其理论内容——这就比上一阶段更进一步——来说明马克思主义辩证法的理论内涵,从而在客观的呈现效果上活化了辩证唯物主义,对马克思主义和中国哲学思想的融合创新起到了促进作用。

二、艾思奇:强调对辩证唯物主义和历史唯物主义的灵活理解

在这一时期除了李达的《唯物辩证法大纲》,主要的代表作还有艾思奇主编的《辩证唯物主义历史唯物主义》。20世纪五六十年代,国内受米丁等人编写的教材的影响较大,主要采用苏联教材,但苏联教材并非针对中国的国情,所以编写一部中国式的马克思主义教材尤为迫切。这就是《辩证唯物主义历史唯物主义》的诞生背景。这部著作首次出版于1961年,后多次再版,在国内马克思主义学界和教育界产生了重大的影响,得到了广泛的传播和接受。对于这部著作,王伟光教授给出了高度的评价,指出它是"马克思主义哲学中国化的教科书的成功范本,该书的编撰过程就是马克思主义哲学中国化的创新过程","这本书用中国化的马克思主义哲学培养了整整一代人",并且当中有很多"中国哲学史"的内容,对马克思主义中国化具有深刻的意义。[①] 从这一评价中,不仅可以看到这部著作在这一时期的代表性和重要的理论与实践价值,而且可以明显地看出这部著作不仅将马克思主义与

---

① 王伟光:《艾思奇与马克思主义哲学中国化》,《学术探索》,2009年第3期,第1—6页。

中国具体实际相结合，而且把马克思主义与中国哲学思想相结合，从而推动了马克思主义与中国哲学思想的融合创新，推动了马克思主义中国化进程。

在论述辩证唯物主义的过程中，艾思奇谈到了作为物质根本属性的运动，介绍、说明了马克思主义对运动的看法。他指出，在辩证唯物主义看来，运动与物质是不可分离的，没有不运动的物质，也没有无物质的运动①。尽管辩证唯物主义如此强调运动，但这并不意味着对静止的否认。不过，在辩证唯物主义看来，静止是相对的，"只是物质运动的特殊形式"②。对此，艾思奇引用了中国哲学思想家王船山的论断来进一步说明。他认为，王船山在《思问录·内篇》中所说的"静者静动，非不动也"和对"废然之静"的否认，都表达了静止的相对性和对绝对静止的反对。③ 从这两处引用可以看到，中国哲学思想已经意识到绝对的静止是不可能的，所谓的静止只是一种"静动"而非"不动"，更不是一种"废然之静"，即绝对的静止。静乃是动的一种特殊状态，是相对于动、依赖于动的。通过借用中国哲学思想的理论内容，艾思奇对辩证唯物主义的观点进行了补充说明，以中国人的方式灵活地说明了马克思主义对运动和静止的看法，不仅表达了静止的相对性、运动的绝对性，而且显示出静止与运动的辩证统一关系，由此活化了辩证唯物主义，使其在中国哲学思想的理论内容中，以更加中国化的方式得到表达。

唯物辩证法中关于矛盾的思想也是在论述辩证唯物主义的过程中必然面对的话题。在辩证唯物主义中，矛盾是普遍存在的，并且是事物发展的动力源泉。这即是说，矛盾所不断进行的运动，即对立统一的过程，相互依赖、相互转化、相互斗争的过程，就推动了事物的运动和发展。对此，艾思奇强调，"矛盾即是运动，即是事物，即是过程，也即是思想"④。这一论述充分表明了辩证唯物主义中的矛盾发展观，或者矛盾运动观，强调矛盾就是运动，就是发展的动力，并且既是物质运动发展的动力，也是思想运动发展的动力，矛盾具有普遍性。对于辩证唯物主义关于矛盾发展观的看法，艾思奇进一步引用了许多中国哲学思想的说法加以论证。他指出，《道德经》中的"反者道之动"，程颐在《二程全书·遗书》中所说的"万物莫不有对"，和

---

① 参见艾思奇：《艾思奇全书》（第七卷），北京：人民出版社，2006年，第573—576页。
② 艾思奇：《艾思奇全书》（第七卷），北京：人民出版社，2006年，第576页。
③ 艾思奇：《艾思奇全书》（第七卷），北京：人民出版社，2006年，第576—577页。
④ 艾思奇：《艾思奇全书》（第七卷），北京：人民出版社，2006年，第610页。

戴东原在《戴东原集·读易系辞论性》中的"一阴一阳,盖言天地之化不已也,道也。一阴一阳,其生生乎"等论述,都是关于矛盾的说法。① 老子所说的"反者道之动",指的是相对立的事物是"道"运动的动力,这就从老子的思想角度说明了矛盾是事物运动变化之动力的道理。而"万物莫不有对",其中"对"这个字就透露出事物是成对出现的,显示了矛盾是普遍存在的,没有单一存在的事物,更没有无矛盾的事物。戴东原的说法,在前两者的基础上表明,"阴"和"阳"构成了一对矛盾,是宇宙万物变化发展,即"天地之化"不停歇的原因,所以说这对矛盾"生生"不息。通过引用戴东原的说法,艾思奇进一步表明了矛盾对于运动变化的重要性。从这些论述中可以看到,借用中国哲学思想的理论内容,艾思奇更清晰地论述了辩证唯物主义的理论内涵,并为之注入中国哲学思想的活力,不仅从论据上活化了辩证唯物主义,而且在内涵上也丰富了辩证唯物主义,推动了马克思主义与中国哲学思想的融合创新。

这部著作的另一大板块是历史唯物主义。在论述历史唯物主义的过程中,艾思奇同样以中国哲学思想的理论内容来对历史唯物主义加以说明。并且,既然在这一时期对马克思主义的认知中,历史唯物主义只是辩证唯物主义在历史观上的运用,那么对历史唯物主义的说明的出发点便是辩证唯物主义。对此,艾思奇指出,历史唯物主义就是"把辩证唯物主义推广到对人类社会的认识",从唯物主义的立场出发剖析人类的"社会历史领域",从而形成"完备的、彻底的唯物主义哲学"。② 这不仅指出对历史唯物主义的论述是建基于辩证唯物主义之上的,而且清晰地表明历史唯物主义的论题域是在"人类社会",即"社会历史领域"。

唯物主义经过了朴素唯物主义、机械唯物主义再发展成辩证唯物主义,这在历史观领域同样适用。艾思奇指出,中国哲学思想中朴素的唯物主义也拓展到了历史观领域,对社会历史产生了一定的唯物主义认识。"有些唯物主义者力图用唯物主义的观点来解释某些社会历史现象",尽管如此,从整体上看,他们对社会历史的看法依旧是"唯心主义的"。③ 在此,他引用了管仲、王充的思想进一步说明何为对社会历史的唯物主义看法,为厘清何为

---

① 艾思奇:《艾思奇全书》(第七卷),北京:人民出版社,2006年,第610页。
② 艾思奇:《艾思奇全书》(第七卷),北京:人民出版社,2006年,第734页。
③ 艾思奇:《艾思奇全书》(第七卷),北京:人民出版社,2006年,第736页。

历史唯物主义奠定了基础。管仲在《管子·牧民》中指出"仓廪实而知礼节，衣食足则知荣辱"。这就是说粮食充足后人们才知道礼仪、礼节，衣食无忧则是荣辱观念的前提条件。从这一论述中可以看到，在管仲的思想当中，已经就开始显示出对物质资料的关注，即"仓廪""衣食"，强调以这些物质资料为代表的物质对于思想的影响和基础性作用，表明物质是先于对"礼节""荣辱"的意识的。在此基础上，艾思奇进一步列举了东汉王充的思想。在《论衡·治期篇》中，王充有如下论述："世之治乱，在时不在政。国之安危，在数不在教。"艾思奇指出，这是对管仲观点的进一步发挥。①这是因为在王充的论述中，唯物主义的思想更为明确，对物质的理解比"仓廪""衣食"等物质资料更高一级，强调"时""数"等更加抽象的物质范畴。王充指出，天下的和平或战乱，是由天"时"决定的，而非朝政的治理状况，国家的安危则是由命"数"、天"数"决定的。从王充的这一理解中不难看出，他将社会的发展归结于上天，即自然条件，表明了自然是比"仓廪""衣食"这些范畴更加本质性的物质，其思想在抽象程度和深度上更接近哲学意义上的唯物主义。但在这一论述中，显而易见的是，他将社会状况归结于"自然条件"，这是"错误的"②，不过艾思奇仍然肯定了王充的观点在"反对主观唯心主义的历史观"上的意义，是运用唯物主义理解社会历史的积极探索。③通过引用中国哲学思想家的理论观点，艾思奇充分说明了何为对唯物主义在历史观上的运用，这是理解历史唯物主义是辩证唯物主义在历史观上的运用的前提。如果说理解朴素唯物主义是历时性地理解辩证唯物主义的基础，那么把握管仲、王充的思想，就是理解历史观上的朴素唯物主义，为理解历史观上的辩证唯物主义奠定基础。这就活化了对辩证唯物主义与历史唯物主义的理解，中国哲学思想既为其注入了理论活力、增加了其理论的历史感、增添了新的说明内容，又活化了对辩证唯物主义的理解，在中国哲学思想中强化了辩证唯物主义的重要意义和价值。

艾思奇主编的《辩证唯物主义历史唯物主义》，比李达主编的《唯物辩

---

① 艾思奇：《艾思奇全书》（第七卷），北京：人民出版社，2006年，第736页。
② 这里的问题不仅在于这种朴素的唯物主义思想在历史观上的反映，而且王充所说的"时""数"也带有唯心主义的倾向，不但将社会历史的决定性因素归结于自然，而且存在将其神秘化的倾向，升格为客观唯心主义。所以艾思奇才强调，尽管他们"试图用唯物主义的观点来解释某些社会历史现象，但他们的社会历史观在整体上仍然是唯心主义的"。参见艾思奇：《艾思奇全书》（第七卷），北京：人民出版社，2006年，第736页。
③ 艾思奇：《艾思奇全书》（第七卷），北京：人民出版社，2006年，第736页。

证法大纲》更加明确地反映出这一时期教科书体系马克思主义的特征，即尽管欲求摆脱苏联教科书体系，但在总体范式上仍受苏联的影响，强调辩证唯物主义，重视客观性①。即便如此，仍然可以在这两部著作中看到这一时期所具有的与众不同之处，也就是将中国哲学思想的理论内容加以借鉴、引入，既活化了教科书的形式和内容，又让辩证唯物主义的理论内涵得以更生动的理解和说明。这就表明了尽管教科书体系的辩证唯物主义有自身的理论与实践价值，但相较于后一时期的实践唯物主义，仍暴露出了自身的局限性。不过这种局限性在引入中国哲学思想的理论内容后得到了平衡②，即体现出在"以中化马"道路上对马克思主义与中国哲学思想融合创新的推动。

总的来说，在这一时期，以李达、艾思奇为代表的学者纷纷展开了对辩证唯物主义的说明和阐释，这是与同一时期"以马化中"道路上对哲学基本问题的关注具有相似性和同步性的，即对辩证唯物主义，也就是对物质第一性的强调，强调唯物主义与唯心主义、唯物史观与唯心史观的对立。而在这些学者的写作过程中，马克思主义与中国哲学思想的融合创新也在客观上得到了推动，这一方面来自实践上的原因，即要求摆脱苏联体系的影响，另一方面则源自受实践决定的理论上的原因，即要求与中华优秀传统文化、中国哲学思想相结合，也就是毛泽东所说的"民族形式"，从而在实践维度和理论维度赋予马克思主义以中国特色。

---

① 对此，张祥浩教授指出，"辩证唯物主义以物质为本体，确实如实践唯物主义论者所指出的那样，忽视了对人的关注，或者说，忽视了人的主体性，以至见物不见人。"参见张祥浩：《马克思主义哲学与中国哲学》，《江苏社会科学》，2006年第5期，第6—12页。这是后教科书体系对这一时期的反思，同时也就道出了教科书体系的缺陷。

② 在此需要说明的是，这里用"平衡"而非"弥补"，意在表明对中国哲学思想理论内容的引用，不是指为辩证唯物主义增添对人的关注、增加主体性内涵，而是通过发现教科书体系对马克思主义与中国哲学思想的融合创新的意义来平衡其理论局限性，发掘其中更多有积极价值的内涵。因此，对于教科书体系并不能一味地持批评态度，不但应当看到其在当时所具有的对马克思主义传播、教育的意义，更应当看到当中融合马克思主义与中国哲学思想的尝试。并且，在辩证唯物主义和历史唯物主义的体系中，特别是在艾思奇主编的《辩证唯物主义历史唯物主义》中，可以看到他已经自觉地将毛泽东的实践论、矛盾论哲学思想融入其中，这就并非对苏联理论体系的照搬，而是已经蕴含了对苏联体系的突破。且在毛泽东思想中本身就具有许多中国哲学思想的因素，本身就既是马克思主义与中国具体实际的结合，也是与中华优秀传统文化的结合。对毛泽东思想的引用，也就同时用中国哲学思想的理论内容活化了辩证唯物主义。

第三节　以中国哲学思想的精神内核
深化马克思主义的时期

　　1978年，我国实行改革开放，社会的发展在实践层面上了一个台阶。随实践一同发展的，还有国内学者对马克思主义的理解。在这一时期，国内学界开始反思上一时期的教科书体系，意欲打破教科书这一范式的约束，深化对马克思主义的理解。这是因为教科书范式发源于苏联，是与其政治经济体制相适应的，同时也契合中华人民共和国成立初期国家发展的需要。但随着改革开放的推进，我国社会发展发生了天翻地覆的变化，生产力、生产关系等物质范畴都有了质的提升和飞跃，因此，为适应这一现实的变化，学术界的理论研究便同样需要发生范式的转变，从而实现理论与实践的结合，以实践发展为基础推进理论研究的进展，也即实现对马克思主义认识的新理解、新突破。

　　这种对马克思主义理解的转变主要体现在对"实践"这一概念的理解上，如果说上一阶段国内学界主要将马克思主义阐释为"辩证唯物主义"，那么这一阶段则可以用"实践唯物主义"[①]一词来加以概括。张祥浩教授指出，改革开放以来，国内学界对马克思主义有了新的认知，进行了新的阐释，提出了"实践唯物主义"这一说法，并得到了学界的重视，而在"实践唯物主义"中，对人的强调则成为理论的关注焦点，因为"实践的主体是人"，各种类型的实践归根结底都是"人的实践"。[②] 这也就从对马克思主义当中客体性的关注转移到了对主体性的关注上来[③]。

　　[①] 孙正聿教授在文章中总结了实践唯物主义的理论特征，分别从唯物论、辩证法、认识论、历史观以及对哲学基本问题的回答展开论述。参见孙正聿：《从实践的观点看——当代中国马克思主义哲学研究的范式转换》，《社会科学战线》，2015年第11期，第1—10页。
　　[②] 张祥浩：《马克思主义哲学与中国哲学》，《江苏社会科学》，2006年第5期，第6—12页。
　　[③] 在上一时期的辩证唯物主义提法当中，最直接地体现的是唯物论和辩证法两个具有强烈客观性的范畴，而认识、实践、历史等范畴都更带有主体性的色彩。辩证唯物主义这一提法恰恰也表明了实践认识论中的实践范畴和历史唯物主义的历史范畴在上一时期一定程度上不受重视的情况，不过这也同时为后两个时期，即这一时期和20世纪90年代的实践唯物主义、历史唯物主义设定了背景，提供了学术空间。而这种对马克思主义的认识、阐释范式的变化也反映出了我国现代化建设的进程。

在此应当强调的是，实践唯物主义的实践一词更多的是指认识论意义上的实践，而非存在论的实践①。这就表明这一时期学界更多的是从实践与认识的关系入手强调人的主体性地位，注重马克思主义的实践认识论。与此同时，将马克思主义与中国哲学思想地结合也是围绕着这一实践唯物主义来进行的。对此，孙正聿教授指出，改革开放以来，中国马克思主义哲学正是立足毛泽东的实践概念，即作为"认识论"和"辩证法"相统一的实践概念，以"实践观点的思维方式重新理解和阐释马克思主义哲学"，实现了"实践唯物主义"这一"范式转换"，且这一转换不是对辩证唯物主义的否定，而是"重新建构"对马克思主义的理解。② 这一论述一方面表示了实践唯物主义是对马克思主义的新理解，另一方面指明了实践唯物主义的"实践"是"认识论"与"辩证法"的统一，而后者正是辩证唯物主义所突出强调的，这就表明实践唯物主义是对辩证唯物主义的扬弃，是对马克思主义更高维度的理解，也即"重新建构"。

在实践唯物主义中，通过对主体性的强调，就把对马克思主义的关注从物质拉回到人的身上来，重新聚焦于人，强调人在马克思主义中的核心地位。正如马克思在《〈黑格尔哲学批判〉导言》中所说，"人就是人的世界"③。而这句话也就是在说，"人的世界"就是"人"，无论是意识还是物质，都是离不开人的存在的，人是一切实体、范畴的前提。并且，在《论犹太人问题》中，马克思同样表达了对人的关切。"任何解放都是使人的世界即各种关系回归于人自身。"④ 这一论述在表达对人的重视的基础上，更进一步地说明了"各种关系"，无论是实践中的关系还是理论上的关系，都是属于人的，都应当回到对"人自身"的讨论。由此可见，人是马克思主义的根本关注点，也是马克思主义的精神内核。而谈到人，首先就会涉及人的实践活动，因为"人不是抽象的蛰居于世界之外的存在物"⑤，人的现实性、

---

① 例如，在前南斯拉夫，以马尔科维奇为代表的东欧新马克思主义实践派，就是从存在论的实践（praxis）范畴出发来进行理论建构的，强调认识论的实践（practice）和存在论的实践（praxis）的区别。参见马尔科维奇、彼得诺维奇：《实践——南斯拉夫哲学和社会科学方法论文集》，郑一明、曲跃厚译，哈尔滨：黑龙江大学出版社，2010年，第19页。
② 孙正聿：《构建当代中国马克思主义哲学学术体系》，《哲学研究》，2019年第4期，第3—9，100，127页。
③ 《马克思恩格斯文集》（第一卷），北京：人民出版社，2009年，第3页。
④ 《马克思恩格斯文集》（第一卷），北京：人民出版社，2009年，第46页。
⑤ 《马克思恩格斯文集》（第一卷），北京：人民出版社，2009年，第3页。

具体性首先就体现在实践活动当中。所以说，从辩证唯物主义到实践唯物主义的转换，不仅意味着对教科书体系的反思、改革①，而且表明了对马克思主义的理解回到了对主体性、对人的强调之上。

而实践唯物主义的理论建构，这种对人的关切，不单是建基于对马克思主义精神内核的理解，同时也受中国哲学思想影响，即中国哲学思想对人及其实践的强调的精神内核②。可以说，实践唯物主义本身就包含中国哲学思想的精神内核于其中。对此，张祥浩教授指出，改革开放以来，中国的马克思主义者不仅在"理论上表现了对中国传统哲学的认同"，同时也在"哲学主题的转换上，思维方式的变化上"，都在向"中国传统哲学"靠拢，特别是"实践唯物主义"，而"实践唯物主义"对人的关注则是马克思主义与中国哲学思想之间的"桥梁"和"整合点"。③ 从这一论述中可以看出，从辩证唯物主义到实践唯物主义的转换，不仅是对教科书体系的反思，不仅是对马克思主义的重新认识，不仅是对苏联体系的摆脱，而且是对中国哲学思想的接受，是对中国哲学思想的精神内核的重新发现和吸收，是对中国特色、中国风格、中国气派的马克思主义的探索。因此，可以将本阶段的"以中化马"概括为以中国哲学思想的精神内核深化马克思主义。并且，马克思主义与中国哲学思想的融合这一学术尝试不仅是在有意识的前提下进行的，也是

---

① 孙正聿教授将20世纪80年代对马克思主义的理解称为"教科书改革的哲学"，并指出80年代影响最大的就是"实践唯物主义"，而将90年代归为"后教科书哲学"，同样如此分类的还有汪信砚教授2008年的文章。参见孙正聿：《当代中国的马克思主义哲学研究》，《河南大学学报（社会科学版）》，2005年第4期，第6—8页；汪信砚：《当代中国马克思主义哲学的研究范式》，《中国社会科学》，2008年第2期，第4—15，204页。尽管两位学者都对80年代和90年代进行了区分，并且汪信砚指出90年代的"后教科书"是没有统一范式的，但从具体的考察当中仍然可以看到，90年代的学术研究是在实践唯物主义基础上生发出来的，诸如人学、价值论、生存论等思想都是围绕人展开的，因此本书将八九十年代归于同一时间阶段。并且，汪信砚在2018年的研究中更新了他的观点，指出"关于实践唯物主义的讨论"是"贯穿于整个20世纪90年代，甚至延续至今"。这就印证了本书所做的时间阶段划分。参见汪信砚：《马克思主义哲学中国化与中国道路的哲学表达》，《哲学研究》，2018年第1期，第14—24，127页。

② 冯契先生指出，"围绕哲学的根本问题"，中国哲学思想家们有诸多论争，最终表现为"气、心、理（道）"，对应于"宇宙观的哲学"，而这些"宇宙观的哲学"最终延伸至"历史领域和人生领域"，是对"类"和"个体"发展的讨论的基础。冯契先生的这一论述就表明了人在中国哲学思想中的核心地位，中国哲学思想即便有对自然、天道等各种客观范畴的关切，但这些范畴是与人、人道等主体性范畴辩证统一的，最终回归到主体性上来，因此可以说对人的强调是中国哲学思想的精神内核，而谈及人，最重要的就是人的实践。参见冯契：《人的自由和真善美》，上海：华东师范大学出版社，2016年，第1—2页。并且，在目前学界看来，中国哲学思想普遍更关注人的实践，如伦理实践、政治实践等，这也就是中国哲学思想的精神内核的体现。

③ 张祥浩：《马克思主义哲学与中国哲学》，《江苏社会科学》，2006年第5期，第6—12页。

在阐释实践唯物主义的过程中逐渐实现的。

一、王若水：从人的主体性地位出发深化马克思主义

在王若水先生出版于 1986 年的《为人道主义辩护》这部著作中，他以"实践"为核心范畴，以重新勾勒对马克思主义的认识，跳出教科书的范式理解马克思主义。这部著作收录了自十一届三中全会以来他所著的文章和报告，主要围绕"人"这一主体展开，以思想的解放、对哲学基本问题的态度以及人道主义等为主题。这就在经过漫长的教科书体系之后，重新揭示、阐释了马克思主义对人的关切。正如他在"序言"中所指出的，"现在应该跳出这个圈子"，跳出对"思维和存在的同一性"的争论，关注"'主体和客体'的关系"。[①] 这就强调，对马克思主义的理论研究，应当将目光聚焦于人这一主体，进而探究主体与客体的辩证关系。

其中，在撰于 1981 年的文章《认识论不要忘掉了人》中，他对马克思主义的实践认识论进行了深入的剖析，以阐释认识论的方式厘清马克思主义对人的关切，强调人的问题在马克思主义中的重要性。文中，他从作为检验认识真理性的实践入手，强调"人的目的或利害"对于实践之成败的重要意义，指出"要判断实践的效果是成功还是失败，只能拿这个效果来同预定的目的作比较"，并且人对事物的认识不仅是一种事实判断，"反映客观的东西"，也是一种价值判断，"反映主观的东西"以及"主观的东西和客观的东西之间的关系"。[②] 这一论述一方面对"实践"这一检验认识真理性的标准进行了更深入的反思，强调实践活动本身就是带有人的思想在其中的，即预设的"目的"或者"利害"，由此体现出人的主体性地位，另一方面指出了认识也不仅仅是一种主观符合客观的活动，同时也是客观符合主观的活动，即客观事物是否符合主观的价值标准。这就表明了主体在实践和认识活动中的重要地位，即对实践和认识的一种真正的介入，而非只是作为一个形式上的施事主体，表明了人无论在实践还是认识活动当中都是自由的、独立的主体，对实践和认识都产生了实质性的影响，体现出人的主体性地位。对于人

[①] 王若水：《为人道主义辩护》，北京：生活·读书·新知三联书店，1986 年，序第 1 页。
[②] 王若水：《为人道主义辩护》，北京：生活·读书·新知三联书店，1986 年，第 79 页。

在评判实践成败、事物好坏中的地位问题，明代思想家王守仁在《与王纯甫二》中以"心外无义，心外无善"一语进行了简要的说明。从中可以看出，在中国哲学思想中，特别是在心学当中，人对于评判实践、事物的"义"和"善"是有着决定性作用的，高度强调人的主体性地位。虽然王守仁的心学显然是一种主观唯心主义，是与王若水先生所说的马克思主义的理论建构①完全相反的，但其中所体现出的对人的关切的这种精神内核却是有异曲同工之处的。

对于将中国哲学思想与马克思主义的融合，更为明确地表现在他的《劳动·知识·财富》一文中。在文中，他从体力劳动和脑力劳动入手，指出了脑力劳动也是劳动的一种，阐释了马克思主义对劳动分工的看法，并在此基础上对孟子"劳心者治人，劳力者治于人"的论述进行了批判性的考察。孟子认为，"或劳心，或劳力。劳心者治人，劳力者治于人；治于人者食人，治人者食于人；天下之通义也"。(《孟子·滕文公上》)这就是说，天下各种各样的人各司其职，分工明确，要么进行脑力劳动，要么进行体力劳动，前者治理后者，后者供养前者，这是天下的共同原则。对此，王若水指出，孟子的说法尽管反映了当时的现实背景，以维护封建统治为出发点，但当中表达出的对人及其劳动的看法仍然是具有积极意义的，即"从马克思主义的观点看，分工的产生是历史上的进步现象，有它的必然性"②。这一方面从马克思主义的角度对中国哲学思想进行了客观的评价，既看到当中的客观必然性及其现实基础，又指出这一说法在当时的积极意义，强调其对于实践分工的论述。更为重要的是，这在另一方面以中国哲学思想为例，不仅更具体地说明了马克思主义对分工的态度和理解，而且传递出中国哲学思想对实践和劳动的认识，凸显出对人及其实践活动的关注，由此以中国哲学思想对人的关注的精神内核深化了对马克思主义的理解，显示出二者的共同关切点。

由此可见，在改革开放后不久，国内学术界就已经开始对教科书范式进行反思，并有相关的学术成果产出。通过对《为人道主义辩护》这部著作的分析，可以看到国内学界对马克思主义的认识逐渐开始从辩证唯物主义向实践唯物主义转化，强调人的主体性、能动性，并注意到中国哲学思想当中的

---

① 王若水先生指出，强调人对评判实践之成败的重要性，并不是说成败是"主观任意规定的，而是说它反映了客观事物和人的关系"。这就与主观唯心主义画清了界限。参见王若水：《为人道主义辩护》，北京：生活·读书·新知三联书店，1986年，第80, 82—84页。
② 王若水：《为人道主义辩护》，北京：生活·读书·新知三联书店，1986年，第105页。

积极因素,将中国哲学思想对人及其实践的关注化用到对马克思主义的说明中,以中国传统的人文精神或者说人道主义精神深化了对马克思主义的理解,使得对马克思主义的阐释带有中国特色,推动了马克思主义与中国哲学思想的融合创新。

二、高清海:吸收中国哲学思想对"主体的完善"的关注来深化实践唯物主义

在这一时期,更具代表性的著作是高清海先生于 20 世纪 80 年代主编的《马克思主义哲学基础》(上、下两册)。这部著作明确地表达了对辩证唯物主义地反思和对实践唯物主义的提倡,强调以实践为核心概念理解马克思主义。对此,白刚教授指出,这部著作体现了"发展人的主体性和能动性的'实践论'和'认识论'成果",开启了"突破苏联模式教科书哲学体系的先河",其中所建构的马克思主义"新形态"正是"实践唯物主义",实现了马克思主义从"客体论"到"主体论"的转型。[①] 这高度评价了《马克思主义哲学基础》的理论价值与现实价值,并点明了当中实践唯物主义的内涵。从这部著作的整体结构可见,高清海先生开篇便指出了"意识与存在的关系"作为一种"认识的基本矛盾",随后分别按照"客体""主体"和"主体与客体的统一"的顺序展开论述。这一谋篇布局以辩证法否定之否定的方式进行,不仅表达出主体是居于更高阶段的——这就超越了辩证唯物主义对客体的单一强调——凸显了主体在马克思主义中的地位,而且打破了辩证唯物主义的板块式划分,以新的方式阐释、呈现马克思主义,体现出实践这一概念对主客体的涵盖,表现出实践唯物主义的理论特点。

而在具体的论述中,他将中国哲学思想也纳入了考察,阐明了中国哲学思想家在对待"意识与存在"这一认识的基本矛盾的特点,并由此显示出中国哲学思想的精神内核,即对人的关注,从而为理解马克思主义在中国的落地、生根提供理论路径。高清海指出,中国哲学思想,同西方哲学思想一样

[①] 白刚:《从"辩证唯物主义"到"政治哲学"——当代中国马克思主义哲学的形态演变及内在逻辑》,《求是学刊》,2018 年第 45 卷第 5 期,第 1—10,181 页。

"把意识作为对象加以认识"①，关注人本身。这就表明在中国哲学思想中，并非只强调天道、礼教等外在于人的因素，而同样关注人，对人的意识进行反思。实际上，从"天人""心物"等概念②中就可以看出中国哲学思想对于主体与客体的同样重视，在论及客体相关概念时，主体总是一同出场，这就显示出中国哲学思想高度关注人的理论精神内核。对此，他进一步指出，"中国哲学比较明显地注意主体的完善问题"，这是"中国哲学的传统"，并且随着时间推移，其理论关注焦点逐渐转向"对主体自身认识能力的修炼"。③ 这一论述直接有力地总结了中国哲学思想的理论传统，也即对人的关注的精神内核，关注"主体"及其"认识能力"的发展，体现出人的主体性地位。而在这一精神内核的指引下，就必然面对道德问题，因为认识与实践是分不开的，而在现实的、具体的实践当中必然面临各种道德问题。因此，他认为，"把道德修养纳入认识论是中国哲学认识论的重要特征"④。对中国哲学思想这一特征的定义，不仅表明了中国哲学思想对人的重视，而且显示出中国哲学思想家是从综合的、立体的角度对人进行思考的，对人的理解并非单一地停留于追求"真"的认识论上，而是把对"善"的追求也融入其中，从广义的认识的角度⑤出发理解人。通过对中国哲学思想之内涵的厘清，可以更清晰地看到其对于人这一主体的重视，看到中国哲学思想的精神内核。而且，在他看来，中国哲学思想在探讨思维和存在的关系时，并不单一地考察存在、物质的决定性作用，而是同样看到思维对存在的反作用，强调人的能动性，指出人在实践中对客观事物的改造。他认为，"修、齐、治、平"将"人的道德完善与社会的治乱兴衰联系起来了"。⑥ 这一传统思想尽管带有唯心主义的因素，但不可否认的是其中对人的主体性、能动性以及人的实践活动的重视。如他所言，对中国哲学思想的挖掘，"是为了能在个别

---

① 并且，他将思维与存在这一哲学基本问题与主观和客观这对范畴相并列，意在表明这一问题并非如辩证唯物主义所强调的一样仅仅是唯物论的问题，它更重要的内涵是主观与客观、主体与客体相统一的问题，主体在当中是不可忽略的。参见高清海：《马克思主义哲学基础》（上册），北京：人民出版社，1985年，第167页。
② 高清海：《马克思主义哲学基础》（上册），北京：人民出版社，1985年，第167页。
③ 高清海：《马克思主义哲学基础》（上册），北京：人民出版社，1985年，第167—168页。
④ 高清海：《马克思主义哲学基础》（上册），北京：人民出版社，1985年，第168页。
⑤ 这与同一时期"以马化中"这条线索中对认识的理解有着异曲同工之处，由此也显示出中国哲学思想与马克思主义的共通之处。
⑥ 高清海：《马克思主义哲学基础》（上册），北京：人民出版社，1985年，第168页。

中去寻求人类认识的一般"①。这就表明了在这部对马克思主义进行系统阐明的著作中，考察中国哲学思想的价值所在。通过对中国哲学思想的考察，他不仅厘清了中国哲学思想的特点，发掘当中的精神内核与理论特色，而且寻求中国哲学思想与马克思主义的共通之处，也就是他所说的"人类认识的一般"。正是基于这种精神共鸣，马克思主义才得以在中国本土落地生根，汲取中国传统思想的营养，不断朝中国化的方向发展。如此一来，他便以中国哲学思想的精神内核深化了对马克思主义的理解与阐释，在"以中化马"这条线索上推动了马克思主义与中国哲学思想的融合创新。

三、张一兵：从"中国文化的底蕴"深化对毛泽东思想的理解

张一兵教授完成于1993年，初次出版于1995年的著作《马克思历史辩证法的主体向度》同样凸显了马克思主义的主体性内涵，考察了"实践基础上的马克思主义哲学的主体论形态"②。在这部著作当中，他一方面考察了青年马克思对人的实践主体性的强调，另一方面从马克思对人类社会历史发展的认识出发，指出了对主体性的关注是贯穿马克思思想始终的，并对恩格斯、西方马克思主义以及各种马克思主义流派当中所传承下来的对主体性的关注进行了论述。而且，他对以毛泽东为代表的中国马克思主义者的思想也展开了深入的研究，发现了中国哲学思想对于发展马克思主义的积极价值，这就以马克思主义为中心，推动了马克思主义与中国哲学思想的融合。他强调，理解中国的现代发展道路，不能只是着眼实践经验，还应当进行更深层次的"理论反思"，从而厘清当中"实践发生学"的内在逻辑。③

毛泽东不仅是一名马克思主义者，更是一名中国马克思主义者，他在成长的过程中学习了许多中国哲学思想，后者对其思想理论的建构产生了重要的影响，对毛泽东思想的理解和研究要求研究者具有中国哲学思想的理论功底。对此，张一兵教授指出，对毛泽东思想的研究，不能只是按照文献学的

---

① 高清海：《马克思主义哲学基础》（上册），北京：人民出版社，1985年，第169页。
② 白刚：《从"辩证唯物主义"到"政治哲学"——当代中国马克思主义哲学的形态演变及内在逻辑》，《求是学刊》，2018年第45卷第5期，第1—10，181页。
③ 张一兵：《马克思历史辩证法的主体向度》，武汉：武汉大学出版社，2010年，第409页。

方式进行，而要"按照中国文化的底蕴去意会他的思想逻辑"①，也即从中国哲学思想的角度出发进行考察和理解。这一论述一方面指出了研究毛泽东思想的一条路径，另一方面则更深层次地显示出他看到了毛泽东思想是马克思主义与中国哲学思想融合创新的产物，其不单单是与中国具体实际的结合，也是与中华优秀传统文化的结合。

具体而言，毛泽东从中国哲学思想中继承而来的最重要的理论品质就是中国哲学思想中对人的关注的精神内核。张一兵教授指出，毛泽东早在青年时期，就受到了"偏重人文伦理和行动的中国实用理性哲学之影响"，从而体现出强烈的对人的关切，即"人类本位的意向"。② 这一论述显示出他对中国哲学思想的重视，看到中国哲学思想对毛泽东思想形成、发展的影响，并指出了当中对人及其实践的关注的精神内核。在厘清了中国哲学思想对毛泽东思想的理论价值之后，他开始对成为马克思主义者之后的毛泽东进行分析，强调与他青年时期一样，同样关注人及其实践活动。他认为，"关注人的行动（实践）之能动作用仍然是其哲学逻辑的一条主线"③。从他的分析中可以看到，毛泽东对人的关注，对实践活动的重视，既来源于对马克思主义实践唯物主义的学习和接受，也出自对中国哲学思想的长期接触和陶冶。因此，经过他对毛泽东本人思想特点的分析，可以说毛泽东思想是对中国哲学思想与马克思主义的融合创新，将中国哲学思想的精神内核贯彻始终，并在马克思主义的指导下获得了更具体的内涵、更科学的形式。并且，这一分析更加清晰地指出了毛泽东思想中的实践唯物主义特征，即对人及其实践的关注，同时表明毛泽东思想中实践唯物主义的理论内涵是受到了中国哲学思想的精神内核的影响、深化的。所以，从具体的内容上看，他的这一研究揭示了中国哲学思想与马克思主义的融合创新在毛泽东思想中的体现，而从这一研究本身的行为上看，则体现了当代中国马克思主义学者对于中国哲学思想与马克思主义融合创新的关注，即并不是一味地停留于分析马克思、恩格斯的经典文本，也不只是关心国外马克思主义者的理论创见，而是从中国马克思主义者身上寻求马克思主义在中国的具体发展，探索中国哲学思想对马克思主义发展的理论影响。

---

① 张一兵：《马克思历史辩证法的主体向度》，武汉：武汉大学出版社，2010年，第409页。
② 张一兵：《马克思历史辩证法的主体向度》，武汉：武汉大学出版社，2010年，第409页。
③ 张一兵：《马克思历史辩证法的主体向度》，武汉：武汉大学出版社，2010年，第410页。

四、冯契：基于中国哲学思想对实践的关注构建"智慧说"三部曲、融合实践唯物主义

值得一提的是，在这一时期冯契先生的"智慧说"三部曲也在"以中化马"这条理论路线上为马克思主义与中国哲学思想的融合创新做出了贡献。虽然上一章的分析已经表明，这三部著作在"以马化中"的角度上，都从马克思主义人学出发对中国哲学思想进行了阐释，但这并不意味着否认它们在"以中化马"层面上的意义。对于"以中化马"而言，冯契先生在这三部著作中，用中国哲学思想拓展了马克思主义，以中国哲学的精神内核深化了马克思主义，推动了马克思主义与中国哲学思想的融合创新①。对此，汪信砚教授指出，冯契先生"沿着实践唯物主义辩证法的路子前进"，建构起关于"认识世界和认识自己""逻辑思维的辩证法""人的自由和真善美"的学术体系，发展了马克思主义的"认识论""逻辑学""文化哲学""自由理论""理想学说""人的本质理论""人格理论"，推动了马克思主义中国化，具有重要的实践价值和理论价值。② 这一见解充分说明了这三部著作在"以中化马"这条理论线索上的重要性，进而显示出冯契先生在马克思主义与中国哲学思想的融合创新上的重要地位。

从冯契先生对《认识世界和认识自己》《逻辑思维的辩证法》《人的自由和真善美》三部著作的介绍中可见，人及其实践活动一直是他论述的焦点，这既是对马克思主义——实践唯物主义的贯彻，也是对中国哲学思想的吸收。对此，他强调，这三部著作以"心物、知行关系"为出发点，并以"实践唯物主义"为基础而展开。③ "心物"关系和"知行"关系是中国哲学思想中的重要范畴，反映了对人及其实践的关注，体现出中国哲学思想的精神内核。从这两对关系出发，体现了他以中国哲学思想的精神内核深化马克思主

---

① 正如冯契先生自己所言，他将"实践唯物主义辩证法理论作为研究方法，运用于中国哲学史领域"，这是"以马化中"，而同时又让这一理论成果成为"中国哲学史的概括和总结"，在这一概括和总结中凸显马克思主义的理论精髓，这便同时实现了"以中化马"，也就是让马克思主义有了"新的面貌"，既异于"一般哲学教科书的那种形态"，又带有"中国特色、中国气派"。参见冯契：《认识世界和认识自己》，上海：华东师范大学出版社，2016 年，第 17 页。

② 汪信砚、刘明诗：《冯契对马克思主义哲学中国化的独特理论贡献》，《哲学动态》，2012 年第 12 期，第 25—33 页。

③ 冯契：《认识世界和认识自己》，上海：华东师范大学出版社，2016 年，第 37 页。

义—实践唯物主义的理论尝试。特别是在《认识世界和认识自己》中,他强调了实践的重要性,表明在实践的基础上,"认识世界与认识自己"是相互作用、相互影响的,"人与自然""性与天道"也是在实践中相互作用、共同发展的。① 这就丰富了对实践概念的理解,充分强调了人在实践、认识当中的主体性地位以及实践之于人的重要性,深化了马克思主义—实践唯物主义。对于冯契先生的理论尝试,李维武教授指出,这孕育出了"个性化、中国化的马克思主义哲学体系",是一种联系"知识与智慧、认识论与本体论"的积极尝试。② 由此可见,冯契先生的"智慧说"三部曲将中国哲学思想融入对马克思主义的理解、阐释、建构之中,以中国哲学思想中对人及其实践的关切的精神内核深化马克思主义,即对认识、知识的探讨并不停留于认识论领域,而是深入价值论、实践的领域,充分体现了中国哲学思想对实践、价值的强调,融合了认识论和价值论、认识论和本体论,在"以中化马"的理论路径上推动了马克思主义的中国化进程。

五、方克立:基于马克思主义与中国哲学思想的相通性辨明马克思主义的深义

方克立先生于1998年主编出版的《中国哲学与辩证唯物主义》同样是将中国哲学思想与马克思主义相结合的产物,当中不仅以中国哲学思想的范畴丰富了马克思主义的理论内涵,印证了马克思主义的真理性,而且以中国哲学思想的精神内核深化了马克思主义,深化了实践唯物主义,推动了"以中化马"的进程。在他看来,马克思主义是具有普遍性的真理,"是全人类哲学智慧的结晶,其中也包括中国哲学的智慧"③。并且,从历史实际来看,马克思曾接触过中国哲学思想,中国哲学思想对马克思主义的形成具有积极的理论价值。因此,在马克思主义传入中国并落地生根后,通过"以中化马"的方式,以中国哲学思想来阐发马克思主义,便有助于激活当中潜在的理论因子,丰富马克思主义的理论内涵,从而深化马克思主义。

首先,方克立先生将中国哲学思想的范畴与马克思主义的范畴、原理一

---

① 冯契:《认识世界和认识自己》,上海:华东师范大学出版社,2016年,第39页。
② 李维武:《从20世纪中国哲学的视域看马克思主义哲学中国化》,《马克思主义哲学研究》,2005年卷,第196—201页。
③ 方克立:《中国哲学与辩证唯物主义》,北京:高等教育出版社,1998年,第2页。

一对应，强调中国哲学思想与马克思主义的相通性。在唯物论方面，他指出，中国哲学思想对"气"的强调是与马克思主义关于世界的物质统一性原理相通的，而"气"的生生不息则表明了物质不断运动的特点；在辩证法方面，他认为"天人一理"反映出辩证法联系的特点，而"变动不居""一物两体"则体现了辩证法运动的特点与矛盾的观点；在认识论方面，他强调中国哲学思想关于"知行"关系的认识是与马克思主义中实践和认识的关系相契合的，并且与马克思主义同样注重感性认识和理性认识；在历史观方面，他认为"通古今之变""民惟邦本""世界大同"等中国哲学思想是与历史唯物主义相通的，体现出马克思主义对社会进步与变革、生产和经济、人民以及理想社会的强调。①

在表明二者相通性的基础上，他在具体的论述中显示出了以中国哲学思想的精神内核深化马克思主义的理论尝试。在论述世界的物质统一性原理时，方克立认为，必须首先回答人的意识何以起源这一问题，即"必须解决精神、意识的本质和起源问题"②。这就不只是停留于论述物质统一性原理，而是回归到人的身上，强调人的主体性地位。对此，他将中国哲学思想中关于"气"的相关表述加以引入，指出在中国哲学思想中，"'气'是生命的基础"，而"气之聚散"则意味着人的生死。③ 这一方面说明了"气"是生命、意识的物质基础，表明了物质的第一性，另一方面则表现出中国哲学思想家对人的关注，从"气"论述到"人"，体现出中国哲学思想的精神内核。这一阐释由此深化了对马克思主义基本原理的理解，突破了辩证唯物主义的客体论范式，凸显了人的主体性地位，与实践唯物主义的主体论特征相符合。

而在论述马克思主义辩证法的基本原理时，他引入中国哲学思想，强调辩证法不仅仅是重视自然规律的自然辩证法，而且也是强调人的主体性与实践的社会历史辩证法，这就以中国哲学思想的精神内核深化了对马克思主义的理解，丰富、拓展了对马克思主义的阐释。具体而言，他在论述矛盾的对立统一规律时，将中国哲学思想引入其中加以更深刻的说明。他指出，中国

---

① 关于这些相通性，在这部著作的框架构思中就已经可以看见；并且，显而易见的是，这部著作以"辩证唯物主义"称呼马克思主义，对马克思主义理论内涵的理解仍然带有一个时期的特征，参见方克立：《中国哲学与辩证唯物主义》，北京：高等教育出版社，1998年。尽管如此，在具体的论述当中仍然可以见到，方克立先生以中国哲学思想的精神内核深化马克思主义的积极尝试，以中国哲学思想家们对人及其实践的关注深化实践唯物主义。

② 方克立：《中国哲学与辩证唯物主义》，北京：高等教育出版社，1998年，第52页。
③ 方克立：《中国哲学与辩证唯物主义》，北京：高等教育出版社，1998年，第53页。

哲学思想中"一"和"两""和"和"同"等范畴也表现出古人对矛盾规律的理解,强调中国哲学思想不仅关注阴阳这对概念,重视"事物的矛盾性",而且聚焦矛盾的"互相依存、互相转化"与"整体和谐",从整体上着眼矛盾的辩证关系。[1] 这就不仅仅讨论了矛盾的对立和矛盾的斗争性,而且关注到斗争中的统一,并更加突出中国哲学思想对矛盾"互相转化""互相依存"的重视,由此深化了对马克思主义辩证法矛盾规律的阐释。对此,方克立先生强调,中国哲学思想"更重视'中和''中庸'及'两端归于一致'",这不是对矛盾对立、斗争的否定,反而是追求在矛盾斗争中的"整体的和谐",强调对立中的统一。[2] 在此基础上,方克立先生进一步指出,"和"这一概念体现出"差别或矛盾的统一",是"人生实践中能达到的最高境界",而这种"和"在中国哲学思想中,不仅是强调自然辩证法,"把自然界看做是一个和谐的体系",而且更重视社会历史的辩证法,"争取社会的和谐稳定,不同民族和文化之间的共存互尊,人际关系的和谐有序,而且追求天、地、人、物、我关系的普遍和谐",实现"天下一家,中国一人"的理想。[3] 这一论述充分说明了"和"这一概念所体现出的中国哲学思想的精神内核。在中国哲学思想中,对自然规律、自然辩证法的探索最终是回归于人的,是从自然到人类社会历史的。"和"这一概念所体现的不仅仅是古人对自然界的认识,认为自然界是和谐、稳定的,是不同矛盾的对立统一,更是古人对人类及其实践和社会历史的关切,既强调"和"对于实践的意义,又强调"和"是社会历史发展的追求,体现了人的主体性地位与中国哲学思想的实践关切。这也就从自然辩证法深入到社会历史的辩证法,丰富了对马克思主义辩证法的阐释,以中国哲学思想对人及其实践的关注的精神内核深化了马克思主义。

由此可以说,这部著作是马克思主义中国化的代表性著作之一,做到了以马克思主义为主体对中国哲学思想的吸收,即"以中化马"。方克立先生在论述马克思主义理论内涵的过程中不仅用中国哲学思想的内容加以论述,以丰富对马克思主义的阐释,而且用中国哲学思想的精神内核深化了对马克思主义的理解,凸显了人的主体性地位以及二者对实践的关切。在这部著作

---

[1] 方克立:《中国哲学与辩证唯物主义》,北京:高等教育出版社,1998年,第93页。
[2] 方克立:《中国哲学与辩证唯物主义》,北京:高等教育出版社,1998年,第102页。
[3] 方克立:《中国哲学与辩证唯物主义》,北京:高等教育出版社,1998年,第101页。

的最后一章，方克立探讨了"马克思主义哲学中国化与中国哲学现代化"这一主体。当中他特别指出，马克思主义在中国的发展不仅取决于与中国具体实践的结合，而且还依赖于与"中国传统哲学与文化相结合的程度"。[①] 而这一点正是他这部著作所进行的理论尝试与取得的理论成果，推动了马克思主义与中国哲学思想的融合创新，以中国哲学思想的精神内核深化了马克思主义。

总的来说，在这一时期，国内学术界对马克思主义的理解以人为中心，关注马克思主义中的实践范畴，以实践唯物主义代指马克思主义，突破了教科书阶段对马克思主义客体论的强调，从客体论转向主体论，对马克思主义的理解得到深化。在这一理论背景之下，对马克思主义的理解也就影响了"以中化马"这条马克思主义与中国哲学思想融合创新的理论路径。由于马克思主义的主体性得到关注和强调，中国哲学思想的精神内核，即对人及其实践活动的关注便发挥了作用。众多学者纷纷将中国哲学思想的这一精神内核用于对马克思主义实践唯物主义的阐释中，以深化马克思主义及对其的理解。

从上述分析中可以看到，在这一时期内，学者们对"以中化马"的意识逐渐明确，对待中国哲学思想的态度十分积极，强调中国哲学思想对人及其实践的关注这一精神内核对于理解马克思主义及其在中国传播、发展的内在逻辑的积极意义。在改革开放初期，从王若水先生的著作中可以看到，这种对中国哲学思想的明确的积极接受还较为缺乏，只有零星的论述，但《为人道主义辩护》这部著作将马克思主义的人学思想、人道主义立场摆到了明确的位置，强调人的主体性地位以及人类实践活动的理论意义与实践价值。正是在这种理论关切之下，中国哲学思想出现在了具体的论述当中，因为中国哲学思想的精神内核是与马克思主义高度契合的，论述中国的马克思主义必然离不开对中国哲学思想的讨论。尽管从统计学的意义上讲，这部著作并未明确凸显马克思主义与中国哲学思想的融合创新，但从实际的理论内涵与理论价值上看，这不仅突出了马克思主义的实践唯物主义内涵，而且显示出中国哲学思想的精神内核及其对深化理解马克思主义的意义。随着时间的演变，越来越多的学者明确地意识到了中国哲学思想的精神内核对于深化理解马克思主义的意义，对中国哲学思想的积极态度更加鲜明。在高清海先生的

---

① 方克立：《中国哲学与辩证唯物主义》，北京：高等教育出版社，1998年，第240页。

著作中，他明确地意识到中国哲学思想对于理解马克思实践唯物主义的意义，以中国哲学思想为对象进行了专门的论述，强调中国哲学思想重视人的主体性，重视人的实践活动，特别关注"道德修养"与认识论的统一，凸显了中国哲学思想的精神内核。在张一兵教授的著作中，可以看到他同样也意识到中国哲学思想的重要价值，特别是对于毛泽东思想而言，中国哲学思想中所体现出的对人及其实践的关切贯穿了毛泽东思想始终，与马克思主义对人及其实践的关注相契合，由此显示出中国哲学思想的精神内核对深化马克思主义的理论价值和作用。在冯契先生的"智慧说"三部曲中，他以"心物、知行关系"为出发点、以"实践唯物主义"为基础展开论述[1]，将认识论与价值论相联系，并最终落脚于实践领域，突出了中国哲学思想的精神内核在理解、阐释、深化马克思主义中的作用。在方克立先生的著作中，题目《中国哲学与辩证唯物主义》就直接显示出他对于融合马克思主义与中国哲学思想的理论尝试，并在具体的论述中，通过厘清马克思主义与中国哲学思想的相通性，从而用中国哲学思想阐释马克思主义，从"辩证唯物主义"的各种唯物论规律、辩证法规律、社会历史规律中出发，发现并强调人的主体性地位，最终回归于人，进而以中国哲学思想对人及其实践的关注的精神内核深化了对马克思主义的理解和阐释。

因为"以中化马"的道路是以马克思主义为主体，吸收中国哲学思想的理论道路，所以对马克思主义在各个阶段的说明尤为必要。所以，这里应当再次加以明确的是，学界曾经有将 20 世纪 80 年代和 90 年代区分开来的做法，强调 80 年代是教科书改革的范式，而 90 年代是后教科书范式。对此，孙正聿教授指出，在 80 年代对教科书改革的过程中，学界逐渐确定"实践观是马克思主义哲学的核心"这一"共识"，而 90 年代则从"对马克思主义哲学的追问"跨越至"对哲学自身的追问"，并在此基础上"追问什么是马克思主义哲学"。[2] 尽管在学术史上确实有这种区分，但这主要是以"教科书"为标准的范式出发进行的区分，而非对理论主题或者说对马克思主义的认识的区分。实际上，从这一时期的代表性著作中可以看到，学界对马克思主义的理解是紧紧围绕"实践"展开的，因此并不妨碍以实践唯物主义来概

---

[1] 冯契：《认识世界和认识自己》，上海：华东师范大学出版社，2016 年，第 37 页。
[2] 孙正聿：《当代中国的马克思主义哲学研究》，《河南大学学报（社会科学版）》，2005 年第 4 期，第 6—8 页。

括这一整个阶段对马克思主义理解①。正是在对马克思主义的这种理解之上，才能够为融合中国哲学思想的精神内核奠定理论基础和逻辑前提。对此，汪信砚教授指出，80年代展开的"人道主义"讨论体现了"对人的特别关注和重视"，并延续至世纪之交，促成了"人学作为中国马克思主义研究的热点领域的凸显"。②这再次证明了这一时期对马克思主义的连续性和整体性③，由此更加证实了这一时期马克思主义与中国哲学思想融合创新的特点，即以后者的精神内核深化马克思主义，以对人及其实践活动的关注深化、强化对马克思主义的理解和阐释，凸显马克思主义的主体性与实践④特征。

第四节 以中国哲学思想的问题意识丰富马克思主义的时期

21世纪后，马克思主义在中国呈现出多样化的发展态势，这既是历史经验的现实影响，也是时代发展的现实需求。对此，陈先达教授于2000年提出了马克思主义的未来发展要求，即"主题多样化、道路民族化、风格个

---

① 对此，王南湜教授指出，无论是将改革开放前后至世纪之交划分为三个阶段还是两个阶段，都"没有实质性差别"，"两阶段划分或许是一个更易为大家接受的划分方式"，因为改革开放后到世纪之交都是"从人的生活和实践出发，去理解和解决哲学问题"。这就表明了将20世纪八九十年代划分为一个阶段的合理性之所在。参见王南湜：《中国马克思主义哲学范式转换研究析论》，《学术研究》，2011年第1期，第1—7页。

② 汪信砚：《马克思主义哲学中国化与中国道路的哲学表达》，《哲学研究》，2018年第1期，第14—24，127页。

③ 对于这一时期对马克思主义的实践唯物主义理解和阐释，孙正聿教授指出，"实践的唯物主义"的主要成果在于以下六点："检验真理的实践标准"、实践的"能动的反映论"、实践中的"主体性"、"人的历史活动与历史的发展规律的关系"、"以'历史'为核心范畴重新理解人与世界的关系"、"在实践中坚持和发展马克思主义哲学"。从这一总结中可以看到这一时期学术界对马克思主义的理解和阐释的变化，由此带来的便是融合中国哲学思想的方式的不同，即从话语体系到理论内容再到精神内核的变化。参见孙正聿：《伟大的实践与实践的哲学——改革开放以来的中国马克思主义哲学》，《社会科学战线》，2008年第5期，第1—6页。

④ 对于实践，刘森林教授指出，在这一时期，学术界对马克思主义的理解从"劳动"转向了"实践"这一概念本身，前者强调"以物为对象"，后者强调"以人为对象"。这一论述充分表明了这一时期学术界对实践唯物主义的理解，显示出与中国哲学思想精神内核的高度契合。参见刘森林：《从"劳动"到"实践"——中国马克思主义哲学一个核心范式的演变》，《学术月刊》，2009年第41卷第5期，第36—43页。

性化"①。其中,"主题多样化"被放在了第一位,不仅是出于对实现的难易程度的考虑,而且因为只有在不断地对各种主题的探索中,才能逐渐形成具有中国特色、中国风格、中国气派的马克思主义,主题的多样化是后两者的逻辑前提与理论基础。他指出,"主题多样化"就是"多点问题意识",要"面对现实","具有时代的敏锐性","应该提出自己面对的问题"。② 这一论述表明,马克思主义在中国发展至 21 世纪,应当在之前的基础上实现突破,打破各种束缚,面对中国的现实情况,包括社会实践的现实和文化思想的现实,围绕中国所特有的情况展开理论思考。"自己面对的问题",不仅包括在社会主义实践中面对遇到的新情况所提出的问题,还包括中华民族从古至今都在思考的问题。而后者则集中于中国哲学思想当中。

中国哲学思想的问题意识能够为马克思主义的主题多样化提供重要的理论价值。经过上千年的积累,中国哲学思想家们已经提出了许多有中华文化特点的问题和主题,例如知行关系、天人关系等,形成了鲜明的、有民族特色的问题意识。通过将中国哲学思想的问题意识与马克思主义相结合,能够将这些问题和主题带入马克思主义中,丰富马克思主义的主题,实现多样化,即从马克思主义的角度出发思考中国哲学思想中的主题,以获得新的回答和理论思路。并且,中国哲学思想还能够为马克思主义回答、解决实践问题提供新的智慧方案。由此可见,中国哲学思想的问题意识对于多样化马克思主义,特别是"主题多样化"是具有重要理论价值的。

在此需要明确的是,尽管思想家们所处的社会与当今不同,但不可否认的是中华民族自身及其思想和文化的延续性和整体性,以及这种问题意识的普遍适用性。这种延续性和整体性为中国哲学思想的问题意识在马克思主义中起作用提供了前提和基础,而这种普遍适用性则保证了理论融合创新的合理性与有效性③。所以,这就一方面使得中国哲学思想当中的"问题意识"

---

① 陈先达:《关于中国马克思主义哲学的未来走向》,《中国人民大学学报》,2000 年第 2 期,第 17—24 页。
② 陈先达:《关于中国马克思主义哲学的未来走向》,《中国人民大学学报》,2000 年第 2 期,第 17—24 页。
③ 毕国明、许鲁洲二位教授强调,"正因为中国哲学中存在着朴素的辩证唯物主义传统,不仅使马克思主义哲学传入中国后很容易被先进的思想家接受,而且能通过中国传统哲学中的朴素辩证唯物主义,消除中国人民对马克思主义哲学的陌生感,增加其亲切感,增加可接受性和践行性。"参见毕国明、许鲁洲:《中国哲学与马克思主义哲学中国化》,北京:人民出版社,2010 年,第 34 页。

能够为当今马克思主义中国化提供理论路径和指引,丰富马克思主义的主题,另一方面前人所探讨的问题在当今也能够由马克思主义根据中国现实给予新的回答,进一步实现"主题多样化",围绕中华民族所关注的各种理论问题拓展马克思主义所探讨的问题域,推动马克思主义的发展。

实际上,自21世纪以来,马克思主义在中国的发展确实如陈先达教授所言,实现了"主题多样化"的发展。在上一阶段理论成果的基础上,21世纪国内学术界对马克思主义的理解延续了实践唯物主义对人及其实践的重视,演化出了各种形态,围绕不同主题展开了论述。对此,汪信砚教授指出,"特别是新世纪以来,中国马克思主义哲学研究呈现出日益多样化分化发展的格局",不仅出现了各种"研究范式",而且"重心"也呈现出多样化的特点,包括"经济哲学、政治哲学、文化哲学、生态哲学等领域"。[1] 这一论述高度概括了21世纪以来马克思主义表现出多样化发展的总体特点,既表明了"研究范式"[2] 的多样化,又具体地论述了"重心"也就是主题的多样化,显示出这一时期的主题主要集中于"经济""政治""文化""生态"等领域。这些主题都是与人及其实践息息相关的,尽管不能再用实践唯物主义概括马克思主义在各个具体主题上的具体表达,但仍可以对这种理论、思想的延续性做出如下裁定,即与实践唯物主义受到中国哲学思想的影响一样,这一时期马克思主义的多样化同样是受到了中国哲学思想的影响的,即中国哲学思想的问题意识对于马克思主义的多样化发展起到了重要的推动作用。

一、张文喜:从人道出发在政治哲学向度上理解马克思主义

张文喜教授于2008年出版的《历史唯物主义的政治哲学向度》,是第一

---

[1] 汪信砚:《马克思主义哲学中国化与中国道路的哲学表达》,《哲学研究》,2018年第1期,第14—24,127页。

[2] 学界总结了如下范式:"马克思主义哲学原理研究范式""马克思主义哲学史论研究范式""马克思主义文本学——文献学研究范式""马克思主义反思的问题学研究范式""马克思主义哲学中国化研究范式""马克思主义对话研究范式""马克思主义出场学研究范式"。参见任平:《当代中国马克思主义哲学研究范式的创新与转换》,《哲学研究》,2012年第3期,第18—23页。学界还根据研究内容和方法划分出了许多学派,参见孙福胜:《论中国马克思主义哲学学派的背景、维度与建设》,《学术探索》,2021年第5期,第36—43页;宫敬才:《论学派——兼及我国马克思主义哲学研究中的学派问题》,《江海学刊》,2015年第2期,第33—39页;曹典顺:《建构当代中国马克思主义哲学研究的"范式"与"学派"》,《哲学研究》,2012年第3期,第24—27页。

部以"政治哲学"命名的马克思主义专著,在这部著作中,作者从政治哲学的角度审视马克思主义,对历史唯物主义作出了新的阐释。对于这部著作的目的,作者强调,是"为重新思考历史唯物主义的政治哲学向度提供一些哲学分析",因为在当时,很少有对政治哲学向度的强调,并且如果"历史唯物主义(哲学)转变为历史社会学",就没有与"政治制度"相关的话题和讨论了。[1] 从这一论述可以看出,作者意图恢复马克思主义的在哲学领域的地位,从哲学的角度特别是政治哲学出发,重新阐释马克思主义,重拾历史唯物主义的政治哲学内涵,既回答现实当中的问题,又拓展马克思主义所覆盖的主题和论题域。在他看来,历史唯物主义的根本并不停留于社会存在的第一性,而且也包含了"人的生活""人的存在的价值""人的美好、应然的生活形式"等问题。[2] 他也强调自己的这一选择并非只是一种理论兴趣,而是与当时人的社会生活、政治实践息息相关的。这一主题并不仅仅透露出作者对历史唯物主义再阐释的理论兴趣,更体现了作为一名中国学者,受到中国哲学思想与文化的深刻影响,作者对人及其政治实践的关注。在该书的后记中,他指出"人是什么?"这一问题是他不断在思索的问题。[3] 正是围绕着对人的思考,他才考虑到了"人的生活"、价值等问题,才有了对历史唯物主义的新看法、新解读、新阐释。而这种对人的关注,不仅仅源于对马克思主义的接受,更是在中华优秀传统文化中接受熏陶、滋养而来的,所以说这一主题体现了他作为一名中国学者受到中国哲学思想的问题意识的影响。在《左传·昭公十八年》中,子产就说过"天道远,人道迩"的话,这就表明人与"人道"是离我们更近的,并且孔子也更加注重"人道",强调人间事务、人间伦理,体现出强烈的对人及其现实生活实践的关切。而儒家思想的这种实践关切一直也在中国人思想成长过程中发挥了重要的影响,这不仅成为马克思主义为中国接受的思想文化准备,而且推动了马克思主义"主题多样化"的发展。因此,尽管在这部著作中并未直接论及中国哲学思想,但从作者的写作目的以及作者写作所由以出发的核心问题不难看出当中所蕴含

---

[1] 张文喜:《历史唯物主义的政治哲学向度》,南京:江苏人民出版社,2008年,第14页。
[2] 张文喜:《历史唯物主义的政治哲学向度》,南京:江苏人民出版社,2008年,第15页。
[3] 张文喜:《历史唯物主义的政治哲学向度》,南京:江苏人民出版社,2008年,第426页。

的中国哲学思想问题意识。正是这种问题意识①使得国内学术界出现了以政治哲学的角度对马克思主义进行思考、阐释的著作,实现了马克思主义的多样化。

二、毕国明、许鲁洲:从人性出发深化马克思主义特别是中国化马克思主义

毕国明、许鲁洲两位教授的著作《中国哲学与马克思主义哲学中国化》是对马克思主义与中国哲学思想融合创新历程的研究,考察了在马克思主义中国化的过程中中国哲学思想所发挥的作用,即中国哲学思想对马克思主义中国化的理论影响与推动作用。正是在这一研究的过程当中,他们以中国哲学思想的问题意识实现了对马克思主义的中国阐释,特别是对毛泽东思想、邓小平理论、"三个代表"重要思想的考察,不仅看到了当中的马克思主义元素,更挖掘出了当中的中国哲学思想的理论因子,实现了对马克思主义,特别是中国化马克思主义的多样化解读,从而在客观上以中国哲学思想的问题意识多样化了马克思主义,推动了"以中化马"的前进。

首先,作者强调了中国哲学思想的积极方面和内涵是中华民族长久以来的思想精华。他们指出,中国哲学思想重视"人性",关注"人的社会"与"人性化、道德化、人伦化"等问题,聚焦"人的本质和人的诉求",并且最为强调"修身养性的躬身实践"。② 这一论述明确地传递出作者对中国哲学思想的积极态度,表明了中国哲学思想的问题意识是以人为中心展开的,不仅关注现实的社会层面,重视人的社会生活与实践活动,而且注重思想的层面,注意到人性、道德等及其相关的各种主题,具有丰富的理论与思想主题。正是在这种问题意识下,他们看到了马克思主义中国化理论成果中对各种新问题的探讨,由此生发出更加具有中华民族特色的主题,即在挖掘马克思主义中国化的理论成果时,不仅强调这些理论成果与马克思主义的继承发

---

① 实际上,这种问题意识并不单单是由中华优秀传统文化、中国哲学思想所赋予的,对马克思主义的接受和学习具有同样的效果,并不否认马克思主义的问题意识所产生的影响。不过仅就理论上的分析而言,是可以断定中国哲学思想的问题意识起到的作用的,厘清这一个方面有助于凸显中国哲学思想与马克思主义在21世纪相结合的理论路径。

② 毕国明、许鲁洲:《中国哲学与马克思主义哲学中国化》,北京:人民出版社,2010年,第16—17页。

展关系，而且重点阐述了如何发展，如何以中国哲学思想为依托进行发展。这不仅体现出了马克思主义在中国发展的主题的多样化，而且反映了这一时期学者们从中国哲学思想的角度出发，对马克思主义，特别是中国化马克思主义进行的新理解、新阐释，从客观上推动了马克思主义的多样化。并且，这一考察不只是局限于马克思、恩格斯的经典文本，也将马克思主义中国化的成果纳入考察，在考察对象、文本上也实现了多样化。例如，作者从中国传统的辩证法思想出发，以古人对天道、变化、阴阳等问题的思考出发，分析毛泽东对辩证法的思考、论述，发现了毛泽东思想对马克思主义与中国哲学思想的融合创新，揭示出中国哲学思想的问题意识对于丰富马克思主义的重要意义。而他们的这种考察则显露出对马克思主义，特别是马克思主义中国化的理论成果的新的阐释路径，即从中国哲学思想的问题意识出发，分析当中所蕴含的中国哲学思想的理论因子，论述中国哲学思想在马克思主义传播、发展过程中对马克思主义多样化的作用。这种新的阐释路径同时也就丰富了马克思主义的研究，实现了马克思主义的多样化[1]。

除此之外，在这一时期，还能从许多论述马克思主义的学术成果中看到中国哲学思想的影子，诸多学者在这种问题意识中开发了对马克思主义理解、阐释的新角度，从而推动了马克思主义的多样化发展。皮家胜教授于2005年发表的文章《解释学：马克思主义哲学中国化研究的新维度》强调以伽达默尔为代表的解释学或诠释学对于理解马克思主义、解释马克思主义中国化的重要价值，指出马克思主义中国化，就是"对于马克思主义哲学的'理解'问题"，也就包含了"解释""理解""应用"。[2] 尽管他意在强调西方诠释学可以作为理解、阐释马克思主义特别是马克思主义中国化的方法和角度，但在中华民族的文化当中是有着长久的经学传统的[3]，可以说这是与西方诠释学具有共通性的中国经学诠释学，是具有异曲同工之处的。在中国

---

[1] 实际上，本节所说的"多样化马克思主义"不仅仅包括用马克思主义去研究新的问题，也包括对马克思主义的研究本身。这种从中国哲学思想的角度对马克思主义的研究是对马克思主义发展的中国反思，有助于辨明中国哲学思想与马克思主义的相通性，有利于进一步实现马克思主义的中国化、时代化，能够为之提供理论思路和借鉴。

[2] 皮家胜：《解释学：马克思主义哲学中国化研究的新维度》，《哲学研究》，2005年第11期，第27—30页。

[3] 这种经学的方法在中国哲学思想的发展中起到了不可或缺的作用，正是通过这种经学诠释学的形式，不断对作品增添注解，让中国哲学思想实现了不断的推陈出新、发展演化。关于经学诠释学，参见曹洪洋：《经学在何种意义上是一门诠释学》，《东疆学刊》，2012年第29卷第2期，第31—38，111页。

哲学思想及其所孕育的文化氛围的熏陶下，才有了解释学或者说诠释学的问题意识，从而进一步从西方哲学思想中吸取更为体系的方法论述与理论架构，从而实现马克思主义的多样化。以中国哲学思想多样化马克思主义更为明显的是毛卫平教授 2008 年的文章《和谐哲学：当代中国时代精神的精华——兼论马克思主义哲学与中国传统"和"文化》。在这篇文章中，作者从中国哲学思想对"和""中庸"等范畴的强调出发，分析了"包含在马克思主义哲学中"的"和谐哲学"与"和"的关系，既强调"和谐哲学"是"执政党的哲学""建设的哲学"，是同时讲"统一"和"斗争"的哲学，又强调对中国传统"和"的哲学思想进行批判性的吸收和借鉴，并赋予"具有时代特征的新内容"，以实现马克思主义的发展。[①] 这就从中国哲学思想对"和"的思考出发，以"和""和谐"来阐释马克思主义的内涵，特别是对马克思主义辩证法的阐释，实现了对马克思主义理解、阐释的多样化，从而以中国哲学思想的问题意识多样化了马克思主义，推动了马克思主义与中国哲学思想的融合创新。并且，当中还提出了未来马克思主义在中国发展所应当注重的点，即注重批判地吸收、借鉴中国哲学思想的问题意识，吸收当中的优秀精华，并与中国现实相结合，推动马克思主义的中国化发展。

  总的来说，在这一时期，受中国哲学思想的问题意识所影响，国内学术界对马克思主义的理解更为多样。可以说，马克思主义"主题多样化"的发展离不开中国哲学思想的问题意识。中国哲学思想家们长期以来都十分关注人性、人道、实践、伦理等问题，这种思想文化氛围对中国学者的影响是不可忽视的。在各位学者的论著中，这种问题意识或潜在地发挥作用，或直接被纳入理论思考。他们用马克思主义来回答中国哲学思想中的经典问题或与之相关的话题，从而拓展马克思主义的主题，并在中国哲学思想的影响下，发掘对马克思主义的阐释、研究路径，进而实现对马克思主义解读的多样化。可以说，这一时期的国内学者，以中国哲学思想的问题意识，一方面在内容上直接拓展了马克思主义的理论内涵，使其得到多样化发展，另一方面在方法上实现了对马克思主义理解的多样化，进而阐明马克思主义当中新的理论内涵，使得马克思主义在中国得到多样化的发展。因此也可以说，前者是对马克思主义的运用的多样化，后者是对马克思主义的理解的多样化，二

---

  ① 毛卫平：《和谐哲学：当代中国时代精神的精华——兼论马克思主义哲学与中国传统"和"文化》，《中共中央党校学报》，2008 年第 6 期，第 33—38 页。

者是相互影响、相互作用、辩证统一的过程,这种多样化是离不开中国哲学思想的问题意识的。因为正是这种问题意识使得马克思主义在中国得到中国式的发展,不仅使马克思主义在中国变得多样化,而且这种在中国的多样化发展也丰富了马克思主义发展史、丰富了世界马克思主义。

并且,"主题多样化"又是与"道路民族化""风格个性化"分不开的。从这一时期学者的论述中可以看到,得益于中国哲学思想的问题意识,对马克思主义的理解和阐释不仅变得多样化,同时也表现出了一定的民族化的特点,因为政治实践、诠释学、经学、伦理等方面也是中国哲学思想、中华民族的理论关注焦点,体现出一定的民族特点[①],而这又逐渐成为中华民族在理论上的个性,从民族性走向个性,实现马克思主义在中国更高程度的发展,实现与中国哲学思想更高程度的结合。[②]

第五节 以中国哲学思想的思维方式推动 21 世纪马克思主义的新时代

党的十八大以来,中华优秀传统文化得到了高度的重视,而构成其主要成分与核心内容的中国哲学思想也自然受到了学术界更多的关注。习近平总书记在 2016 年就强调"加快构建中国特色哲学社会科学""要加强对中华优秀传统文化的挖掘和阐发""推动中华优秀传统文化创造性转化、创新性发展",围绕各种问题"提出能够体现中国立场、中国智慧、中国价值的理念、主张、方案"。[③] 这就要求学术界加强对中华优秀传统文化的关注,不仅要

[①] 郭湛教授指出,"当代中国马克思主义哲学根本性的范式转换是:前主体性—主体性—主体间性—公共(共同主体)性",而"公共性的建设和完善是当代中国和世界发展中一个具有核心意义的问题",关注公共性,解决"现实的公共性问题","是中国马克思主义哲学应尽的责任"。在此,他用了"公共性"一词,这不仅是马克思主义的重要概念,更是以儒家为代表的中国哲学思想的致思取向,即"齐家、治国、平天下"所展现出的理论抱负和问题意识。参见郭湛:《从主体性到公共性——当代中国马克思主义哲学的走向》,《中国社会科学》,2008 年第 4 期,第 10—18 页。

[②] 这里需要明确的是,在实际的写作过程中,许多学者对于中国哲学思想问题意识的影响是不自觉的,没有明确地意识到自己所受到的文化氛围的影响。而本节的分析正是站在新时代中国特色社会主义的时代立场和角度上,挖掘当中所隐藏着的中国哲学思想的元素和影响,意在为中国马克思主义的建构,为建设有中国特色、中国风格、中国气派的马克思主义提供理论线索和启发。

[③] 《习近平著作选读》(第一卷),北京:人民出版社,2023 年,第 480 页。

挖掘当中的理论精华，更要实现对这些理论精华的"创造性转化、创新性发展"。而这就离不开与马克思主义相结合，特别是将中国哲学思想转化、发展为马克思主义中国化的理论动力与个性特征，从而实现马克思主义与中国哲学思想发展的双赢，即许多学者所说的马克思主义中国化与中国哲学现代化。并且，在中华优秀传统文化的助力下，在中国哲学思想的支持下，马克思主义的中国化将更加具有"中国立场、中国智慧、中国价值"，也即更加具有中国个性。这也就呼应了陈先达教授所提出的"主题多样化、道路民族化、风格个性化"[①]中的"风格个性化"。这正是习近平总书记所说的"努力构建中国特色、中国风格、中国气派的学科体系、学术体系、话语体系"[②]。由此可见，进入新时代以来，包括学术界在内的各个领域都高度重视马克思主义的中国化，要求建设有中国个性的马克思主义，即"中国特色、中国风格、中国气派"的马克思主义。2006年，张祥浩教授就指出了这一理论诉求，即让马克思主义"变成中国的马克思主义哲学而不是在中国的马克思主义哲学"，并"使中国传统哲学现代化，融合在中国的马克思主义哲学，化两种异质的哲学为一体化的哲学"。[③] 这就是说，实现马克思主义的个性化，具有"中国特色、中国风格、中国气派"，也就实现了马克思主义从"在中国的马克思主义"向"中国的马克思主义"的转变。并且，从这一论述中还可以看到，中国哲学思想在个性化马克思主义中的重要作用，即中国哲学思想的现代化必然要求融合马克思主义，成为"一体化的哲学"，不仅实现中国哲学思想的现代化，而且实现马克思主义的个性化，实现"中国特色、中国风格、中国气派"，这也就从根本上推动了马克思主义从"在中国的马克思主义"成为"中国的马克思主义"。因此，可以以个性化来概括这一时期"以中化马"的特点，个性化是对本土化的否定之否定，经历了活化、深化、强化、多样化等过程回到了新的本土化，是本土化在新时代的

[①] 陈先达：《关于中国马克思主义哲学的未来走向》，《中国人民大学学报》，2000年第2期，第17—24页。
[②] 《习近平谈治国理政》（第四卷），北京：外文出版社，2022年，第199页。
[③] 张祥浩：《马克思主义哲学与中国哲学》，《江苏社会科学》，2006年第5期，第6—12页。

新呈现①。

具体而言，在这一时期，国内学者在"以中化马"这条道路上所做的工作，主要表现为以中国哲学思想的思维方式个性化马克思主义。在中国哲学思想思维方式的影响下，马克思主义学者不仅比之前更加深入地思考中国发展的现实问题，而且开始明确探索马克思主义如何在中国实现个性化发展的理论问题，寻求构建有中国特色、中国风格、中国气派的马克思主义。并且，从逻辑上看，思维方式也同个性化一样，是之前各个阶段否定之否定的发展，是更高、更本源的阶段。因为如果说语言体系是中国哲学思想最为外在的表达，理论内容是具体的语言所意指的内容，那么精神内核就是包含在、蕴藏于内容背后的核心思想与精神，而这些毕竟都是答案，需要有问题为先导，所以问题意识为精神内核提供问题指引，是比精神内核更高的阶段，而思维方式则是提出问题、发现问题的基础，不同民族的思维方式使其所提出、发现的问题有所不同。由此可见，对于"以中化马"这条理论道路而言，对中国哲学思想某个理论部分的吸收是与对马克思主义产生的实际影响密切相关的，在各自的理论道路上都是否定之否定的最新成就②。

一、贺来：从"现实生活"出发个性化对马克思主义的理解

贺来教授在 2012 年对马克思主义中国化进行了深入的思考，意在寻求马克思主义中国化的理论生长点，以推动马克思主义中国化的进程。他认为，这一问题的关键是"马克思主义哲学与当代中国人现实生活的内在结合点"③。这种对现实生活的关注，一方面出自马克思主义的内在理论要求。正如马克思和恩格斯在《德意志意识形态》中所强调的："人们的存在就是

---

① 虽然在前一节已经强调，"主题多样化、道路民族化、风格个性化"是一个辩证统一的整体，但不可否认的是，从"主题多样化"到"道路民族化"和"风格个性化"是一个质的飞跃，而这一飞跃则是与中国特色社会主义的实践息息相关的，即在新时代，根据新的实践状况，这种民族化、个性化被明确地提出，要求马克思主义具有"中国特色、中国风格、中国气派"。因此，可以说从 2012 年开始，"以中化马"这条理论路线进入了一个新的阶段，将其从"主题多样化、道路民族化、风格个性化"中单独列出来加以讨论将对我们理解马克思主义与中国哲学思想的融合创新具有更深刻的意义。

② 在此对于这种辩证逻辑的发展关系仅作简要的说明，主要为了强调这一时期对思维方式的吸收不仅是对现实学术情况的归纳，而且也是理论自身发展的内在逻辑之必然阶段和特征。

③ 贺来：《反思现实生活中的抽象力量——马克思主义哲学中国化的重要生长点》，《教学与研究》，2012 年第 10 期，第 5—10 页。

他们的现实生活过程。"① 这就表明人的"现实生活"是研究人、人的社会、人的历史等各方面问题的重要焦点,因为人首先需要存在,存在就意味着有,与无是相反的,所以只有人存在后,才能论及其余的各个方面,而马克思和恩格斯则点明了人的存在就是"现实生活过程",因而体现出"现实生活"的重要性。这种对现实生活的关注,另一方面出自中国哲学思想的思维方式。尽管贺来教授在文中批判了中国封建社会长期以来的宗法关系和封建思想,但这并不代表对中国哲学思想的全盘否定。在具体的论述中,他引用了现代新儒家代表人物之一梁漱溟先生的思想,从而批判了"人的依赖关系",说明"人的依赖关系"是从古至今在"现实生活"当中都存在的现象,强调个人被忽视的状况。② 这一论述不仅仅意在批判这种生活中的现象,更体现了他对中国哲学思想思维方式的吸收,即对现实生活中个体状况的关注,从人的"现实生活",特别是具体个体的"现实生活"出发进行思考。因此,在马克思主义的理论要求③和以梁漱溟为代表的现代新儒家这一中国哲学思想的思维方式影响下,贺来教授强调,要"在反思统治人的抽象力量中推进马克思主义哲学中国化",为马克思主义中国化提供"真实的动力",这是"马克思主义哲学中国化的重要生长点"。④ 由此可见,对"现实生活"的关注与批判不单是马克思主义的理论要求,更是中国哲学思想的思维方式所必然达到的逻辑后承。通过从马克思主义出发融合中国哲学思想这种思维方式,贺来教授清晰地辨明了"现实生活"中亟待解决的问题,并指出了马克思主义中国化的生长点,体现出这一阶段以中国哲学思想的思维方式个性化马克思主义的时代特点。

---

① 《马克思恩格斯文集》(第一卷),北京:人民出版社,2009年,第525页。
② 贺来:《反思现实生活中的抽象力量——马克思主义哲学中国化的重要生长点》,《教学与研究》,2012年第10期,第5—10页。
③ 在马克思主义的理论要求下,他批判了"以物的依赖性为前提的个人独立性",批判了"资本逻辑"。参见贺来:《反思现实生活中的抽象力量——马克思主义哲学中国化的重要生长点》,《教学与研究》,2012年第10期,第5—10页。
④ 贺来:《反思现实生活中的抽象力量——马克思主义哲学中国化的重要生长点》,《教学与研究》,2012年第10期,第5—10页。

二、张连良：从"文化—心理结构"出发个性化马克思主义

在这一时期，张连良教授同样对马克思主义与中国哲学思想的融合创新进行了论述，强调中国哲学思想对马克思主义中国化的重要意义。他认为，中国哲学思想是马克思主义中国化"不可不面对的对象"，中国哲学思想既可以为理解中华民族的思维提供指引，又在立场、方法论、人学思想等多方面与马克思主义相契合，从而助力马克思主义中国化的进程。[①] 在文中，他强调中国哲学思想是"文化基础"，塑造了中国人的思想和精神。对此，他以"心智结构""文化—心理结构"概念来加以说明，表明中国哲学思想对中国人思维方式的影响。由此可见，马克思主义的中国化过程必然面对如何中华民族特有的思维方式，而要厘清这一思维方式，吸收当中的历史精华，就要回到中国哲学思想当中，不仅把握中国哲学思想的话语、内容、精神、问题意识，更要掌握中国哲学思想的思维方式，从根本上实现中国哲学思想的"为我所用"，助力马克思主义中国化。为辨明中国哲学思想的思维方式，以实现"以中化马"，他对中国哲学思想的内在逻辑进行了专门的论述。在具体的论述中，他强调了"天道观念"的重要性，认为"天道观念作为中国哲学的最高观念，同时也成为中国哲学最基本的思维方式"，强调天道是"自然属性"和"社会属性"的统一，表明了"中国哲学的思维方式"是从人与自然辩证统一的角度出发来看待问题的，并指出中国哲学思想的思维方式是以"天人合一、内外合一、体用合一"为特征的，这种思维方式造就了中国哲学思想发展的内在逻辑，从而与马克思主义在许多方面高度契合。[②] 正是中国哲学思想的这种思维方式塑造了中华民族独特的文化，而这种文化则是马克思主义中国化所必然面对的文化现实。从根本上把握中国哲学思想的思维方式，不仅有助于理解中华文化的内涵与特征，推动马克思主义中国化的进程，而且能够为马克思主义的个性化提供理论和思想资源，推动"以中化马"道路的进行，从而以中国哲学思想的思维方式个性化马克思主义。正如他所说，中国哲学思想与马克思主义的"高度契合或为理解马克思主义

[①] 张连良：《马克思主义哲学中国化语境下的中国哲学》，《吉林大学社会科学学报》，2013年第53卷第1期，第57—64页。

[②] 张连良：《马克思主义哲学中国化语境下的中国哲学》，《吉林大学社会科学学报》，2013年第53卷第1期，第57—64页。

哲学提供了有益资源"，中国哲学思想既是马克思主义中国化必须面对的对象，"又是其得以获得生机的有益资源"。[①]

三、韩庆祥：基于辩证法这一共性个性化马克思主义

在这一时期强调以中国哲学思想的思维方式个性化马克思主义的还有韩庆祥教授。他在2018年发表的文章《当代中国马克思主义哲学研究的三维语境及其方式创新》中指出，马克思主义"私—私·公—大公"的"社会发展理念"与中国"去我—忘我—无我"的"价值取向"具有相通性，并在"大公无私"这一思想观念上相融通，从而形成了马克思主义中国化的"特殊根基"。[②] 在他看来，在思维方式上，中国哲学思想与马克思主义具有相通性，都带有否定之否定的辩证法特征，且正是在这种思维方式的指引下，二者都通向了"大公无私"这一理念，尽管在具体的时代和理论体系中其具体内涵有所不同，但毕竟都表达了各自思维方式所蕴涵的理论朝向，而这正是实现马克思主义个性化，建构其中国特色、中国风格、中国气派的现实理论背景。对此，他指出，这两种理论表现出了一些共性，即对"公共性"和"大公"的追求，虽然二者有所区别，即中国哲学思想是从"生命的本质入手"，马克思主义则是从对"社会发展进程和逻辑"的分析开始的，但最终"殊途同归"，这就表明了马克思主义在中国哲学思想中的"根基"。[③] 正是由于中国哲学思想与马克思主义之间的这一共性，二者的交融才成为可能，由此才能够吸收中国哲学思想的思维方式来个性化马克思主义。韩庆祥教授强调，"当今中国马克思主义哲学研究"不仅应该批判地吸收西方学者的研究成果，更应该"自觉吸收中华优秀传统文化对人的精神世界研究的优秀思想资源"。[④] 这一论述表明，当今欲实现马克思主义的个性化，建设具有中国特色、中国风格、中国气派的马克思主义，就应当融合中国哲学思想的优

[①] 张连良：《马克思主义哲学中国化语境下的中国哲学》，《吉林大学社会科学学报》，2013年第53卷第1期，第57—64页。
[②] 韩庆祥，张健：《当代中国马克思主义哲学研究的三维语境及其方式创新》，《马克思主义与现实》，2018年第2期，第152—159页。
[③] 韩庆祥，张健：《当代中国马克思主义哲学研究的三维语境及其方式创新》，《马克思主义与现实》，2018年第2期，第152—159页。
[④] 韩庆祥，张健：《当代中国马克思主义哲学研究的三维语境及其方式创新》，《马克思主义与现实》，2018年第2期，第152—159页。

秀成果，而结合他的论述则可以做更进一步的推论，即学习并吸收中国哲学思想的思维方式，将之运用于马克思主义中国化研究，充分发挥中国哲学思想与马克思主义在思维方式上的共性，推动马克思主义个性化的实现。

四、王海英：从"人的自我提升"和"人伦规范"角度个性化马克思主义

更为明确地强调以中国哲学思想的思维方式个性化马克思主义的是王海英教授于2019年发表的文章《当代中国哲学建构的价值取向与思维方式——兼论马克思主义哲学与中国哲学的相通互补》。她认为，马克思主义与中国哲学思想不仅在"价值取向"上，而且在"思维方式"上都是"内在相通又互补支撑"的，并且中国哲学思想对"人的自我提升"和"人伦规范"的强调对马克思主义在中国的发展具有重要的价值。[1] 这显示出了中国哲学思想在思维方式上独有的特点，即关注人的发展与人伦。在此基础上，她进一步点明中国哲学思想与马克思主义的相通性，强调对人的关注以及二者辩证的思维方式是共通之处，并且二者各有侧重，可以相互补充。通过对中国哲学思想思维方式的分析，她指出，中国哲学思想与马克思主义不仅是相通的，而且"呈现互补支撑的关系"，"它们共同奠定当代哲学建构与哲学创新的前提和基础"。[2] 这就着重突出了中国哲学思想的思维方式对于个性化马克思主义，实现有中国特色、中国风格、中国气派的马克思主义的重要的理论价值。

通过对这一时期学术界成果的考察可以看到，诸多学者已经明确意识到融合创新马克思主义与中国哲学思想的重要性，特别是"以中化马"这条道路。因为欲构建具有中国特色、中国风格、中国气派的马克思主义[3]，就必须坚持以马克思主义为主体，吸收中国哲学思想的理论精华，从而实现马克思主义在中国的个性化发展，实现马克思主义的中国个性，中国哲学思想是

---

[1] 王海英：《当代中国哲学建构的价值取向与思维方式——兼论马克思主义哲学与中国哲学的相通互补》，《理论探讨》，2019年第6期，第92—99页。

[2] 王海英：《当代中国哲学建构的价值取向与思维方式——兼论马克思主义哲学与中国哲学的相通互补》，《理论探讨》，2019年第6期，第92—99页。

[3] 孙福胜对中国马克思主义进行了系统的梳理和总结，参见孙福胜：《论中国马克思主义哲学学派的背景、维度与建设》，《学术探索》，2021年第5期，第36—43页。

个性化马克思主义、马克思主义中国化最为重要的本土思想理论来源。对此，孙正聿教授指出，中国哲学思想"奠定了中华民族最为深沉和最为持久的文化自信"，是"当代中国马克思主义哲学主体性、原创性的不可或缺的根基和源泉"。^① 由此表明了当代学术界对"以中化马"的明确意识。并且，通过对这一时期关于融合创新马克思主义与中国哲学思想的代表性作品的考察可以看到，学术界对如何利用、吸收中国哲学思想的看法是比之前阶段处于更高维度的，表现出对中国哲学思想的思维方式的关心，即通过剖析中华民族独特的思维方式来强调中国哲学思想与马克思主义的共通性，以及对马克思主义在中国进一步发展的价值，从而将这种思维方式与马克思主义的个性化相结合，体现出以中国哲学思想的思维方式个性化马克思主义的阶段特征。

总的来说，自 1920 年始，在"以中化马"这条理论路线上，马克思主义与中国哲学思想的融合创新在不断往前推进，得到深度发展。一方面，从话语体系到理论内容、精神内核，再到问题意识与思维方式，马克思主义对中国哲学思想的吸收从最表面的文字向纵深推进，实现了对中国哲学思想由外而内的吸收和借鉴，中国哲学思想的在场方式逐渐从外在走向内在，从显性走向隐性，从现象走向本质，对马克思主义及其中国化的影响不断增加。另一方面，通过吸收中国哲学思想，回应历史时代关切，马克思主义在中国的发展也实现了从本土化到活化、深化、多样化，最后到个性化的飞跃，建设有中国特色、中国风格、中国气派的马克思主义日益得到关注和强调，马克思主义中国化程度不断加深。并且，"以中化马"这条理论路线是与"以马化中"具有同步性、同调性的，在中华人民共和国成立前是最为初步的融合，其后则进入快速发展的阶段，而改革开放则促使在反思中发展，实现围绕人这一主体的多样化发展，最终，二者合于"以中化马"的路线，指向中国马克思主义这一理论形态^②。

如果说上述总结是通过分析各个时期具有代表性的学者及其作品得来的，是对历史的分析与归纳，那么从逻辑上看，这一发展过程也具有必然

---

① 孙正聿：《构建当代中国马克思主义哲学学术体系》，《哲学研究》，2019 年第 4 期，第 3—9，100，127 页。

② "以马化中"，也有学者将其称为中国哲学的现代转型；"以中化马"则称为马克思主义哲学中国化。参见李维武：《马克思主义哲学中国化与中国哲学的现代转型》，北京：北京师范大学出版社，2021 年。

性，因为逻辑与历史是统一的。首先，语言体系作为思想最为外在、直接的表达，是本土化马克思主义最为直接和简单的方法，而本土化马克思主义也是传播、接受一种外来思想最为迫切的需要，因此，"以中化马"的第一阶段是以中国哲学思想的话语体系本土化马克思主义。其次，在语言表达的背后，是藏于其下的理论内容，是语言表达的所指，是语言的意义本身，而通过引入不同的理论内容，便能够使原来的理论传播方式、内容变得更加灵活、生动，所以在第二阶段所实现的就是以中国哲学思想的理论命题活化辩证唯物主义。再次，在意义背后所体现的是一个民族的精神追求、思想的精神内核，这种内核有助于深化对马克思主义的理解，从更加本质的维度把握马克思主义及其与中国哲学思想的共性。最后，中国哲学思想的精神内核之所以形成，其逻辑前提便是问题意识和思维方式，对前者的吸收让马克思主义实现了"主题多样化"，扩充了马克思主义原有的论题域，而对后者的吸收则让马克思主义从"主题多样化"走向了"风格个性化"，也就是带有了"中国特色、中国风格、中国气派"。从这一历时性的发展过程中可以看到，后一阶段是对前一阶段否定之否定的发展，即第二阶段让第一阶段本土化、定格了的思想再度具有理论的活力；第三阶段让第二阶段活力四射的思想沉浸下来、拓展深度；第四阶段的多样化是活化的否定之否定，在深度的基础上发展出具有多样性的观点；第五阶段则是对第一阶段本土化的否定之否定，在经过三个阶段的发展后，回到了本土化，但这是一种新的本土化，即个性化。由此可见"以中化马"这条理论道路的逻辑发展必然性，是与历史发展的现实性相统一的。

第三章　马克思主义与中国哲学思想融合创新史的方法论与论题域

通过考察马克思主义与中国哲学思想融合创新的发展历程，我们已经分别对"以马化中"和"以中化马"两条理论道路有了历时性的把握，并可以看出随着时代的演变，这两条道路各自所关注的范畴、理论特征与论题域的变化。一方面，"以马化中"的道路经历了以唯物史观和辩证法分析中国哲学思想、围绕哲学基本问题系统地反思中国哲学思想史、从认识的历史出发剖析中国哲学思想的演变以及从马克思主义人学出发把握中国哲学思想等四个阶段，从中可以看到不同阶段对马克思主义的理解是有所侧重的，对马克思主义的运用在方法论上也是有所区别的。另一方面，"以中化马"的道路则依次经历了以中国哲学思想的话语体系本土化马克思主义、以理论内容活化辩证唯物主义、以精神内核深化马克思主义、以问题意识多样化马克思主义和以思维方式个性化马克思主义等五个阶段[1]，这反映出随着社会历史的发展，马克思主义中国化的理论要求和对中国哲学思想的认识与态度也发生着变化。总的来说，无论是"以马化中"还是"以中化马"的道路，随着历史的发展，都各自演化出了相应的范畴和论题域，体现出多样的理论特征，这些都是百年来国内学者们的努力成果，是学术思想的结晶。对于这百年来理论结晶的考察，不能仅仅停留于历时性的考察之上——因为历时性的考察主要呈现的是论题域随时间的变化而变化——而是应当以历时性的具体分析为基础，进行进一步的归纳和总结，探寻当中的理论结构与方法，提炼问题与问题、范畴与范畴、命题与命题之间的系统性关系，以呈现出马克思主义与中国哲学思想融合创新的完整、系统的思想体系。因此，根据对马克思主

---

[1] 如前所述，第四和第五个阶段实则可以合并为一个阶段，但为体现出当中所发展的变化，显示出马克思主义中国化的最新学术动态，所以从进入新时代开始单独划分出一个阶段，这样也能够更加微观地呈现出思维方式的根本性。

义与中国哲学思想融合创新的历时性研究，本章对当中所体现的方法论和论题域进行了提炼并加以概括和总结。

第一节 马克思主义与中国哲学思想融合创新史的方法论

马克思主义与中国哲学思想融合创新的方法论，主要表现为马克思主义的方法论，即历史分析法、阶级分析法和矛盾分析法，显示出历史唯物主义和辩证唯物主义在方法论上的指导地位。马克思主义是科学的理论，具有鲜明的科学性，其方法论是人类长期思想理论发展的精华，并且吸收了以进化论、能量守恒定律和细胞学说为代表的自然科学理论及其方法，因此在方法论上具有超越性和先进性，其方法论的科学性是其他思想理论无法比拟的。因此，马克思主义与中国哲学思想的融合创新，无论是"以马化中"[①] 还是"以中化马"，这两条道路都始终坚持了马克思主义的指导地位，在方法论上坚持马克思主义的指导。而通过对两条线索各个时期著作的考察，可以看到学术界主要采取了历史分析法、阶级分析法和矛盾分析法。

一、以马克思主义的历史分析法为指导

对于马克思主义的历史分析法，无论是中国哲学思想家还是马克思主义者，早在马克思主义与中国哲学思想融合创新的第一阶段就开始运用了。对此，李维武教授在《马克思主义哲学中国化与中国哲学的现代转型》中指出，这一时期的学者们，是"立足于马克思主义的历史主义原则"的，并

[①] 在"以马化中"上，一方面是以冯友兰、任继愈、张岱年为代表的中国哲学史学者，另一方面是以郭沫若、侯外庐、吕振羽为代表的马克思主义理论家，他们都在马克思主义方法论的指导下研究中国哲学，探寻中国哲学思想与马克思主义的共性，挖掘中国哲学思想对马克思主义中国化的价值，在这一过程中推动马克思主义与中国哲学思想的融合创新。而"以中化马"则不必赘述，因为"以中化马"自身就要求以马克思主义为主体，即坚持马克思主义的方法论。并且，对马克思主义方法论的坚持不仅仅是一个立场问题，马克思主义的科学性也就决定了这一融合创新必然应当坚持马克思主义的方法论。

"以历史的唯物论和历史的辩证法作为方法论"。① 这就直接点明了马克思主义的历史分析法。在之前章节的分析中也可以清晰地见到,无论是在郭沫若的《中国古代社会研究》、范寿康的《中国哲学史通论》还是张岱年的《中国哲学大纲》中,甚至在后一时期吕振羽的《中国政治思想史》中,都显露出历史唯物主义在方法论上的指导意义,即对马克思主义历史分析法的关注和运用。而李维武教授则进一步指出,这种历史分析法,即"历史主义原则"又具体地表现为"历史的唯物论"与"历史的辩证法"。这一论断充分体现了马克思主义与中国哲学思想融合创新的方法论,特别是"以马化中"这条道路上对唯物史观与辩证法的运用,即"历史的唯物论"与"历史的辩证法"。

对"历史的唯物论"的运用,即从社会存在的第一性入手,分析思想理论的演变与特征。马克思在《〈政治经济学批判〉序言》中指出:"不是人们的意识决定人们的存在,相反,是人们的社会存在决定人们的意识。"② 马克思的这一论述充分说明了在历史领域,唯物论是同样有效的,社会存在是第一性的,是意识、思想的逻辑前提和现实条件,对意识、思想的分析离不开对社会存在的把握。正是在这一思想的指导下,郭沫若才指出,"大凡在一个社会变革时代,随着社会制度的改变总要起一番理论上的斗争,即是方兴的文化与旧有的文化相对抗。"③ 郭沫若这一说法,是对马克思"历史的唯物论"的坚持和运用,强调了社会存在对于理论、思想的影响,即当社会制度这一社会存在、社会现实发生变化时,思想理论也会随之发生变化,而当新的社会制度冲击旧的社会制度时,新的思想理论也会与"旧有的文化"发生斗争。这就运用了马克思主义的历史分析法,不仅说明了社会存在对于思想的决定性作用,即新制度与新思想的关系,而且表达了思想、意识、理论这一整体是随着社会存在这一整体的变化而变化的。如果说前者是一种共时性的、静态的决定关系,那么后者就是一种历时性的、动态的决定关系,反映出社会存在不仅决定了思想的特点,而且决定了思想的变化。正是在这一方法论的指导下,郭沫若才能够发现《易经》《易传》与当时社会现实的关系,进而指出"《易经》是由原始公社制变为奴隶制时的产物,《易传》是

---

① 李维武:《马克思主义哲学中国化与中国哲学的现代转型》,北京:北京师范大学出版社,2021年,第630页。
② 《马克思恩格斯文集》(第二卷),北京:人民出版社,2009年,第591页。
③ 郭沫若:《郭沫若全集》(历史编 第一卷),北京:人民出版社,1982年,第69页。

由奴隶制变成封建制时的产物"①。这就在马克思主义的历史分析法的指导下，对中国哲学思想有了新的理解和阐释，不再只是停留在思想层面的理解、对概念和范畴的推演，而是深入社会存在，挖掘思想背后的决定性因素，探寻当时的社会现实，因而实现了"以马化中"，实现了对中国哲学思想的马克思主义阐释，推动了马克思主义与中国哲学思想的融合创新。

而"历史的辩证法"也是一样，强调对历史事实、思想的理解必须从辩证法的角度出发，从矛盾的对立统一、相互作用、相互影响、相互转化中寻求规律，以把握历史的发展。马克思和恩格斯在《德意志意识形态》中指出，"历史不外是各个世代的依次交替"，每一代都在新的环境中进行着"所继承的活动"，又同时以新的活动来改变"旧的环境"。② 这一论述表明，历史是运动、变化、发展着的，是不断向前推进着的，并且在具体的历史当中，既存在着新的活动和旧的活动的矛盾，也存在着新旧环境之间的矛盾，还有活动与环境之间的矛盾，这些矛盾相互作用、相互影响、相互转化，从而推动了活动、环境从旧到新的变化，推动了历史的发展。而这正是"历史的辩证法"的题中之义。对于"历史的辩证法"，张岱年先生强调，"发展或历史的观点，是永远有用的"，要理解一种理论就必须考察其"发展历程"和"原始与流变"，而当中需要特别重视"对立者之互转"，包括"意谓""问题""学说"等方面的矛盾变化和发展，即"概念学说之发展与其对立互转"。③ 这一论述充分体现了他对"历史的辩证法"的明确意识，将其确立为主要的方法论原则。并且这还反映出了如下事实，即"历史的辩证法"这一马克思主义的历史分析法，不仅在考察中国哲学思想的过程中起到了重要的作用，而且是具有高度普遍性、科学性的方法论原则，既为马克思主义者所采用，也为中国哲学思想家所接受和运用④。正是在这种运用当中，马克思主义与中国哲学思想的融合创新得到了推动，产生出丰富的、新颖的、具有中国特色的学术成果。

---

① 郭沫若：《郭沫若全集》（历史编 第一卷），北京：人民出版社，1982年，第90页。
② 马克思、恩格斯：《马克思恩格斯文集》（第一卷），北京：人民出版社，2009年，第540页。
③ 张岱年：《中国哲学大纲》，北京：商务印书馆，2015年，第20页。
④ 因在前述章节已经对各时期具有代表性的学者及其论述进行了细致的分析，故在此仅以张岱年先生的论述为代表，举例说明历史的分析法，特别是"历史的辩证法"作为马克思主义与中国哲学思想融合创新的重要方法论，受到学术界的重视。

二、以马克思主义的阶级分析法为指导

如果说历史分析法是历史唯物主义所体现出的最为直接的方法论,那么阶级分析法就是历史分析法的进一步延伸,是对历史唯物主义这一理论基础在方法论上更进一步的发展。因为阶级分析法是要通过对阶级、阶级关系、阶级矛盾等问题的分析达到对历史发展和历史规律的把握,而各种与阶级有关的问题都是在具体的历史当中的,这就要求首先以历史分析法为指导实现对历史状况的把握,特别是具有决定性的社会存在的把握,在此基础上才能论及阶级的状况与相关问题,所以说阶级分析法是历史分析法的进一步延伸和具体化。正如马克思和恩格斯在《德意志意识形态》中所言:"统治阶级的思想在每一时代都是占统治地位的思想。这就是说,一个阶级是社会上占统治地位的物质力量,同时也就是社会上占统治地位的精神力量。"[①] 从马克思和恩格斯的论述中可以看到,对一个阶级的认识不仅是从其思想、理论入手的,更重要的是其所掌握的"物质力量"。这是因为"精神力量"若没有相应的"物质力量"来加以支撑,则无法得到现实的影响,难以现实化,而难以现实化的"精神力量"就只能一直停留于思想的领域,脱离现实。而这种对阶级的分析方法显然是以历史分析法为基础的,所以说阶级分析法是历史分析法的进一步延伸,也正是如此,马克思和恩格斯才首先强调了一个阶级与"物质力量"的关系,而后才从"物质力量"过渡到"精神力量"。

而如果说历史分析法在于对社会存在的强调、对社会发展的强调,那么阶级分析法则更加侧重对人的阶级区分与阶级关系的强调、对阶级矛盾这一社会发展动力的强调,将对历史的分析具体化为对历史阶级的分析。在吕振羽的《中国政治思想史》,杨荣国的《中国古代思想史》,赵纪彬的《中国哲学史纲要》以及李大钊的《我的马克思主义观》等论著中都可以看到学术界对于阶级分析法的重视。通过对马克思主义阶级分析法的运用,他们从阶级关系与阶级矛盾的角度入手,发现了隐藏在中国哲学思想整体中各思想流派之间的相互关系,分别揭示出统治阶级思想与被统治阶级思想的对立关系,以及当中存在的相互依赖、相互影响、相互作用、相互转化的现象,从而对中国哲学思想有了更加深刻的把握,厘清了思想背后的阶级属性,这就在社

[①] 《马克思恩格斯文集》(第一卷),北京:人民出版社,2009年,第550页。

会存在的基础上对中国哲学思想有了更加透彻的理解。

对于阶级分析法的坚持和运用,任继愈先生曾明确地指出:"阶级分析是马克思主义的基本方法,在研究哲学史的时候要坚持阶级分析。"① 尽管这只是《中国哲学史》这一部著作的绪论,但这部著作是集学界百家之长编纂而成的,这一方法也是为学术界所公认的。所以,通过这一论述,可以看到学术界对阶级分析法的明确的意识。而正是在阶级分析法的指导下,国内学术界对中国哲学思想的认识才在中华人民共和国成立以后有了跨越式的发展,即从统治阶级与被统治阶级的阶级关系和阶级矛盾出发,发现唯物主义与唯心主义的斗争关系,从而一方面更加紧密地将中国哲学思想的特征和演化与阶级关系和阶级矛盾联结起来,将思想理论与历史现实结合起来,另一方面则以这种阶级关系和阶级矛盾的视野厘清了中国哲学思想当中错综复杂的矛盾关系,梳理出了两条大的线索和主干,为理解、重构中国哲学思想提供了方法和思路,使其更加具有系统性、整体性。

并且,通过前述章节对马克思主义与中国哲学思想融合创新的历时性考察,可以看到在阶级分析法的指导下,学术界诞生了一大批具有代表性的作品,这突出体现在中华人民共和国成立以后形成的教科书体系当中,而这种影响则一直延续至今。一方面,对于教科书体系的马克思主义,或者辩证唯物主义而言,正是对阶级分析法的坚持和运用才得以清晰地呈现唯物主义与唯心主义思想背后所蕴藏着的阶级关系和阶级矛盾,从而更明确地理解唯物主义与唯心主义思想的关系和人类思想发展的路径,把握辩证唯物主义在人类哲学思想史上的伟大意义。且立足辩证唯物主义与阶级分析的方法,学者们对中国哲学思想的认识也更加具有系统性,使得国内对中国哲学思想的研究进入了一个新的阶段,获得了一种新的阐释方法。这是就阶级分析法对于"以马化中"道路的影响。另一方面,在"以中化马"这条道路上,正是由于对阶级分析法的运用,才让马克思主义的阶级性更加鲜明地表现出来,不仅以历史分析法体现其科学性,更是体现了马克思主义作为无产阶级指导思想的理论性质,从而为"以中化马"确立了具有系统性、体系性、整体性的理论形态,即辩证唯物主义②。而辩证唯

---

① 任继愈:《中国哲学史》(第一册),北京:人民出版社,1979 年,绪论第 7 页。
② 在辩证唯物主义体系中,通过对哲学基本问题的强调,展现了唯物主义与唯心主义的斗争关系以及人类思想在这种斗争中的发展史,而这一分析的基础则是以现实中的阶级关系与阶级矛盾为基础的,体现出了阶级分析法的指导作用。

物主义在中华人民共和国成立后又具体化为教科书体系，具有教科书的特征，这才有了活化教科书体系的要求，从而有了以中国哲学思想的理论内容活化辩证唯物主义的阶段。

因此，无论从马克思主义与中国哲学思想融合创新的"以马化中"还是"以中化马"的理论道路出发来看，都可以发现阶级分析法在当中所起到的重要作用，即对于前者而言是实现了对中国哲学思想的新理解，凸显了中国哲学思想的体系性，对于后者而言则是既确立了马克思主义这一理论主体的具体理论形态，又提出了活化的教科书的理论与现实要求。对于阶级分析法的重要性与理论价值，任继愈先生强调："只有运用阶级分析的方法，才能找到历史发展的客观规律，否则就要迷失方向，堕入资产阶级客观主义和唯心主义的泥沼。"[①] 这一论述就再次表明了阶级分析法的重要性。一方面，通过运用阶级分析法，能够实现对规律的发掘；另一方面，对阶级分析法的运用本身就意味着对马克思主义的坚持，对具有科学性的理论的坚持，因而是马克思主义与中国哲学思想融合创新重要的方法论指引。

三、以马克思主义的矛盾分析法为指导

与历史分析法和阶级分析法一样，矛盾分析法同样在马克思主义与中国哲学思想的融合创新中起到了重要的指导作用。矛盾分析法作为唯物辩证法的代表性方法论，与历史分析法和阶级分析法分别体现出辩证唯物主义与历史唯物主义在方法论上的理论内涵。在辩证唯物主义中，唯物辩证法是重要的组成部分，是马克思较具创见性的发现之一。马克思在《资本论》的"第二版跋"中强调，他的"辩证方法，从根本上来说，不仅和黑格尔的辩证方法不同，而且和它截然相反"，并非如黑格尔一样认为"现实事物只是思维过程的外部表现"，而是主张"观念的东西不外是移入人的头脑并在人的头脑中改造过的物质的东西而已"。[②] 这就显示出马克思唯物辩证法在整个哲学史上的理论价值。而在唯物辩证法当中，矛盾分析法是最为主要的方法论。列宁指出，"就本来的意义说，辩证法是研究对象的本质自身中的矛

---

① 任继愈：《中国哲学史》（第一册），北京：人民出版社，1979年，绪论第7页。
② 《马克思恩格斯文集》（第五卷），北京：人民出版社，2009年，第22页。

第三章　马克思主义与中国哲学思想融合创新史的方法论与论题域

盾"①。这一论述直接点明了矛盾分析法在唯物辩证法当中的理论地位，即通过用一句话概括、定义辩证法，指出了辩证法，特别是唯物辩证法最为直接和原本的意义，即对矛盾的研究，相应地在方法论上也就意味着矛盾分析法是辩证法最为原本的方法。对于矛盾的对立统一，列宁进一步强调了其在辩证法中的重要地位。列宁认为，"统一物之分为两个部分以及对它的矛盾着的部分的认识"，"是辩证法的实质"。②列宁的这一论断，一方面在理论内容上表明了矛盾对立统一规律是辩证法三大规律的核心，另一方面在方法论上表明了与矛盾对立统一规律相应的矛盾分析法的重要性。如果是矛盾的对立统一规律是"辩证法的实质"，那么矛盾分析法则应当是辩证法的实质性、核心的方法论。由此可见矛盾分析法在马克思主义方法论中的重要地位。

而在马克思主义与中国哲学思想融合创新的实际过程中，学者们也高度重视这一辩证法的核心方法，看到矛盾分析法对于理解中国哲学思想的重要性，因而通过运用矛盾分析法实现了对中国哲学思想的新认识、新阐释，并以此认识的成果为基础，又达成了对中国哲学思想的吸收，以此推动马克思主义的中国化进程③。

一方面，通过对矛盾分析法的运用，学术界对中国哲学思想，特别是道家的思想有了新的认识，发现了中国哲学思想中以道家思想为代表的朴素的辩证法思想，从而为明确中国哲学思想与马克思主义的相通性、融合创新的

---

① 《列宁专题文集：论辩证唯物主义和历史唯物主义》，北京：人民出版社，2009年，第142页。

② 《列宁专题文集：论辩证唯物主义和历史唯物主义》，北京：人民出版社，2009年，第148页。

③ 在这里可以更加理解本书谋篇布局的内在逻辑，即为何将"以马化中"置于"以中化马"之前。因为欲融合创新马克思主义与中国哲学思想，首先就要求分别对马克思主义和中国哲学思想有系统的把握。而由于当时社会历史的复杂状况，对马克思主义的把握主要来源于直接的接受和在实践中的检验，这首先就确立了马克思主义的指导地位。在此基础之上，对中国哲学思想的把握自然就要求以马克思主义为视域进行，也就是"以马化中"的道路。而在"以马化中"的道路有所成就之后，才能够明确地看到中国哲学思想对于马克思主义的"可取之处"，从而开展"以中化马"的道路。虽然在历史实际当中，这两条理论道路是几乎同时展开的，但从逻辑上讲是有这一顺序区别的。并且从两条道路实际取得理论成果来看，毫无疑问可以看到在20世纪"以马化中"的理论成果和力量是大于"以中化马"的，而且"以马化中"这种意识在20世纪也更加明确。但不可否认的是，随着中国的不断发展，对于建构有中国特色、中国风格、中国气派的马克思主义的现实要求和理论要求逐渐增强，"以中化马"的意识逐渐明确，最终"以马化中"的道路便服务于、汇入"以中化马"当中，为马克思主义中国化贡献力量，这也是在前面章节所提到过的为何本书将"以马化马"的道路划分至2000年。

可能性奠定了基础。在学者们的分析中可以看到，通过运用矛盾分析法，学界对道家所讨论的"灵肉"关系、天人关系、天道与人道的关系等范畴都有了更加深入的把握，不仅厘清了当中内在的矛盾关系，而且将其梳理并建构为以矛盾形式呈现的范畴体系，更加鲜明地表现出中国哲学思想的系统性。不仅如此，在矛盾分析法的指导下，学术界不仅看到了同样属于辩证法思想的道家思想的理论价值，而且对中国哲学思想的其他部分也有了新的理解。在辩证法的视野下，李石岑对儒家也有新的见解。他认为，孔子以"仁"为核心的伦理学同样是辩证法的，因为为实现"仁"，孔子强调"己欲立而立人，己欲达而达人"（《论语·雍也》），"这便是拿辩证法去讲'仁'的一个例"①。这一论述充分表明，在矛盾分析法的指导下，李石岑从"己"和"人"、自己和他人这对矛盾入手，把握儒家思想的"仁"这一核心概念，实现了对儒家"仁"学思想的新理解，展现出儒家的伦理辩证法思想。

另一方面，在矛盾分析法的指导下，学术界不仅逐渐认识到中国哲学思想的系统性、整体性，而且看到了中国哲学思想与马克思主义的相通性，从而开始了吸收中国哲学思想来阐发马克思主义的理论尝试，即运用中国哲学思想来阐发马克思主义②。从前述章节的分析中可以看到，不仅是以李大钊为代表的早期中国马克思主义者运用了矛盾分析法，发现并吸收了中国哲学思想中合理的理论内容来推动马克思主义在中国的发展，而且在一些现当代学者的论著中也可以看到对这种矛盾分析法的运用。贺来教授通过引用现代新儒家代表人物之一梁漱溟先生的思想，批判了"人的依赖关系"，说明"人的依赖关系"是从古至今在"现实生活"当中都存在的现象，强调个人被忽视的状况。③通过对梁漱溟先生思想的引用，显示出他对个体和集体、个人和社会这对矛盾的强调，这就不仅仅是对中国哲学思想理论成果与精华的直接吸收，而且以此为基础清晰地表明从古至今存在的矛盾关系，从而为今后马克思主义与中国哲学思想的融合创新指明道路。

总的来说，对矛盾分析法的坚持和贯彻正如任继愈先生所言，应当把哲

---

① 李石岑：《中国哲学十讲》，北京：煤炭工业出版社，2019年，第20页。
② 例如，李大钊就在论述马克思主义时提到了"灵肉一致"的说法，体现出对道家思想中"灵肉"这对矛盾概念的吸收。参见李大钊：《李大钊全集》（第三卷），北京：人民出版社，2013年，第23页。
③ 贺来：《反思现实生活中的抽象力量——马克思主义哲学中国化的重要生长点》，《教学与研究》，2012年第10期，第5—10页。

学思想"看作由对立和转化联系在一起的整体",考察概念的"相互依赖""相互转化"以及"对立面的同一"。① 只有这样才能够看到中国哲学思想的演变、发展和深化,发掘中华民族传统思想当中的合理因素,进而为马克思主义与中国哲学思想的融合创新提供理论资源,推动马克思主义中国化与中国马克思主义的建构。

并且,在马克思主义与中国哲学思想的融合创新中,矛盾分析法是与历史分析法、阶级分析法起着共同作用的,具有方法论的整体性。如果说历史分析法强调社会存在的第一性,阶级分析法关注人的阶级属性,那么矛盾分析法则将二者统一了起来。因为社会存在意味着客体性,阶级意味着主体性,而客体性和主体性则构成了一对矛盾,正是在矛盾分析法的作用下,才能将历史分析法与阶级分析法统一起来,并且矛盾分析法也单独发挥着不可替代的作用。所以说三者在方法论意义上具有整体性的特点,是马克思主义与中国哲学思想融合创新的方法论②。

第二节 马克思主义与中国哲学思想融合创新史的论题域

在对马克思主义与中国哲学思想融合创新的方法论加以提炼总结之后,同样应当对这一融合创新的论题域加以概括归纳,以从方法论和内容两个方面显示出这一融合创新在学术史上所体现出的系统性和整体性。尽管从学术史来看,马克思主义与中国哲学思想融合创新的论题域涉及许多方面和范畴,但总的来说,较为突出的论题域主要是唯物论、认识论、辩证法以及历史观这四个方面。

需要强调的是,将这一融合创新的论题域归结为这四个方面,并非意在表达对教科书体系的坚持——理论需要随着时代的发展而进步,对融合创新的理解也是一样。之所以将其归纳为这四个方面,一方面是因为在学术史

---

① 任继愈:《中国哲学史》(第一册),北京:人民出版社,1979年,绪论第17页。
② 实际上,在学术史上的诸多成果中,并不只采用了这三种方法,但可以说这三种方法论是较其他方法更加具有本质性的,也是与辩证唯物主义和历史唯物主义的联系更为直接的。

上,教科书体系确实产生了巨大的影响,催生了许多优秀的作品,所以这样的划分也是对实事求是原则的坚持;另一方面,虽然将论题域划分为这四个方面,但在许多微观之处却无不显露着对马克思主义的新理解、对中国哲学思想的新认识,从而表现出对既定范式的突破和创新。但毕竟要突破经历实践检验,在历史中沉淀并产生巨大影响的范式需要一定的时间积累,所以就目前融合创新的学术状况而言,还难以将这些新的理论因子单独归结为一个系统的、完整的论题域。

一、唯物论作为融合创新的论题域

唯物论这一论题域是融合创新马克思主义与中国哲学思想所必须面对的领域,甚至可以说是一切融合创新学术探索的基础论题域。这既是理论上的要求,又是对学术史实际内容、实践成果的总结。

在理论上,恩格斯在《路德维希·费尔巴哈和德国古典哲学的终结》中就已经强调:"全部哲学,特别是近代哲学的重大的基本问题,是思维和存在的关系问题。"[①] "思维和存在"的关系,也就是物质和意识的关系,而在这项关系中,最为首要和基础的问题就是关于物质第一性的问题,对这一问题的回答决定了唯物主义或唯心主义的大的理论范式的区别。因此,这一问题作为哲学的基本问题,也就使得唯物论成为马克思主义与中国哲学思想融合创新的主要和首要的论题域,是探讨唯物论领域的逻辑要求。并且,分而论之,马克思主义作为科学的唯物主义,自身的理论建构就是以唯物论为基础展开的。同样,在中国哲学思想当中虽然有唯心主义的成分,但仍可以看出唯物主义在当中的重要地位。张岱年先生指出,"中国哲学的历史和别的国家的哲学一样,是唯物主义的发生发展的历史,也就是唯物主义和唯心主义相互斗争相互影响的历史"。[②] 尽管这一论断是在一定的历史条件下作出的,但从中可以清晰地看到学术界对中国哲学思想中的唯物主义的肯定态度。所以对于与中国哲学思想的融合创新而言,无论是"以马化中"还是"以中化马",唯物论这一领域都是主要的论题域之一——在前者当中,是以

---

① 《马克思恩格斯文集》(第四卷),北京:人民出版社,2009年,第277页。
② 张岱年:《中国唯物主义思想简史 宋元明清哲学史提纲(外一种)》,北京:中华书局,2018年,第13页。

马克思主义的唯物论来阐释中国哲学思想,特别是中国哲学思想中的唯物论,在后者当中,是以中国哲学思想来丰富马克思主义的唯物论。

具体而言,在唯物论的领域中,首先要厘清并定义的是何为物质。对于物质,列宁下了一个经典的定义。他认为,"物质是标志客观实在的哲学范畴,这种客观实在是人通过感觉感知的,它不依赖于我们的感觉而存在,为我们的感觉所复写、摄影、反映"。[①] 从这一定义可以看到,在马克思主义看来,物质是与"客观实在"相关的,这表明了物质的客观实在性,并且另一方面,物质又是能够被人感知,被人认识的,这就显示出在唯物论领域马克思主义的可知论立场,强调人对于物质的主观能动性。虽然列宁对物质的这一定义是晚于马克思和恩格斯的理论建构的,但这是对马克思主义物质观的高度凝练和总结,同时反映出了马克思和恩格斯对于物质的理解。正是基于对物质的这种理解,马克思主义的唯物论才得以生发。而在中国哲学思想中,在唯物论方面最为突出的当数关于"气"的思想。早在战国时期,就已经有以"气"核心概念的唯物论思想。在《庄子·外篇·知北游》中可以看到如下说法:"人之生也,气之聚也,聚则为生,散则为死。……故曰通天下一气耳。"这表明,天下万物的生死消长,都与"气"的"聚""散"有关,而"气"则是来源于古人对"气体"之"气"的认识[②],即"气"可以化为固体、液体而又比后两者的存在更为普遍、范围更加广大,所以才将"气"作为了物质构成的基本概念。关于"气"的思想一直延续发展至明清之际,在王夫之、戴震等人处都得到了新的发展。由此可见,关于"气"的唯物论思想一直是中国哲学思想所关注的论题域。

由此可见,在哲学基本问题的逻辑要求以及马克思主义和中国哲学思想的理论内涵的影响下,马克思主义与中国哲学思想的融合创新必然将唯物论作为单独的论题域加以讨论。实际上,通过前面章节的考察,学术研究也正是沿着这一逻辑道路进行的。

一方面,中国哲学思想中关于"气"的思想引起了学术界的关注,从马克思主义对唯物论的界定出发,点明了"气"论是"中国古代朴素唯物主义"[③]。因为这不仅是中国哲学思想中唯物论的代表性观点,而且与马克思

---

① 《列宁专题文集:论辩证唯物主义和历史唯物主义》,北京:人民出版社,2009年,第35页。
② 参见张岱年:《中国哲学大纲》,北京:商务印书馆,2015年,第109页。
③ 方克立:《中国哲学与辩证唯物主义》,北京:高等教育出版社,1998年,第47页。

主义的唯物论思想有着共通之处,即坚持物质的第一性,强调物质的决定性作用,从而能够与马克思主义产生共鸣,进而相结合。这一点从张岱年先生的论述中就可以看出。对于"气"论代表人物之一的张载,张岱年对其关于"气"的唯物论思想进行了深入的分析,并指出"张载的唯物论哲学体系是在与佛教唯心论进行斗争中建立起来的"①。这就在马克思主义的立场上,发现了中国哲学思想中唯物论的理论内涵与特征,并厘清了"气"历史发展的线索和内在逻辑。另一方面,通过对中国哲学思想中唯物论因素的发掘,学术界对中国哲学思想的态度逐渐变得积极,开始寻求"以中化马"之道,吸收中国哲学思想来中国化马克思主义。其中,方克立先生在讨论"气一元论与世界物质统一性原理"时指出,"'气'是生命的基础",而"气之聚散"则意味着人的生死。② 这就将中国哲学思想中关于"气"的探讨用于说明、阐发马克思主义的基本原理。在这一论述中可以看到,虽然是在以中国哲学思想的内容探讨马克思主义的基本原理,但却明显地将中国哲学思想中对生命的关注引入了对唯物论客观规律的探讨之中,既以中国哲学思想对人及其生命的关注丰富了马克思主义唯物论的原理,拓展了其向度,又彰显出马克思主义对人的关注——因为对人的关注本身也是内在于马克思主义当中的,只是在论述一些客观规律和原理时有所侧重,而这一论述就不仅补充了马克思主义的说明,也让其本身具有的理论向度得到彰显。

因此,在"以马化中"和"以中化马"两条理论道路上,唯物论都是马克思主义与中国哲学思想融合创新的论题域,这在逻辑要求、理论内涵以及学术史的实践中都得到了证实。

二、认识论作为融合创新的论题域

紧随唯物论领域之后,应当论及马克思主义与中国哲学思想在认识论领域的融合创新。这同样是来自哲学基本问题的逻辑要求的。对于"思维和存在"关系问题而言,在辨明第一性问题之后,应当回答的就是同一性问题,即思维和存在有无同一性,思维能否认识存在。对同一性问题的回答就涉及

---

① 张岱年:《中国唯物主义思想简史 宋元明清哲学史提纲(外一种)》,北京:中华书局,2018年,第323页。

② 方克立:《中国哲学与辩证唯物主义》,北京:高等教育出版社,1998年,第53页。

第三章　马克思主义与中国哲学思想融合创新史的方法论与论题域

了认识论的领域。

在这一问题上，马克思主义坚持思维和存在有同一性，即可知论的立场，并在此基础上回答了认识何以可能的问题，即认识通过实践得以可能。列宁指出，"生活、实践的观点，应该是认识论的首要的和基本的观点"①。从列宁的这一论断可以看到，马克思主义的认识论是实践认识论，强调实践对于认识的决定性作用。在此基础上，列宁进一步强调，马克思主义"把实践标准作为唯物主义认识论的基础"②。这再次说明了实践对于马克思主义认识论的重要地位。而这种实践认识论又是从马克思主义的唯物论中生发出来的，因为这种科学的唯物论始终坚持物质的第一性，在认识论领域，物质也是具有同样重要的地位的，要实现对物质的认识，就必然需要物质性的活动，也就是实践活动，以通过这种物质性的实践活动实现对物质的感知，将客观的东西转化到人脑里，变成认识，所以列宁也将其称为"唯物主义认识论"。通过对实践这一概念的强调，马克思主义的认识论得到了系统性的建构和发展，在实践和认识的统一性、检验真理的标准、认识发展的阶段性等方面产生了许多基本原理。由此可见认识论作为马克思主义的论题域的重要性。

另一方面，在中国哲学思想中，也存在许多关于认识论的思想和讨论。在《礼记·大学》中就有关于"致知"的说法，也就是实现完善的、正确的理解，这就表达了古人对认识论的关注。并且，中国哲学思想对于认识的讨论不仅在于真理观，即如何实现客观的、符合对象的认识，还探讨了"良知"的问题，即道德认识的方面，且这种对于"知"的讨论亘古至今延续不断。由此可以看出中国哲学思想家对认识论的高度重视，即经过长时间的思考和积累，既在理论的深度上有所成就，又在理论宽度上有独特之处。可以说，认识论这一论题域在中国哲学思想中与唯物论一样，是主要的论题域之一。

正是出于回答哲学基本问题的内在逻辑，以及马克思主义与中国哲学思想的理论内涵，马克思主义与中国哲学思想的融合创新在学术史上也自然地以认识论为主要的论题域展开。在"以马化中"的理论道路上，通过对学术

---

① 《列宁专题文集：论辩证唯物主义和历史唯物主义》，北京：人民出版社，2009 年，第 49 页。

② 《列宁专题文集：论辩证唯物主义和历史唯物主义》，北京：人民出版社，2009 年，第 44 页。

史的历时性分析可以看到，早在20世纪，学者们就已经注意到以马克思主义的立场、观点来把握中国哲学思想中的认识论的重要性。特别是在20世纪改革开放后，任继愈、肖萐父、李锦全、张岱年、冯契等多位先生都在马克思主义的指导下，对中国哲学思想中的认识论进行了考察和研究，强调中国哲学思想中所体现出的"理论思维""逻辑"等方面，形成了一段时期"以马化中"的理论主题，推动了马克思主义与中国哲学思想的融合创新。例如，张岱年先生从马克思主义实践认识论的角度出发，考察中国哲学思想中关于实践的概念，如"行"，从中看到了中国哲学思想家不仅在追求真理的领域强调"行"对"知"的重要性——这是与马克思主义具有相通之处的——而且看在伦理方面同样重视"行"，也即实践。他认为，"古代思想家重视关于伦理问题的言行相符"，因为"道德问题不仅是认识问题，而更是行动的问题"。[①] 这一论断表明了中国哲学思想中的实践不仅包括追求真理的实践，而且也涵盖了追求善的伦理实践。对此，高清海先生指出，"把道德修养纳入认识论是中国哲学认识论的重要特征"[②]。这就不仅看到了中国哲学思想与马克思主义的相通性，即对实践、"行"的强调，而且发现了中国哲学思想独有的特点，这就又为"以中化马"提供了思想资源。在"以中化马"上，冯契先生在"智慧说"三部曲中，以"心物、知行关系"为出发点、以"实践唯物主义"为基础展开论述[③]，将认识论与价值论相联系，并最终落脚于实践领域，突出了中国哲学思想的精神内核在理解、阐释、深化马克思主义过程中的作用。由此可见，学术界在融合创新马克思主义和中国哲学思想的过程中，密切关注认识论领域，在马克思主义的指导下，既发现了中国哲学思想与马克思主义认识论的相通性，又挖掘了中国哲学思想在认识论上的独特之处，进而将中国哲学思想在认识论上的独特之处用于中国化马克思主义的理论尝试，促进了二者的融合创新，推动了马克思主义中国化的进程。

---

① 张岱年：《中国伦理思想发展规律的初步研究 中国伦理思想研究》，北京：中华书局，2018年，第71页。
② 高清海：《马克思主义哲学基础》（上册），北京：人民出版社，1985年，第168页。
③ 冯契：《认识世界和认识自己》，上海：华东师范大学出版社，2016年，第37页。

三、辩证法作为融合创新的论题域

从哲学基本问题出发，在论述完唯物论和认识论两大领域之后，随之而来应当加以讨论的就是辩证法领域。因为无论在唯物论还是认识论当中，无论在马克思主义还是中国哲学思想中，都可以看到辩证法的所占据的重要位置。在唯物论中，马克思主义不仅强调了物质的第一性，还强调了意识对物质的反作用，表明物质和意识、思维和存在的辩证统一，而中国哲学思想不仅强调了"气"的一元性，而且强调了"生生不息"的运动，体现出辩证法运动、发展的观点；在认识论中，马克思主义和中国哲学思想都分别强调了实践和认识、知和行的辩证统一，同样体现出强烈的辩证法思想。由此可见，辩证法是二者唯物论和认识论重要的理论内涵，是融合创新继唯物论和认识论之后重要的论题域。

并且，马克思主义的辩证法与黑格尔辩证法一脉相承，虽是其颠倒，从唯心主义变成唯物主义辩证法，但在概念的系统性、完善性，理论的逻辑性上都继承了黑格尔思想的特点。马克思强调，他的"辩证方法，从根本上来说，不仅和黑格尔的辩证方法不同，而且和它截然相反"，强调"观念的东西不外是移入人的头脑并在人的头脑中改造过的物质的东西而已"。[①] 最为通常的理解，是将马克思主义辩证法归结为两大观点、三大规律、五对范畴，即联系和发展两大观点，质变与量变规律、矛盾的对立统一规律、否定之否定规律，以及原因和结果、内容和形式、现象和本质、偶然性和必然性、可能性和现实性五对范畴。虽然这是苏联模式或教科书体系对马克思主义辩证法的归纳和概括，但这仍然反映出马克思主义辩证法的独立性、系统性、完善性以及当中的内在逻辑。同时，对于中国哲学思想而言，学术界经过百年来的研究，已经基本达成了以下共识，即中国哲学思想中存在朴素的辩证法思想，且这种辩证法思想具有深远持久的影响，在中国许多哲学思想当中都可以见到。因此可以说，对于马克思主义与中国哲学思想的融合创新而言，无论是"以马化中"还是"以中化马"，辩证法都是主要的论题域。

关于辩证法这一论题域的重要性，张岱年先生在他融合创新马克思主义与中国哲学思想的过程中就已经明确地表达了。他在"《真与善的探索》自

[①] 《马克思恩格斯文集》（第五卷），北京：人民出版社，2009年，第22页。

序"的论述中,就对他的研究做出了简要的说明,指出其"意图将中国古典唯物论与现代唯物论,将中国古典辩证法与现代科学辩证法结合起来,采取民族的形式,而以概念分析的方式出之"①。从这一论述中可以看到,在辩证法的领域内,将马克思主义与中国哲学思想融合创新是他所努力的方向。这一论述也体现出辩证法这一论题域在融合创新中的重要位置,也就是说,对马克思主义与中国哲学思想的融合创新并不能仅仅停留于对哲学基本问题的回答上,而是要深入马克思主义与中国哲学思想对这一问题的回答之中,探寻在答案之中所体现出的辩证法内涵,以在辩证法这一论题域当中推动并实现马克思主义与中国哲学思想的融合创新,进而推动马克思主义中国化的进程。

具体而言,在"以马化中"方面,通过对马克思主义辩证法的掌握,学界对中国哲学思想中的辩证法内容进行了考察,实现了对中国哲学思想的新理解、新阐释。例如,在李石岑先生的研究中,他从辩证法的视角出发,强调了道家的辩证法精神,指出了当中朴素的辩证法思想。他认为"《庄子》《老子》书中所表现的思想,都是辩证法的自然观。"②在他的分析中可以看到,他继承了恩格斯的《自然辩证法》,也强调《庄子》《老子》当中的自然辩证法思想,指出道家的宇宙观是一种自然辩证法的观点,强调自然界的运动以及人与自然的辩证统一。并且,他对儒家也有新的见解,看到了儒家思想中的辩证法因素。他认为,孔子以"仁"为核心的伦理学同样是辩证法的,因为为实现"仁",孔子强调"己欲立而立人,己欲达而达人"(《论语·雍也》),"这便是拿辩证法去讲'仁'的一个例"③。在他看来,通过将自己与他人相统一而实现"仁"的这条路径,体现出孔子以辩证的眼光看待自己与他人,二者在孔子那里是辩证统一的,而非割裂、对立、作为他者的关系。另一方面,对于"以中化马"这条理论道路来说,通过吸收中国哲学思想,学界对马克思主义辩证法也有了新的阐发,在具体的讨论中拓展了马克思主义辩证法所涉及的范畴。例如,方克立先生将中国哲学思想中关于"和"的理念用于阐释马克思主义辩证法中关于矛盾对立统一的原理,揭示了在自然辩证法背后所体现出的社会历史辩证法。对此,他强调,"和"在

---

① 张岱年:《天人五论》,北京:中华书局,2017年,《真与善的探索》自序第2页。
② 李石岑:《中国哲学十讲》,北京:煤炭工业出版社,2019年,第10页。
③ 李石岑:《中国哲学十讲》,北京:煤炭工业出版社,2019年,第20页。

中国哲学思想中，不仅是强调自然辩证法，"把自然界看做是一个和谐的体系"，而且更重视社会历史的辩证法，"争取社会的和谐稳定，不同民族和文化之间的共存互尊，人际关系的和谐有序，而且追求天、地、人、物、我关系的普遍和谐"，实现"天下一家，中国一人"的理想。① 这就在对中国哲学思想的新理解的基础上，即基于"以马化中"的成果，实现了"以中化马"的新发展，达到了对马克思主义辩证法的新阐发。也就是说，这不仅强调自然辩证法在马克思主义中的重要性，关注辩证法所包含的各种客观规律和范畴，而且以中国哲学思想的观点强调社会历史辩证法，揭示出马克思主义辩证法当中所蕴含着的更丰富的辩证法思想。从这些例子以及之前章节的具体分析中可以看出，辩证法领域无论是在"以马化中"还是"以中化马"上，都是马克思主义与中国哲学思想融合创新的论题域，在这一论题域上的融合创新是理论和逻辑的必然要求，并且围绕这一论题域，学术界也产出了许多重要的成果与观点，推动了马克思主义与中国哲学思想的融合创新。

四、历史观作为融合创新的论题域

继唯物论、认识论、辩证法，马克思主义与中国哲学思想融合创新的论题域还有历史观。之所以将历史观这一论题域放在最后加以讨论，并非是对唯物史观是辩证唯物主义在历史观上的运用这一观念的坚持，而是考虑到历史观本身的复杂性。这是因为在历史观的讨论中，离不开既有的唯物论、认识论和辩证法基础。如果说唯物论为历史观的讨论提供存在论基础，认识论则为把握人类社会发展的历史提供认识的方法和思路，那么辩证法就为历史观上的探讨提供辩证法规律和方法的指引。实际上这也是马克思思想变化所体现出来的道理。他从博士论文《德谟克利特的自然哲学和伊壁鸠鲁的自然哲学的差别》对自然哲学、唯物论的讨论过渡到后来对资本主义的政治经济学批判，正显示出他从唯物论到历史观论题域的转换，历史观这一论题域要求有完善的、系统的唯物论、认识论、辩证法的理论基础。正因如此才在最后讨论马克思主义与中国哲学思想融合创新的这一论题域。

同样，历史观这一论题域在马克思主义和中国哲学思想中也都有着重要的位置，是融合创新所必须论及的领域。在马克思的两大发现中，其中一个

---

① 方克立：《中国哲学与辩证唯物主义》，北京：高等教育出版社，1998年，第101页。

就是唯物史观,这直接表明历史观在马克思主义中的重要理论位置。对于唯物史观,在教科书体系当中以及苏联马克思主义中,都被称为历史唯物主义,是与辩证唯物主义相并列的称呼,尽管在这一体系的具体说法中,历史唯物主义被作为辩证唯物主义在历史观上的运用,但唯物史观或者说历史唯物主义在马克思主义中的重要性都是不可否认的。而且,社会存在与社会意识的关系问题通常被称为哲学基本问题在历史观上的表现,这也就同样可以看出历史观在马克思主义中的重要性。在中国哲学思想中,也有许多关于历史观的争论,上至战国时期韩非子关于"上古""中世""当今"时代精神的论述,下至明清之际王夫之对中国历史的分析①,无不表现出中国哲学思想家们对历史观的关注。由此可见,历史观无论是在马克思主义中还是在中国哲学思想中,都是思想家们不可回避的话题,这也就要求二者的融合创新必然涉及历史观这一领域。

通过前面章节对马克思主义与中国哲学思想融合创新的历时性考察可以看到,"以马化中"和"以中化马"两条道路都将历史观纳入了考量范围。一方面,在"以马化中"这条道路上,早在20世纪二三十年代就已经有所体现了。在马克思主义唯物史观的指导下,李石岑看到并揭示了儒家哲学思想的阶级性,指出这种思想的目的之一是维护封建统治。他认为,"孔子为了要维护这特殊组织的封建制度,遂提出了一个'正名'",而这个思想,不仅被用来引导"社会一般生活",更是成了统治阶级的"精神武器",变成"最有效的支配工具"。②从他的论述中可以看出,儒家的哲学思想,作为一种社会意识,不仅在内容上被封建制度这一社会存在所决定,而且在目的上也是被封建制度决定的。这就运用了马克思主义唯物史观的基本原理,对中国哲学思想进行了彻底的唯物主义的分析,揭露思想背后的现实性、阶级性,并且强调了这种社会意识对于社会存在、社会物质现实的反作用,即对"支配"、控制"社会一般生活"的作用。与此类似的还有郭沫若出版于1930年的《中国古代社会研究》一书。当中,郭沫若通过对汉字的唯物史观分析,揭示了中国哲学思想所诞生的社会的特点,即一种阶级社会。他认为,"奴仆臣妾等字既已存在,可见当时确已有阶级存在"。③"奴仆臣妾"

---

① 参见《读通鉴论》第十六卷中有关秦汉以前是"一合一离之始"、汉朝到宋朝是"一合一离之变"、宋朝到明朝是"又为一变"的论述。
② 李石岑:《中国哲学十讲》,北京:煤炭工业出版社,2019年,第3页。
③ 郭沫若:《郭沫若全集》(历史编 第一卷),北京:人民出版社,1982年,第242页。

等字反映的是被统治阶级，相对应的则是统治阶级，这种统治阶级与被统治阶级二元对立的社会历史特点是中国哲学思想的现实背景与重要影响因素。这正与李石岑的观点相呼应。李石岑指出，"在秦代以前，既为封建制度的完整时期，又经过商业资本的发达，因此反映在哲学思想中，遂有维护封建和反封建的两种思想，是为中国哲学成长期的大概情势。"① 由此可见，在中国哲学思想的"成长期"，社会上存在商业与以农业为代表的封建制度的矛盾，因此在中国哲学思想中也就存在两种相对立的思想。另一方面，在"以中化马"这条理论道路上，具有代表性的著作是艾思奇主编的《辩证唯物主义历史唯物主义》。在书中，他对管仲、王充的历史观进行了分析，肯定了他们思想中的唯物主义因素，但同时也表明了其唯物主义在历史观上的不彻底性。在《论衡·治期篇》中，王充指出："世之治乱，在时不在政。国之安危，在数不在教。"对于王充的观点，艾思奇肯定其思想的进步性，与主观唯心主义的历史观划清了界限，同时也指出了这一思想的局限性，即走向了客观唯心主义的历史观，强调天"时"、天"数"对于社会历史的决定性。虽然在实际的文本中，艾思奇并未做出明确的表示，但通过王充的这一说法可以看到中国哲学思想中对天人关系的重视和思考。通过对王充这一观点的批判，艾思奇不仅论述了何为对唯物主义在历史观上的运用这一辩证唯物主义观点，而且表明天人关系也是属于历史观的讨论范围的，这就在客观的效果上拓展了历史观的讨论范围，为马克思主义历史观增添了具有中国特色的内涵，为之后将天人关系纳入马克思主义历史观的思考提供启发、奠定基础。

总的来说，从学术史出发，通过对马克思主义与中国哲学思想融合创新的历时性考察，可以从中提炼、总结出四大主要的论题域。在这四大论题域中，"以马化中"体现出对中国哲学思想的新阐释，"以中化马"体现出对马克思主义的新阐发。在唯物论方面，既通过对"气"论的考察辨明了唯物论在中国哲学思想中的发展历程与发展特征，也通过对人的生命的探讨为马克思主义的唯物论赋予更强的主体性特点；在认识论方面，既从实践概念入手，发现了中国哲学思想认识论的伦理特征，又以这种特征来说明实践唯物主义，拓展了对马克思主义的理解；在辩证法方面，既看到中国哲学思想中的自然辩证法思想，又以中国哲学思想中来说明、解释马克思主义中的社会

---

① 李石岑：《中国哲学十讲》，北京：煤炭工业出版社，2019年，第2页。

历史辩证法；在历史观方面，既看到中国哲学思想的阶级性特征，又将天人关系纳入了历史唯物主义的思考，拓展了历史唯物主义的主题。

实际上，从前述章节具体的历时性分析中可以看出，除了这四大论题域，还有许多别的主题，如人生论、价值论等，并且这四大论题域之下也不仅有上述所列的理论尝试与成就。但本章的目的并不在于一一列举马克思主义与中国哲学思想融合创新的论题域与具体的概念、范畴、命题、原理，而是意图首先通过逻辑分析的方式，说明这四个论题域在这一融合创新中的必要性和重要性，其次举例加以论证，最终想要达到的目的是：一方面将马克思主义与中国哲学思想融合创新的学术成就加以归类，另一方面呈现出这一融合创新的整体性与系统性，从而将第二、三章的内容加以提炼，实现总体性的反思与观照，为马克思主义中国化提供一种宏观的视角与参照。

结语　21世纪马克思主义哲学思想的新境界

2022年10月，习近平总书记在中国共产党第二十次全国代表大会上的报告中指出："中华优秀传统文化源远流长、博大精深，是中华文明的智慧结晶，其中蕴含的天下为公、民为邦本、为政以德、革故鼎新、任人唯贤、天人合一、自强不息、厚德载物、讲信修睦、亲仁善邻等，是中国人民在长期生产生活中积累的宇宙观、天下观、社会观、道德观的重要体现，同科学社会主义价值观主张具有高度契合性。我们必须坚定历史自信、文化自信，坚持古为今用、推陈出新，把马克思主义思想精髓同中华优秀传统文化精华贯通起来、同人民群众日用而不觉的共同价值观念融通起来，不断赋予科学理论鲜明的中国特色，不断夯实马克思主义中国化时代化的历史基础和群众基础，让马克思主义在中国牢牢扎根。"[1] 在党的十九大报告上，习近平总书记在论述文化自信时，特别强调了中华优秀传统文化的重要性。他指出，要"推动中华优秀传统文化创造性转化、创新性发展"[2]，挖掘当中的"思想观念、人文精神、道德规范，结合时代要求继承创新"[3]。这就不仅表明了他对中华优秀传统文化的高度重视，更显示出对挖掘当中积极内涵的关注，以及对实现中华优秀传统文化的现代化发展的强调。而对于中华优秀传统文化而言，最为核心和最具普遍性、抽象性、高度概括性的构成就是中国哲学思想。中国哲学思想源远流长，从殷、周甚至更早时期就开始萌芽，到春秋时期正式形成，其后经历了两千多年的发展，直到20世纪仍然有以新儒家为代表的新思想出现，其活力一直延续至今。而中国哲学思想的"创造性转化""创新性发展"则离不开作为我国社会发展之指导思想的马克思主义。马克思主义是中国哲学思想实现现代化所必须面对的思想实际，如何处

---

[1] 习近平：《高举中国特色社会主义伟大旗帜　为全面建设社会主义现代化国家而团结奋斗——在中国共产党第二十次全国代表大会上的报告》，北京：人民出版社，2022年，第18页。
[2] 《习近平谈治国理政》（第三卷），北京：外文出版社，2020年，第18页。
[3] 《习近平谈治国理政》（第三卷），北京：外文出版社，2020年，第33页。

理与马克思主义的关系是亟待回答的问题。对此，习近平总书记在《在庆祝中国共产党成立一百周年大会上的讲话》中给出了答案。他强调，在新时代，必须"坚持把马克思主义基本原理同中国具体实际相结合、同中华优秀传统文化相结合"①。这一方面表明马克思主义中国化所必须坚持的"两个结合"，另一方面也同时传达出中国哲学思想要想实现现代化发展所必须坚持的原则，即与马克思主义相结合。后者正是本书的研究主题。对于"第二个结合"，郝立新研究员指出，"'第二个结合'是'第一个结合'的历史延伸和文化拓展"，是"对马克思主义中国化时代化规律性认识的深化"。②这一论述充分表明了马克思主义与中国哲学思想融合创新的理论价值及其标志性意义。正是在这一融合创新的过程中，马克思主义的中国化和中国哲学思想的现代化都得到了推进，这也就具体表现为本书所说的"以马化中"和"以中化马"两条道路。

本书基于学术史的考察，分别从"以马化中"和"以中化马"两个角度对马克思主义与中国哲学思想的融合创新进行了历时性分析，并以此为基础对当中所涉及的方法论与论题域进行了提炼并加以总结，从而实现了对马克思主义与中国哲学思想融合创新的学术史的反思，为当代推进马克思主义中国化时代化提供历史经验和理论资源。

首先，从本书所进行的历时性分析中可以看到，马克思主义与中国哲学思想的融合创新在学术史上表现出了三次高峰。这三次学术史的高峰是与我国的社会历史实践密切相关的，随着实践状况的变化，融合创新也在不同的时间阶段表现出了不同的特点。

第一次高峰在20世纪30年代，这一阶段马克思主义与中国哲学思想的融合创新主要体现在两个方面：一方面是以马克思主义为基础，对中国哲学思想及其历史的批判和反思；另一方面是在马克思主义大众化的过程中对中国哲学思想的借鉴和吸收。对于前者而言，在李大钊、李达、艾思奇、毛泽东等马克思主义者的推动下，马克思主义在中国落地生根，不仅实现了在中国的传播，而且逐渐为广大人民所接受，这就为对中国哲学思想的研究提供了新的视野和方法。有学者指出："在上世纪二三十年代中国哲学史的形成

---

① 《习近平谈治国理政》（第四卷），北京：外文出版社，2022年，第10页。
② 郝立新：《"第二个结合"与中国式现代化文化形态的建构》，《马克思主义理论学科研究》，2023年第9卷第7期，第11—20页。

初始，马克思主义哲学研究模式就不是缺席的。"[1] 这就表明了对于理解、阐释中国哲学思想及其历史而言，马克思主义的重要性。郭沫若在1930年出版的《中国古代社会研究》中强调了"用科学的历史观研究和解释历史"[2]。而从他的具体行文中不难看出，这里所说的"科学的历史观"就是马克思主义的历史观。由此可见，郭沫若及其所代表的那一批学者，早在20世纪30年代就已经对马克思主义的科学性有了明确的认识，在这种意识之下，他们将马克思主义用于研究中国哲学思想及其历史，从而在这种反观之中实现了对中国哲学思想的新认识、新阐释。对后者而言，20世纪30年代社会动荡，在土地革命、抗日战争、新民主主义革命相继开展的时期，党的根据地建设是离不开思想建设的，要求坚持马克思主义的指导地位，并加强对马克思主义的传播、理解和接受。在这一现实情况的影响下，诞生了以艾思奇《大众哲学》、毛泽东《实践论》和《矛盾论》为代表的一系列著作，在大众化马克思主义的过程中吸收、借鉴中国哲学思想，特别是借鉴其话语体系，以中国人所熟知的方式说明、解释马克思主义，从而实现马克思主义与中国哲学思想的融合创新。正如毛泽东在1938年中共六届六中全会上所言，"马克思主义必须和我国的具体特点相结合并通过一定的民族形式才能实现"[3]。这种"民族形式"正是这一时期马克思主义与中国哲学思想融合创新的特点，即采用民族思想的话语，也就是中国哲学思想的话语体系。

第二次高峰则是在20世纪五六十年代。其中，"以马化中"主要集中在50年代，从马克思主义对哲学基本问题的强调出发，分析、把握中国哲学思想及其历史；"以中化马"主要集中于60年代，主要是在论述辩证唯物主义这一教科书体系的过程中，引入中国哲学思想的理论内容来实现对教科书的活化。对前者而言，恩格斯对哲学基本问题的强调在日丹诺夫处得到了强化，强调唯物主义与唯心主义的斗争，在这一原则和立场则被用于中国哲学思想及其历史的研究。在这一思想的指导下，学术界从唯物主义与唯心主义的斗争出发，对中国哲学思想及其历史进行分析，既看到单个哲学家思想的萌发、形成、发展、成型与这一立场的关系，又看到中国哲学思想史上唯物主义与唯心主义的斗争。张岱年在对张载思想的研究中指出，"张载的唯物

---

[1] 张涛：《马克思主义哲学向中国哲学史的介入与启思》，《池州学院学报》，2015年第29卷第1期，第23—26页。
[2] 郭沫若：《郭沫若全集》（历史编 第一卷），北京：人民出版社，1982年，第3页。
[3] 《毛泽东选集》（第二卷），北京：人民出版社，1991年，第534页。

论哲学体系是在与佛教唯心论进行斗争中建立起来的"[①]。这就表明了他是在马克思主义的指导下，从唯物论与唯心论的斗争出发，对张载思想形成、发展的内在逻辑进行的研究，取得了对中国哲学思想的新认识。而对于作为一个整体的中国哲学思想史而言，赵纪彬则强调中国哲学思想史不仅是唯物主义和唯心主义的斗争史，同时也是"唯物论的自己完成史"。[②] 这一论述就显示出在马克思主义指导下对中国哲学思想及其历史的一种总体性的认识。对于"以中化马"而言，在五六十年代，中华人民共和国刚刚成立，在许多方面都有待建设、发展，因此许多学者着手编写马克思主义的理论教材，并有意无意地将中国哲学思想融入其中，着力在新的历史时期推进马克思主义中国化。在这一时期诞生了以李达主编的《唯物辩证法大纲》、艾思奇主编的《辩证唯物主义历史唯物主义》为代表的一系列著作，主要以教科书的形式呈现马克思主义的立场和观点。虽然这一形式有其不可否认的局限性，但在具体实践当中的功绩是不可否认的，实现了对马克思主义的传播，以高效率、高质量的方式让广大人民学习马克思主义，增进了对马克思主义的理解。并且，当中融合了中国哲学思想的理论内容，从客观上活化了教科书的形式，既弥补了这种形式的局限性，又推动了马克思主义与中国哲学思想的融合创新。正如王伟光教授所言，艾思奇主编的《辩证唯物主义历史唯物主义》是"马克思主义哲学中国化的教科书的成功范本，该书的编撰过程就是马克思主义哲学中国化的创新过程"，"这本书用中国化的马克思主义哲学培养了整整一代人"，并且当中有很多"中国哲学史"的内容，对马克思主义中国化具有深刻的意义。[③] 这一论断高度概括并评价了以这一作品为代表的"以中化马"的成果。通过对"以马化中"和"以中化马"此次高峰的分析可以看到，在事实上，两个方面的特征逐渐趋于同一，都是在对唯物主义与唯心主义的斗争的强调下展开的，是以辩证唯物主义的核心思想与立场为基础的，由此体现出两条道路的同一性，也因而可以看到马克思主义与中国哲学思想融合创新这条道路的整体性。

第三次高峰在20世纪80年代。随着改革开放事业的进行和深化，社会各方面都得到了飞速的、多样的发展，在思想方面也不例外。国内学术界逐

[①] 张岱年：《中国唯物主义思想简史 宋元明清哲学史提纲（外一种）》，北京：中华书局，2018年，第323页。

[②] 赵纪彬，《中国哲学史纲要》，广州：广东人民出版社，2021年，第9页。

[③] 王伟光：《艾思奇与马克思主义哲学中国化》，《学术探索》，2009年第3期，第1—6页。

渐突破了苏联模式，并开始反思教科书体系，在马克思主义的学术研究上形成了教科书改革的范式，这对马克思主义与中国哲学思想对融合创新产生了积极的理论影响。实际上，虽然本书从"以马化中"和"以中化马"两个方面进行了分析，在这一时期分别体现出对认识的关注和对人与实践的关注，但在上一阶段的基础上，这两个方面的整体性体现得更加明显了，因为无论是哪条道路，所围绕的核心都是人，只不过前者是人的认识，后者是人的实践。这里最能够同时代表两条道路，体现两条道路的同一性、马克思主义与中国哲学思想融合创新的整体性的是冯契先生这一时期的著作。在《中国古代哲学的逻辑发展》和《中国近代哲学的革命进程》这两部著作中，他坚持马克思主义的人学立场，把握中国哲学思想对人的关注，从人本身出发，对中华民族的认识及其发展逻辑和规律进行了考察。他指出，哲学史就是"根源于人类社会实践主要围绕着思维和存在关系问题而展开的认识的辩证运动"[1]。这就明确透露出他的马克思主义人学立场，强调人及其实践，并以此为基础考察中国哲学思想及其历史。蔡志栋指出，他在这两部著作中的研究，贯彻了"逻辑发展法"，构成了以马克思主义发展中国哲学思想的范式之一。[2] 在同一时期的《认识世界和认识自己》《逻辑思维的辩证法》和《人的自由和真善美》三部著作中，他同样坚持马克思主义人学立场，从人类的实践活动出发，吸收中国哲学思想来进行理论的建构。他强调，这三部著作以"心物、知行关系"为出发点，并以"实践唯物主义"为基础而展开。[3]"心物"关系和"知行"关系反映了对人及其实践的关注，体现出中国哲学思想的精神内核。他从这两对关系出发来发展马克思主义，即"实践唯物主义"，这就是吸收中国哲学思想来中国化马克思主义的理论尝试。对此，汪信砚教授指出，冯契"沿着实践唯物主义辩证法的路子前进"，发展了马克思主义的"认识论""逻辑学""文化哲学""自由理论""理想学说""人的本质理论""人格理论"，推动了马克思主义中国化，具有重要的实践价值和理论价值。[4] 因此，冯契先生及其这一时期著作可以说是将马克思主

---

[1] 冯契：《中国古代哲学的逻辑发展》（上），上海：华东师范大学出版社，2016年，第9页。
[2] 蔡志栋：《逻辑发展法：冯契哲学探索的基本特征——兼论"以马解中"的四种典范》，《现代哲学》，2017年第2期，第153—160页。
[3] 冯契：《认识世界和认识自己》，上海：华东师范大学出版社，2016年，第37页。
[4] 汪信砚，刘明诗：《冯契对马克思主义哲学中国化的独特理论贡献》，《哲学动态》，2012年第12期，第25—33页。

义与中国哲学思想融合创新的典范，尽管是在不同的著作当中体现的，但这些著作构成了他的思想整体，并表明了这一融合创新的整体性、两条道路的同一性，为今后马克思主义与中国哲学思想的融合创新提供了理论资源、参考和经验，同时也标志着这一融合创新的高峰。

新时期以来，在新的历史条件下，党高度重视文化建设，特别是对中华优秀传统文化的挖掘和吸收，要求在马克思主义的指导下，加强对中国哲学思想的发掘。这是因为中国哲学思想是中华优秀传统文化的核心思想和理论，是中华优秀传统文化的理论表达。孙正聿教授指出，中国哲学思想"奠定了中华民族最为深沉和最为持久的文化自信"，是"当代中国马克思主义哲学主体性、原创性的不可或缺的根基和源泉"。[1] 这就表明了中国哲学思想对于马克思主义中国化的重要性。对此，习近平总书记在 2016 年就强调"加快构建中国特色哲学社会科学"，"要加强对中华优秀传统文化的挖掘和阐发"，"推动中华文明创造性转化和创新性发展"，围绕各种问题"提出能够体现中国立场、中国智慧、中国价值的理念、主张、方案"。[2] 这就要求坚持马克思主义的指导地位，加强对中国哲学思想的研究，且这一研究过程并不是单向的，而是马克思主义与中国哲学思想相互作用，即以马克思主义为视角研究中国哲学思想，发现当中的积极因素，这种学术成果又反作用于马克思主义，推动马克思主义的中国化，从而构建"中国特色、中国风格、中国气派的学科体系、学术体系、话语体系"[3]。最终也就是"为建设具有中国特色、中国风格、中国气派的哲学社会科学体系作出贡献"[4]。并且，通过对近十年来学术史的考察，可以看到其间踊跃出了许多新的思想和学术成果，以中国哲学思想的思维方式让马克思主义具有中国个性，逐步推动中国特色、中国风格、中国气派的实现。在这里可以说的是，马克思主义与中国哲学思想融合创新中的双向关系，现在越发表现出整体性、系统性、同一性，而当代中国的马克思主义越来越表现为马克思主义与中国哲学融合创新的产物，越发实现从"在中国的马克思主义"向"中国的马克思主义"或"中国马克思主义"转换。

---

[1] 孙正聿：《构建当代中国马克思主义哲学学术体系》，《哲学研究》，2019 年第 4 期，第 3—9，100，127 页。
[2] 《习近平著作选读》（第一卷），北京：人民出版社，2023 年，第 480 页。
[3] 《习近平谈治国理政》（第四卷），北京：外文出版社，2022 年，第 199 页。
[4] 习近平：《在全国党校工作会议上的讲话》，北京：人民出版社，2016 年，第 21 页。

结语　21世纪马克思主义哲学思想的新境界　◆

　　本书所进行的历时性分析，从范畴、命题出发，对不同时期的理论特征进行了归纳总结，而以此为基础进行的共时性分析，则将当中的方法论和错综复杂的概念、范畴体系揭示出来，以呈现百年来马克思主义与中国哲学思想融合创新的整体性、系统性，从中可以看到各种范畴间的逻辑关系。一方面，在方法论上，可以看到这一融合创新坚持了历史唯物主义和辩证唯物主义的立场和原则，从历史唯物主义的历史分析法和阶级分析法以及辩证唯物主义的矛盾分析法出发，既实现了对中国哲学思想及其历史的马克思主义分析和把握，发掘了当中积极的理论因子，又实现了对这些积极成分的吸收，丰富了对马克思主义的理解，推动了对马克思主义的中国式阐发。另一方面，在论题域上，马克思主义与中国哲学思想的融合创新主要围绕唯物论、认识论、辩证法、历史观展开，既从马克思主义在这四个领域的立场和观点出发，对中国哲学思想进行批判和反思，并对之加以厘清，又对中国哲学思想在这四个领域的观点和思想加以提炼，用于阐释马克思主义，推动马克思主义在中国的发展。实际上，从这两个方面可以看出马克思主义的重要作用。马克思主义与中国哲学思想的融合创新，无论在"以马化中"还是"以中化马"的过程中，都在方法论上坚持了马克思主义的方法，在论题域上也是根据马克思主义的基本原理而展开的。这一学术史上的现象提示我们，在进一步推进马克思主义与中国哲学思想融合创新的过程中，必须继续坚持马克思主义的指导地位；与此同时，必须注重对中国哲学思想的挖掘和利用，让马克思主义中国化发展突破既有范式和框架，展现出更多具有中国特色的理论特征，建设具有中国特色、中国风格、中国气派的马克思主义，推动马克思主义中国化的进一步发展。对此，王立胜研究员强调，中国马克思主义哲学，既是"马克思主义基本原理同中华优秀传统文化相结合的产物"，又是"中华优秀传统文化的创造性转化和创新性发展，是中国哲学发展的现代形态"。[①] 习近平文化思想为21世纪马克思主义与中国哲学思想的融合创新指明了道路。由此可以看到，未来马克思主义中国化必定朝着更加具有中国特色、中国风格、中国气派的方向发展，21世纪中国马克思主义、具有中国特色的哲学社会科学将在这一过程中得到建构和发展，形成世界马克思主义发展的

---

① 王立胜：《中国马克思主义哲学是中国哲学发展的现代形态》，《马克思主义哲学》，2023年第1期，第6-23，167页。

新境界。

参考文献

一、著作

《马克思恩格斯文集》(第一卷),北京:人民出版社,2009年。
《马克思恩格斯文集》(第二卷),北京:人民出版社,2009年。
《马克思恩格斯文集》(第四卷),北京:人民出版社,2009年。
《马克思恩格斯文集》(第五卷),北京:人民出版社,2009年。
《马克思恩格斯文集》(第九卷),北京:人民出版社,2009年。
《列宁专题文集:论马克思主义》,北京:人民出版社,2009年。
《列宁专题文集:论辩证唯物主义和历史唯物主义》,北京:人民出版社,2009年。
《斯大林选集》(下卷),北京:人民出版社,1979年。
《毛泽东选集》(第一卷),北京:人民出版社,1991年。
《毛泽东选集》(第二卷),北京:人民出版社,1991年。
习近平:《在全国党校工作会议上的讲话》,北京:人民出版社,2016年。
《习近平谈治国理政》(第三卷),北京:外文出版社,2020年。
《习近平谈治国理政》(第四卷),北京:外文出版社,2022年。
习近平:《在庆祝中国共产党成立100周年大会上的讲话》,北京:人民出版社,2021年。
《习近平著作选读》(第一卷),北京:人民出版社,2023年。
习近平:《高举中国特色社会主义伟大旗帜 为全面建设社会主义现代化国家而团结奋斗——在中国共产党第二十次全国代表大会上的报告》,北京:人民出版社,2022年。
艾思奇:《艾思奇全书》(第一卷),北京:人民出版社,2006年。
艾思奇:《艾思奇全书》(第七卷),北京:人民出版社,2006年。

毕国明、许鲁洲：《中国哲学与马克思主义哲学中国化》，北京：人民出版社，2010年。

丁俊萍、熊启珍：《中国化的马克思主义概论》，武汉：武汉大学出版社，2003年。

范寿康：《中国哲学史通论》，北京：生活·读书·新知三联书店，1983年。

方克立：《中国哲学与辩证唯物主义》，北京：高等教育出版社，1998年。

冯契：《中国古代哲学的逻辑发展》（上），上海：华东师范大学出版社，2016年。

冯契：《中国古代哲学的逻辑发展》（中），上海：华东师范大学出版社，2016年。

冯契：《中国古代哲学的逻辑发展》（下），上海：华东师范大学出版社，2016年。

冯契：《中国近代哲学的革命进程》，上海：华东师范大学出版社，2016年。

冯契：《认识世界和认识自己》，上海：华东师范大学出版社，2016年。

冯契：《逻辑思维的辩证法》，上海：华东师范大学出版社，2016年。

冯契：《人的自由和真善美》，上海：华东师范大学出版社，2016年。

冯友兰：《中国哲学史新编》（上卷），北京：人民出版社，2007年。

冯友兰：《中国哲学史新编》（下卷），北京：人民出版社，2007年。

冯友兰：《论中国传统文化的特质》，《论中国传统文化》，北京：生活·读书·新知三联书店，1988年

高清海：《马克思主义哲学基础》（上册），北京：人民出版社，1985年。

葛兆光：《中国思想史》（导论），上海：复旦大学出版社，2001年。

葛兆光：《中国思想史》（第一卷），上海：复旦大学出版社，2001年。

葛兆光：《中国思想史》（第二卷），上海：复旦大学出版社，2001年。

顾海良：《马克思主义发展史》，北京：中国人民大学出版社，2009年。

郭沫若：《郭沫若全集》（历史编 第一卷），北京：人民出版社，1982年。

郭沫若：《郭沫若全集》（历史编 第二卷），北京：人民出版社，1982年。

黑格尔：《小逻辑》，贺麟译，上海：上海人民出版社，2009年，

侯外庐：《中国思想通史》（第五卷），北京：人民出版社，1956年。

李达：《李达文集》（第二卷），北京：人民出版社，1981年。

李达：《唯物辩证法大纲》，北京：人民出版社，1978年。

李大钊：《李大钊全集》（第三卷），北京：人民出版社，2013年。

李维武：《马克思主义哲学中国化与中国哲学的现代转型》，北京：北京师范大学出版社，2021年。

李石岑：《中国哲学十讲》，北京：煤炭工业出版社，2019年。

李泽厚：《中国思想史论》（上），合肥：安徽文艺出版社，1999年。

吕希晨、王育民：《中国现代哲学史》，长春：吉林人民出版社，1984年。

吕振羽：《中国政治思想史》（上卷），北京：人民出版社，2008年。

马尔科维奇，彼得诺维奇：《实践——南斯拉夫哲学和社会科学方法论文集》，郑一明、曲跃厚译，哈尔滨：黑龙江大学出版社，2010年。

乔清举：《当代中国哲学史学史》（下），上海：上海古籍出版社，2020年。

任继愈：《中国哲学发展史》（先秦），北京：人民出版社，1983年。

任继愈：《中国哲学史》（第一册），北京：人民出版社，1979年。

宋一秀，鲁修文：《毛泽东哲学思想史纲》，兰州：甘肃人民出版社，1984年。

孙建华：《马克思主义中国化思想通史》（第一卷），北京：人民出版社，2019年。

孙建华：《马克思主义中国化思想通史》（第三卷），北京：人民出版社，2019年。

王若水：《为人道主义辩护》，北京：生活·读书·新知三联书店，1986年。

肖萐父：《船山哲学引论》，南昌：江西人民出版社，1993年。

肖萐父，李锦全：《中国哲学史》（上卷），北京：人民出版社，1982年。

肖萐父，李锦全：《中国哲学史》（下卷），北京：人民出版社，1983年。

徐素华：《马克思主义哲学在中国——传播、应用、形态、前景》，北京：北京出版社，2002年。

杨荣国：《中国古代思想史》，北京：人民出版社，1973年。

张岱年：《中国哲学史方法论发凡》，北京：中华书局，2017年。

张岱年：《中国唯物主义思想简史 宋元明清哲学史提纲》（外一种），北京：中华书局，2018年。

张岱年：《中国伦理思想发展规律的初步研究 中国伦理思想研究》，北京：中华书局，2018年。

张岱年：《天人五论》，北京：中华书局，2017年。

张岱年：《中国哲学大纲》，北京：商务印书馆，2015年。

张岱年：《中国哲学大辞典》（修订本），上海：上海辞书出版社，2014年。

张腾霄，张宪中：《马克思主义与儒学》，北京：中国人民大学出版社，2000年。

张文喜：《历史唯物主义的政治哲学向度》，南京：江苏人民出版社，2008年。

张一兵：《马克思历史辩证法的主体向度》，武汉：武汉大学出版社，2010年。

张允熠：《中国文化与马克思主义》，太原：山西教育出版社，1999年。

赵纪彬：《中国哲学史纲要》，广州：广东人民出版社，2021年。

朱熹：《周易本义》，北京：中华书局，2009年。

二、文章

白刚：《从"辩证唯物主义"到"政治哲学"——当代中国马克思主义哲学的形态演变及内在逻辑》，《求是学刊》，2018年第5期。

蔡志栋：《逻辑发展法：冯契哲学探索的基本特征——兼论"以马解中"的四种典范》，《现代哲学》，2017年第2期。

曹典顺：《建构当代中国马克思主义哲学研究的"范式"与"学派"》，《哲学研究》，2012年第3期。

曹洪洋：《经学在何种意义上是一门诠释学》，《东疆学刊》，2012年第2期。

陈先达：《关于中国马克思主义哲学的未来走向》，《中国人民大学学报》，2000年第2期。

杜运辉：《张岱年的中国化马克思主义人生哲学》，《现代哲学》，2013年第2期。

宫敬才：《论学派——兼及我国马克思主义哲学研究中的学派问题》，《江海学刊》，2015年第2期。

郭湛：《从主体性到公共性——当代中国马克思主义哲学的走向》，《中国社会科学》，2008年第4期。

韩庆祥，张健：《当代中国马克思主义哲学研究的三维语境及其方式创新》，《马克思主义与现实》，2018年第2期。

郝立新：《"第二个结合"与中国式现代化文化形态的建构》，《马克思主义理论学科研究》，2023年第7期。

何萍：《冯契哲学的双重身份及其对马克思主义哲学中国化的贡献》，《华东师范大学学报（哲学社会科学版）》，2016 年第 3 期。

贺来：《反思现实生活中的抽象力量——马克思主义哲学中国化的重要生长点》，《教学与研究》，2012 年第 10 期。

李维武：《从 20 世纪中国哲学的视域看马克思主义哲学中国化》，《马克思主义哲学研究》，2005 年卷。

李维武：《马克思主义哲学与中国哲学传统的结合点》，《理论视野》，2008 年第 12 期。

李维武：《马克思主义哲学中国化与中国哲学的两种传统》，《江汉论坛》，2008 年第 11 期。

梁隽华：《中国哲学史中"以马释中"的理论贡献——对 20 世纪 30~40 年代马克思主义学者中国哲学史研究的探讨》，《广州大学学报（社会科学版）》，2012 年第 2 期。

刘静芳：《艾思奇与张岱年：马克思主义哲学中国化过程中的内部分歧》，《毛泽东邓小平理论研究》，2008 年第 12 期。

刘森林：《从"劳动"到"实践"——中国马克思主义哲学一个核心范式的演变》，《学术月刊》，2009 年第 41 卷第 5 期。

刘同舫：《马克思主义中国化百年进程的实践理路与趋势展望》，《浙江社会科学》，2021 年第 6 期。

毛卫平：《和谐哲学：当代中国时代精神的精华——兼论马克思主义哲学与中国传统"和"文化》，《中共中央党校学报》，2008 年第 6 期。

聂振斌：《儒道审美境界——中国古代的形上追求》，《哲学研究》，1998 年第 9 期。

欧阳英：《毛泽东实践概念与马克思主义哲学中国化》，《理论视野》，2021 年第 5 期。

皮家胜：《解释学：马克思主义哲学中国化研究的新维度》，《哲学研究》，2005 年第 11 期。

孙福胜：《论中国马克思主义哲学学派的背景、维度与建设》，《学术探索》，2021 年第 5 期。

孙正聿：《从实践的观点看——当代中国马克思主义哲学研究的范式转换》，《社会科学战线》，2015 年第 11 期。

孙正聿：《构建当代中国马克思主义哲学学术体系》，《哲学研究》，2019 年第 4 期。

孙正聿：《伟大的实践与实践的哲学——改革开放以来的中国马克思主义哲学》，《社会科学战线》，2008 年第 5 期。

孙正聿：《当代中国的马克思主义哲学研究》，《河南大学学报（社会科学版）》，2005 年第 4 期。

汪信砚，刘明诗：《冯契对马克思主义哲学中国化的独特理论贡献》，《哲学动态》，2012 年第 12 期。

汪信砚：《当代中国马克思主义哲学的研究范式》，《中国社会科学》，2008 年第 2 期。

汪信砚：《马克思主义哲学中国化与中国道路的哲学表达》，《哲学研究》，2018 年第 1 期。

王东：《试论哲学史和认识史——评"哲学史即认识史"的所谓"列宁定义"》，《北京大学学报（哲学社会科学版）》，1985 年第 1 期。

王海英：《当代中国哲学建构的价值取向与思维方式——兼论马克思主义哲学与中国哲学的相通互补》，《理论探讨》，2019 年第 6 期。

王立胜：《论中国马克思主义哲学大众化——基于百年进程的回顾与展望》，《中共中央党校（国家行政学院）学报》，2021 年第 5 期。

王立胜：《中国马克思主义哲学是中国哲学发展的现代形态》，《马克思主义哲学》，2023 年第 1 期。

王南湜：《中国马克思主义哲学范式转换研究析论》，《学术研究》，2011 年第 1 期。

王伟光：《艾思奇与马克思主义哲学中国化》，《学术探索》，2009 年第 3 期。

杨金海：《〈共产党宣言〉与中华民族的百年命运》，《光明日报》2008 年 7 月 3 日。

杨谦：《马克思主义哲学的中国化与中国哲学的现代追寻》，《天津社会科学》，2008 年第 4 期。

臧宏：《新时期中国哲学史研究的两个"转向"》，《安徽师范大学学报（人文社会科学版）》，2008 年第 4 期。

张连良：《马克思主义哲学中国化语境下的中国哲学》，《吉林大学社会科学学报》，2013 年第 1 期。

张涛：《马克思主义哲学向中国哲学史的介入与启思》，《池州学院学报》，2015 年第 1 期。

张祥浩:《马克思主义哲学与中国哲学》,《江苏社会科学》,2006年第5期。
朱光甫:《马克思主义与中国哲学史》,《湘潭大学社会科学学报》,1983年第2期。